Wenke, Interviews mit Überlebenden

KTV

Bettina Wenke

Interviews mit Überlebenden

Verfolgung und Widerstand in Südwestdeutschland

Herausgegeben von der Landeszentrale für politische Bildung Baden-Württemberg

Konrad Theiss Verlag Stuttgart

Der Umschlag zeigt befreite Gefangene im KZ Dachau

CIP-Kurztitelaufnahme der Deutschen Bibliothek

Interviews mit Überlebenden:
Verfolgung u. Widerstand in Südwestdeutschland /
Bettina Wenke. – Stuttgart: Theiss, 1980.
ISBN 3-8062-0209-5

NE: Wenke, Bettina [Hrsg.]

ISBN 3 8062 0209 5
Satz: Bauer & Bökeler Filmsatz KG, Denkendorf
Druck: Ebner Ulm
Printed in Germany

Inhalt

Geleitwort

Die Ausstrahlung der Fernsehserie »Holocaust« hat Wirkungen hervorgebracht, die man nicht für möglich gehalten hätte. In einem bis dahin nicht gekannten Ausmaß wurde das Thema »Nationalsozialismus« zu einem Mittelpunkt der Diskussion. Unsere Landeszentrale wurde mit Anfragen nach Informationsmaterial und Aufklärung in einem Maß bestürmt, wie wir das noch nie erlebt hatten. Zunächst mußte man befürchten, daß es sich bei dem Interesse um ein Strohfeuer bzw. eine »Modeerscheinung« handle. Wir können aber inzwischen feststellen, daß die Nachfrage anhält, wobei das Interesse der jüngeren Generation besonders auffällt.
Mit dieser Veröffentlichung will die Landeszentrale dem Interesse nach der Aufarbeitung des trübsten Kapitels deutscher Geschichte Rechnung tragen. Nachdem in einer Reihe von Publikationen verschiedene Aspekte der NS-Gewaltherrschaft dargestellt wurden, legt dieses Buch den Akzent auf Personen, die aus unterschiedlichen Motiven das Regime bekämpften und Verfolgung in Kauf nahmen. An diesen persönlichen Schicksalen von Menschen, die heute noch leben, kann der Leser besser Zugang zu den schrecklichen Ereignissen finden und mehr mitdenken und mitfühlen. Dazu kommt, daß es sich um Menschen handelt, die aus dem südwestdeutschen

Raum stammen bzw. in Konzentrationslagern in dieser Region, die noch wenig bekannt sind, gelitten haben.
Die Darstellung dieser Schicksale nötigt zumindest tiefen Respekt ab und zeigt Wege auf, wie man einem verbrecherischen Regime begegnen kann. Sie mahnt uns aber auch, unseren freiheitlich-demokratischen Rechtsstaat zu bewahren und zu festigen sowie empfindsam zu werden gegenüber Bestrebungen, die Menschenrechte – in wessen Namen auch immer – anzutasten.
Besonderer Dank gebühren der engagierten Autorin und dem Verlag, die dieses schwierige Unterfangen ermöglicht haben.

Siegfried Schiele
Direktor der Landeszentrale für politische Bildung Baden-Württemberg

Einführung
»Wer sich nicht bekehren läßt, muß gebeugt werden«

Am 30. Januar 1933 ernannte Reichspräsident Paul von Hindenburg den Führer der NSDAP, Adolf Hitler, zum Reichskanzler, allerdings unter der Bedingung, daß er auch nichtnationalsozialistische Politiker, unter anderem Mitglieder des Stahlhelms und der Deutsch-Nationalen Volkspartei, in sein Kabinett aufnahm.

Hitler hatte sein Ziel erreicht. Jahrelang war er von vielen Wählern und Politikern als bayrische Bierkellergröße nicht ganz ernst genommen worden, doch von jetzt an würde er das Schicksal Deutschlands bestimmen.

Lange war seine Partei über die Bedeutung einer kleinen rechtsradikalen Minderheit nicht hinausgekommen, aber als die wirtschaftliche Not in Deutschland immer bedrückender wurde, wuchs seine Anhängerschaft. 1928 hatte die NSDAP bei den Wahlen nur 2,6 Prozent der Wählerstimmen auf sich vereinigen können, im Juli 1932 waren es bereits 37 Prozent. Hitler hatte den Deutschen viel versprochen, auch daß er die Arbeitslosigkeit beseitigen würde. Eine große Masse sah in ihm den starken Mann, der sie einer besseren Zukunft entgegenführen würde. Politiker der bürgerlichen und rechten Parteien wollten lieber mit ihm zusammen regieren als mit den Sozialdemokraten und Kommunisten. In der Hoffnung, daß

man Hitler »zähmen« könne, wenn man mit ihm eine Koalition bildete, verhalfen sie ihm schließlich zur Macht.
Zwei Tage nachdem Hitler Kanzler geworden war, versprach er in einer öffentlichen Rede das Ende der wirtschaftlichen Not, Friede, die Einheit und Freiheit des deutschen Volkes; Ziele, die eigentlich jeder gutheißen konnte.
Doch schon zwei Tage später, bei einer internen Befehlshaberbesprechung der Reichswehr – die Rede ist uns in schriftlichen Aufzeichnungen erhalten – sagte Hitler, was er unter »Freiheit« und »Einheit« wirklich verstand, nämlich: »Die völlige Umkehrung der gegenwärtigen politischen Verhältnisse. Keine Duldung irgendeiner Gesinnung, die diesem Ziel entgegensteht. Ausrottung des Marxismus mit Stumpf und Stiel.« Und er drohte: »Wer sich nicht bekehren läßt, muß gebeugt werden.«
Schon in den folgenden Tagen ging Hitler daran, seine politischen Vorstellungen in die Wirklichkeit umzusetzen.
Am 4. und 28. Februar 1933 setzte er »Notverordnungen« durch, mit deren Hilfe er wichtige Grundrechte der Weimarer Verfassung außer Kraft setzte. Die Verordnung vom 28. Februar ermöglichte es der Regierung, politische Gegner in »Schutzhaft« zu sperren, ohne daß diese eine strafbare Handlung begangen hatten. Die »Schutzhaft«- oder »Konzentrationslager« sollten nach den damaligen Bestimmungen ausdrücklich nicht dazu da sein, eine strafbare Handlung zu ahnden, sondern waren als »vorbeugende Maßnahme« gedacht, um »staatsfeindliche Elemente auszuschalten«. Viele politische Gegner der Nationalsozialisten erlebten aber beides: Gefängnis und KZ. Nachdem sie wegen »Vorbereitung zum Hochverrat« oder wegen eines anderen politischen Delikts im Gefängnis gesessen und ihre Strafe abgebüßt hatten, wurden sie nicht entlassen, sondern sofort anschließend ins KZ gesperrt. Viele wurden erst bei Kriegsende durch die Alliierten befreit.

Zu den »staatsfeindlichen Elementen«, die man damals einsperrte, gehörten zuerst diejenigen, die am erbittertsten Widerstand gegen Hitler geleistet hatten: Kommunisten und Sozialdemokraten. Danach ging man auch gegen Mitglieder anderer Parteien vor. Alle, die sich vor oder auch noch nach dem 30. Januar 1933 öffentlich als Hitlergegner bekannt, die vor ihm gewarnt und gegen ihn gekämpft hatten, waren in Gefahr, verhaftet zu werden: Mitglieder der Zentrumspartei ebenso wie der Deutschen Demokratischen Partei, katholische und evangelische Pfarrer, Mitglieder kirchlicher Jugendgruppen.
Nach und nach wurde der Kreis derjenigen, die ins KZ oder Gefängnis gebracht wurden, immer größer. Wenn man heute in Lageberichten der Geheimen Staatspolizei liest, dann wird einem klar, daß seit 1934/35 nicht nur Funktionäre und Mitglieder der inzwischen verbotenen Parteien und anderer Organisationen festgenommen wurden, sondern auch politische Einzelkämpfer: Hitlergegner, die ihren Unmut am Arbeitsplatz oder in einer Kneipe laut geäußert hatten und von einem Mithörer denunziert worden waren. Da war der Bauhilfsarbeiter, der die Regierung als »Saubande« beschimpft, ein Tierarzt, der den Propagandaminister Goebbels als »Morphinisten« bezeichnet hatte. Ein Tagelöhner hatte »aufwieglerische« Redensarten geführt, ein Arbeiter den ehemaligen KPD-Führer Ernst Thälmann »als tüchtigsten Menschen in Deutschland« bezeichnet. Sie alle wurden deshalb eingesperrt; manche für Tage oder Wochen, viele für länger.
Jede Kritik am Staat sollte schon im Keim erstickt werden. Ganz deutlich wurde diese Zielsetzung von Werner Best, dem stellvertretenden Leiter im Geheimen Staatspolizeiamt in Berlin, zum Ausdruck gebracht. 1936 schrieb er: »Mit der Errichtung des nationalsozialistischen Führerstaats ist zum ersten Mal in Deutschland eine Herrschaft entstanden, die aus einer lebendigen Idee ihre Legitimation schöpft, jeden Angriff auf

den gegenwärtigen Zustand des Staates ... mit allen staatlichen Machtmitteln abzuwehren ... Jeder Versuch, eine andere politische Auffassung durchzusetzen oder nur aufrechtzuerhalten, wird als Krankheitserscheinung, die die gesunde Einheit des unteilbaren Volksorganismus bedroht, ... ausgemerzt.«

Aber die Nationalsozialisten sperrten nicht nur politische Gegner ins KZ, sondern gingen seit 1935 auch dazu über, alle ihrer Ideologie nach »volksschädigenden Elemente« zu inhaftieren. Dazu zählte man mehrmals Vorbestrafte, damals als »Gewohnheits«- oder »Berufsverbrecher« bezeichnet, und »Asoziale«. Das waren nach den Richtlinien der Regierung »Gewohnheitstrinker, Querulanten, Geisteskranke, Raufbolde«, Menschen ohne festen Wohnsitz und ohne geregelte Arbeit, ebenso Zeugen Jehovas (damals »Bibelforscher«), Homosexuelle, Zigeuner, Juden. Jede Gruppe wurde im Lager besonders gekennzeichnet. Den Gefangenen wurde an ihre Sträflingsuniform ein Stoffdreieck in einer bestimmten Farbe angenäht. Die »Berufsverbrecher« bekamen zum Beispiel ein grünes, die politischen Gefangenen ein rotes Dreieck, jüdische Häftlinge mußten den sechseckigen Davidsstern tragen.

In diesem Buch sind nicht alle diese Gruppen repräsentiert, sondern nur die, welche in den zwölf Jahren Hitlerdiktatur den Hauptteil unter den Verfolgten stellten: politische Gegner des Naziregimes und Juden. Doch auch diejenigen, die hier zu Wort kommen, sind nicht unbedingt repräsentativ, jedenfalls nicht in dem Sinne, daß sie alle Gruppen, die am Widerstand gegen Hitler beteiligt waren, »ausgewogen« und im »Parteienproporz« vertreten. Aber solch eine Auswahl zu treffen, ist heute – ganz abgesehen davon, ob das wirklich so wichtig und erstrebenswert ist – schwer möglich. Es leben nicht mehr viele, die über ihre Erlebnisse in den Konzentrationslagern berichten können, und von den Überlebenden bringen nicht mehr alle die Kraft für ein längeres Interview auf. Viele sind zu krank und gebrechlich; viele möchten auch nicht über die schrecklichen Erlebnisse vor und während ihrer Haft berichten, weil es sie zu sehr aufregen und belasten würde. Zwei ehemals Verfolgte, die ich um ein Interview bat, haben es mir aus diesem Grund abgeschlagen.

Trotzdem ist die Auswahl meiner Interviewpartner natürlich nicht allein vom Zufall bestimmt: Ich habe die Gespräche alle – bis auf eine Ausnahme – für zwei Schulfunkreihen des Süddeutschen Rundfunks aufgenommen, die 1978 und 1979 ausgestrahlt und in Kooperation vom Saarländischen Rundfunk und vom Südwestfunk übernommen wurden. Die erste Reihe – mit dem Titel »Nationalsozialistische Verfolgung im deutschen Südwesten« – sollte ein Stück weitgehend unbekannter Heimatgeschichte dokumentieren und zeigen, daß es nicht nur in Dachau, Buchenwald und Auschwitz Konzentrationslager gab, sondern auch in Südwestdeutschland, auf der Schwäbischen Alb, in Welzheim, auf dem Kuhberg bei Ulm, in Osthofen bei Worms, in Hinzert bei Trier.

Ich habe dann aber meine Interviewpartner nicht nur über diese heute fast vergessenen Lager berichten lassen, sondern auch über die großen, in die sie später deportiert wurden. Ich wollte von ihrer Lebensgeschichte nicht nur einen kleinen, sondern einen möglichst großen Ausschnitt erfahren und ihre Berichte als wichtige historische Dokumente festhalten, auch in dem Wunsch, sie später möglicherweise noch in einem anderen Zusammenhang veröffentlichen zu können. Aber natürlich geben auch diese Tonbandprotokolle nur sehr wenig wieder im Vergleich zu dem, was meine Gesprächspartner während der Nazizeit alles erlebt haben.

Das, was in diesem Buch veröffentlicht wird, ist also meist mehr, als in den Sendungen zu hören war und bringt auch mehr als ein Stück Heimatgeschichte. Die Interviews dokumentieren vielmehr die verschiedenen Verhaftungsaktionen zwischen 1933 und 1945 und die Geschichte der Konzentrationslager. Meine Interviewpartner berichten über die Lager, die schon im März und April 1933 errichtet wurden und auch über andere, die erst später entstanden. Sie erzählen, wie sie von einem der kleineren Lager in eines der großen, nach Dachau oder Buchenwald, gebracht wurden. Sie schildern die Deportationen jüdischer Bürger in die großen Arbeits- und Vernichtungslager im besetzten Polen und Rußland. Und sie berichten, wie sie in den letzten Kriegsjahren von einem KZ zum anderen, hin und her, verschoben wurden, immer gerade dorthin, wo die Regierung sie am nötigsten als Arbeitssklaven für die Rüstungsindustrie brauchte. Diejenigen, die bis Kriegsende inhaftiert waren, schildern schließlich die Evakuierungsmärsche quer durchs Land und ihre Befreiung durch die Alliierten.

Damit deutlich wird, wann die Hitler-Regierung gegen welche Gruppen vorging, habe ich die Interviews chronologisch geordnet, das heißt, die als erste verhaftet wurden, kommen hier zuerst zu Wort.

Die Gesprächsteile, die sich mit der Nachkriegszeit beschäftigen, beruhen im wesentlichen auf Tonbandaufnahmen, die ich für die zweite Schulfunkreihe – mit dem Titel »Verjährtes Leid?« – gemacht habe. Diese Sendungen gingen der Frage nach, wieweit wir in Deutschland unsere Vergangenheit aufgearbeitet und wieweit wir uns davor gedrückt haben.

Ich möchte hier noch etwas Persönliches über meine Erfahrungen während der Interviews hinzufügen.

Ich habe meine Gesprächspartner mit Hilfe von Freunden und Bekannten, von Historikern in Landesarchiven, durch Landesverbände von Parteien, die »Vereinigung der Verfolgten des Nazi-Regimes« (VVN) und jüdische Gemeinden kennengelernt. Bis auf zwei Ausnahmen haben sich alle, die ich anrief, zu einem Interview bereit erklärt. Sie wollten berichten, nicht um sich selbst als Opfer oder Held in den Mittelpunkt zu rükken, sondern um anhand ihres persönlichen Schicksals ein

Stück Geschichte festzuhalten. Sie wollten andere, vor allem jüngere Menschen, informieren, was während des Dritten Reichs geschah.
Ich bin während der Interviews und der Arbeit an diesem Buch von Freunden und Bekannten oft gefragt worden: »Ist das nicht furchtbar deprimierend, sich so lange mit solch einem schrecklichen Thema zu beschäftigen?«
Ich kann diese Frage nicht einfach mit Ja oder Nein beantworten. Sicherlich hat mich vieles erschreckt, schockiert, in Gedanken oft und lange beschäftigt; auch deshalb, weil man sich fragt, ob das alles noch einmal geschehen könnte, und wie man sich selbst, wie sich Freunde und Kollegen unter einem totalitären Regime verhalten würden.
Ich habe zwar, bevor ich mit den Interviews anfing, einiges über Konzentrationslager gewußt, aus der Schule, aus Zeitungsberichten über NS-Prozesse, aus Filmen und von Fotos. Aber es war doch im Vergleich zu dem, was ich heute weiß, sehr wenig, und auch jetzt weiß ich nur einen Bruchteil von dem, was wirklich war. Um mich auf die Interviews vorzubereiten, habe ich dann zum ersten Mal Eugen Kogons Buch »Der SS-Staat« gelesen. Ich gebe zu, ich habe es nicht in einem Zug durchgelesen, sondern die Lektüre oft unterbrochen, einfach deshalb, weil ich Kogons genauer Darstellung des ausgeklügelten SS-Terrorsystems, der Folter- und Hinrichtungsmethoden, der medizinischen Versuche mit Häftlingen zwischendurch für ein paar Stunden oder einen Tag entfliehen wollte.
Auch später bei den ersten Interviews hat sich mir manchmal noch fast der Magen umgedreht. Das Zuhören kostete Mühe, das Fragen auch. Aber auch aus einem anderen Grund waren die Gespräche schwieriger als Interviews sonst: Ich konnte mir doch von dem, was meine Interviewpartner berichteten, nur ein verschwommenes Bild machen. Meine Phantasie reicht nicht aus, mir die Konzentrationslager in Welzheim, Buchenwald und Auschwitz auch nur annähernd realistisch aus-

zumalen, trotz der Filme und Fotos, die ich gesehen habe. Manchmal wußte ich auch nicht: Darf ich jetzt weiterfragen, oder muß ich es respektieren, wenn mein Gegenüber an manchen Stellen allgemein bleibt, nicht detailliert erzählt, seine eigenen Gedanken, Gefühle, Ängste damals im Lager ganz aus dem Spiel läßt und Fragen danach eher abwehrt. Ich habe hier – anders als sonst in Interviews – nicht nachgehakt, weil ich das Gefühl hatte, hinter der allgemeinen Formulierung steckt auch der Versuch, sich selbst und vielleicht auch mich zu schonen, die Erinnerungen nicht zu präzise und lebendig werden zu lassen, weil sie einen sonst zu sehr quälen würden. Niemandem fällt es leicht, zu erzählen, wie er erniedrigt, schikaniert, gequält wurde. Was im einzelnen bei den Auspeitschungen im Lager geschah, bei den Erschießungen und bei den Verhören, haben sicherlich auch einige meiner Interviewpartner selbst erlebt oder mitansehen müssen, aber sie haben es nicht in Details erzählt, und ich habe auch nicht gezielt danach gefragt.
Man muß jeden Bericht hier als einen Mosaikstein betrachten, der zusammen mit den anderen ein umfassenderes Bild ergibt. Obwohl das, worüber meine Gesprächspartner erzählten, mehr als 35 oder 40 Jahre zurückliegt, habe ich aber bei vielen gespürt, wie nah und lebendig diese Vergangenheit für sie noch ist. Einige haben, wenn sie von besonders aufregenden oder angstbesetzten Situationen berichteten, vor Erregung auf den Tisch geklopft oder ein Papier in ihren Händen zerknüllt. Zwei Männer hatten am Schluß Tränen in den Augen. »Es hört nie auf«, sagte ein ehemaliger KZ-Gefangener aus Luxemburg. In solchen Situationen kam ich mir dann in meiner Journalistenrolle sehr zwiespältig vor. Es schien mir fragwürdig, ein Schicksal auf Band zu nehmen und, nachdem es »im Koffer« ist, wieder zu gehen.
Doch obwohl alle, die hier berichten, noch – mehr oder weniger – unter ihren Erinnerungen leiden und gegen sie anzukämpfen haben, sind sie doch sicherlich unter den ehemals

Verfolgten die Stärkeren. Es sind diejenigen, die heute noch in der VVN, in einer Partei oder in der jüdischen Gemeinde aktiv sind, die an die Öffentlichkeit treten und Kontakte zur Außenwelt haben. Sonst hätte ich sie nicht kennenlernen können. Viele andere aber sind krank, leben ganz zurückgezogen, leiden unter schweren Depressionen und Verfolgungswahn. Sie sind, wie Robert Krieps über einige seiner Freunde sagt, »nie aus dem Lager herausgekommen«.
Wer hat das KZ eher überstanden, wer konnte eher mit seinen schrecklichen Erfahrungen weiterleben? Verallgemeinerungen sind gefährlich; ich möchte hier nur das weitergeben, was viele ehemalige KZ-Gefangene selbst berichten. Der Schriftsteller Jean Amery, während des Krieges in Auschwitz und Bergen-Belsen, schreibt in seinem Aufsatz: »Grenzen des Geistes«, der Glaube sei vielen Gefangenen eine unschätzbare Hilfe gewesen. »Sie mochten militante Marxisten sein, sektiererische Bibelforscher, praktizierende Katholiken, sie mochten hochgebildete Nationalökonomen und Theologen sein, oder wenig belesene Arbeiter und Bauern: Ihr Glauben oder ihre Ideologie gab ihnen jenen festen Punkt in der Welt, von dem aus sie geistig den SS-Staat aus den Angeln hoben.« Viele meiner Interviewpartner haben mir dieselben Einsichten vermittelt: »Wer eine Idee hatte, der hat manches ertragen, ohne daß er am Boden lag«, sagte mir Änne Meier. Er wußte, warum er im Lager war, wofür er kämpfte und wofür er möglicherweise sterben mußte. Sie und andere haben mir also nicht nur über den Terror und die Vernichtung in den Lagern berichtet, sondern auch darüber, was sie am Leben gehalten hat: Es war viel Glück, aber auch die Hoffnung auf den – wenn auch fernen – Sieg des Guten sowie die Hilfsbereitschaft und Menschlichkeit mancher Mitgefangener. Mir ist also bei den Gesprächen nicht nur deutlich geworden, wie grausam und sadistisch Menschen sein können, sondern auch wie mutig und stark manche Gefangene sein konnten, wie solidarisch sie sich auch

unter größter Gefahr und Bedrohung verhalten haben. Trotz des ausgeklügelten Terrorsystems der SS war es in vielen Lagern doch bis zu einem gewissen Grade möglich, Widerstand zu leisten: Politische Gefangene in Buchenwald bauten heimlich eine Operationsbaracke auf. Zwei Häftlinge – medizinische Laien – eigneten sich im Lager das nötige Wissen an, um ihren kranken Mithäftlingen zu helfen. Willi Bleicher rettete gemeinsam mit anderen das Leben eines kleinen jüdischen Jungen und setzte dafür sein eigenes aufs Spiel. Julius Schätzle und andere Gefangene versuchten in der Arbeitsverwaltung, gegen die Anweisung der SS, die Arbeit im KZ möglichst gerecht zu verteilen. Sie schickten kranke Häftlinge in leichte Arbeitskommandos, damit sie sich dort erholen konnten.
Alle, die ich interviewt habe, sind ihrer früheren Grundeinstellung treu geblieben. Diejenigen, die eher unpolitisch waren, sind es auch heute noch. Diejenigen, die aus politischen Gründen eingesperrt waren, haben vielleicht in Einzelheiten umgedacht, aber in ihrer Grundüberzeugung haben sie sich nicht irre machen lassen. Die Sozialisten beispielsweise sind es geblieben, die engagierten Christen stehen auch heute noch fest zu ihrem Glauben.
Alle Interviewpartner sehen die Zeit heute kritisch. Die Tatsache, daß neofaschistische Gruppen auftreten, daß alle Bewerber für den öffentlichen Dienst beim Verfassungsschutz überprüft, daß unbequeme Meinungen und Nachrichten in den Massenmedien oft unterdrückt werden, das alles widerspricht dem, was sie sich 1945 von einem neuen Deutschland erhofft haben. Aber viele von ihnen resignieren nicht. Sie haben damals nicht klein beigegeben, und sie engagieren sich auch heute noch. Sie berichten jungen Leuten in Schulen und Jugendhäusern über ihre Erfahrungen vor und nach 1933, Änne Meier fährt trotz ihrer 84 Jahre noch zu Demonstrationen gegen SS-Verbände und gegen die NPD; darüber hinaus versucht sie, in täglicher Kleinarbeit, Nachbarn und Bekannte zu infor-

mieren und zum Nachdenken zu bringen. Wenn beispielsweise in einem Nachbardorf eine Tombola stattfindet, dann spendet sie das Buch »Die Frommen in der Hölle«, einen Bericht über Geistliche in Dachau. Sie hofft: »Derjenige, der das Buch gewinnt, wird wohl mal reinschauen.«
Vielleicht ist es das religiöse und politische Engagement, der Kampf, der viele meiner Interviewpartner so lebendig gehalten hat. Sie verkörpern ein Stück deutscher Geschichte, aber sie sind mit ihren 70 oder 80 Jahren jung geblieben. Manche haben schwere Krankheiten hinter sich, aber sie nehmen trotzdem am Leben um sie herum mehr Anteil als viele andere alte Leute, die ich kenne.
Aber ihr Leben besteht nicht nur aus Kampf. Wenn mein Eindruck stimmt, den ich bei meinen Besuchen bei ihnen gewonnen habe, dann verstehen sie es auch, ihr Leben zu genießen, trotz oder gerade wegen der schrecklichen Erlebnisse, die hinter ihnen liegen. Sie genießen auf dem Balkon die erste Frühlingssonne, die selbstgekochte Marmelade, den gedeckten Kaffeetisch, ein gemeinsames Abendessen mit Freunden, eine Reise mit der Transsibirischen Eisenbahn quer durch die Sowjetunion. Sie halten Freundschaften, die sie vor 1933 oder später im Lager geschlossen haben; sie haben Kontakte zu jungen Leuten, die aus ihren Erfahrungen lernen wollen; sie reisen nach Andorra oder Rußland, um die Orte ihrer Emigration wiederzusehen.
Das alles erinnert zwar an die Vergangenheit, aber es bringt auch neue Erfahrungen und Begegnungen mit sich, die ihre Gegenwart ausfüllen und lebendig machen.
Ich hoffe, daß auch in der Textfassung der Interviews einiges von der Stärke und dem Mut meiner Gesprächspartner, ihren Erfahrungen von Hilfsbereitschaft und Freundschaft, an die Leser vermittelt werden kann.

Hitler ist nicht wie der Blitz aus heiterem Himmel gekommen

Interview mit Julius Schätzle

Julius Schätzle ist 1905 in Furtwangen geboren, er besuchte in Stuttgart die Schule und lernte das Schreinerhandwerk. 1920 wurde er Mitglied der Freien Sozialistischen Jugend, später trat er in die KPD ein.
Von den ehemaligen KZ-Gefangenen, die in diesem Buch zu Wort kommen, ist er derjenige, der am frühesten – schon 1932 – aus politischen Gründen inhaftiert wurde und der am längsten – fast zwölf Jahre lang – eingesperrt war.
Den Lebensabschnitt also, den man im allgemeinen als »die besten Mannesjahre« bezeichnet, hat er in Gefängnissen und Konzentrationslagern verbringen müssen.
Ich bin auf Julius Schätzle durch sein Buch »Stationen zur Hölle« aufmerksam geworden. Darin schreibt er über Lager, von denen heute kaum noch jemand etwas weiß, über den Heuberg und den Oberen Kuhberg, über Ankenbuck, Kislau, Welzheim, Schörzingen und andere Lager in Baden und Württemberg. Julius Schätzle hat einige dieser Stationen zur, aber auch die Hölle selbst – Dachau, Mauthausen, Neuengamme, das Häftlingsschiff »Cap Arcona« – kennengelernt.

Wenke: Wie kam es eigentlich, daß Sie sich schon als fünfzehnjähriger Lehrling in einer politischen Gruppe engagiert haben?

Schätzle: Das war nicht so ganz unnormal. Nach der Novemberrevolution 1918 war die Jugend sehr stark politisiert. Sie müssen bedenken, daß ich nur sieben Jahre in die Schule ging, mit 13 Jahren die Schule verlassen mußte und dann als Schreinerlehrling begann. Wobei die Arbeitsbedingungen damals gegenüber heute natürlich sehr verschieden waren. Ich bekam – um nur ein Beispiel zu nennen – drei Mark Lohn pro Woche, die Arbeitszeit dauerte von halb sieben bis fünf oder sechs Uhr, und einen Urlaub gab es auch noch nicht. Dazu kam, daß ein Kollege, ein Geselle, Mitglied der Sozialdemokratischen Partei war und als Gewerkschaftler angefangen hat, die Lehrlinge mal ein bißchen aufzuklären. Und dann war die ganze Atmosphäre so, daß man als Arbeiter gemerkt hat, ich bin unten, und die anderen, die sind oben. Die ganze revolutionäre Atmosphäre, die 1918 war, hat auch die Jugend beeinflußt. Und so versuchte ich, irgendwo Aufklärung zu finden: »Was ist eigentlich los? Und wo gehörst Du hin?« Deswegen habe ich mich schon früh politisch organisiert.

W.: Die Freie Sozialistische Jugend war erst eine Jugendgruppe der USPD?

Schätzle: Ja, der Unabhängigen Sozialdemokratischen Partei, vom linken Flügel der SPD. Und diese Jugendgruppe schloß sich später dem Kommunistischen Jugendverband an.

W.: Und wie sah Ihre Arbeit in dieser Gruppe aus?

Schätzle: Unsere Jugendarbeit bestand erstens mal darin, daß wir Jugendlichen selbst uns über unsere Probleme unterhalten haben, über die Arbeitsbedingungen, über eine bessere Gesellschaft. Wir sahen noch die Kriegskrüppel und die ganzen Kriegsfolgen, und wir haben natürlich nach einer besseren Welt getrachtet. Die Jugend ist ja immer sehr schnell zu begeistern, und so sind wir auch dafür eingetreten, daß es nicht wieder zu einem Krieg kommt. Wobei noch hinzuzufügen ist, daß auch der Einfluß der russischen Revolution damals in Deutschland sehr stark war. Wir alle glaubten, daß sich ein Krieg nicht wiederholen würde. Heute müssen wir leider sagen, daß die Arbeiterklasse, aber auch das Bürgertum, nicht einig genug und zu schwach waren, einen Zweiten Weltkrieg zu verhindern. Und der Zweite Weltkrieg war ja noch viel, viel fürchterlicher als der Erste.

W.: War die Mitgliedschaft im Kommunistischen Jugendverband auch schon vor 1933 mit irgendwelchen Risiken oder Nachteilen verbunden? Hatte man zum Beispiel Schwierigkeiten im Beruf?

Schätzle: Schwierigkeiten im Beruf und in der Stellung, die hatte man schon vor 100 Jahren. Schon zu Zeiten von Bebel und dem alten Liebknecht verloren Handwerksgesellen aus politischen Gründen ihre Arbeitsstelle.
Bei mir war es so: Ich habe mal in einem Betrieb angefangen, und nach 14 Tagen wurde ich entlassen, ohne irgendwelche Begründung. Das ist immer mal wieder vorgekommen. Nicht nur bei mir, sondern das war gang und gäbe. Die Arbeitgeber, wie man so schön sagt, die hatten schon damals ihre schwarzen Listen, um »Unzuverlässige« und Gewerkschaftler möglichst rauszuhalten. Wobei aber gesagt werden muß, daß bei uns Holzarbeitern eine so starke Organisation war, daß sie es weniger gewagt haben.

W.: Nach 1930, als die Nazis immer mehr Stimmen gewannen, haben ja einige Leute schon vorausgesehen, was auf sie zukommt. Was haben Sie denn zu dieser Zeit in Ihrer politischen Gruppe getan?

Schätzle: Nach 1930, besser gesagt, mit dem Wachsen der Arbeitslosigkeit, kam auch eine Verschärfung der politischen Gegensätze. Wegen dieser Gegensätze ist es dann auch in Stuttgart zu harten Auseinandersetzungen mit den Nazis gekommen. Unsere Devise war – und das hat sich auch bewahrheitet – daß, wenn Hitler an die Regierung kommt, alle demokratischen Errungenschaften verlorengehen und daß er zielstrebig auf den Krieg hin arbeitet. Das ist keine Weisheit, die man sich nachträglich aneignen konnte, sondern Hitler hat das in seinem Buch »Mein Kampf« deutlich geschrieben, und jedermann konnte das nachlesen. Deswegen lasse ich das Argument nicht gelten, wenn heute die ältere Generation sagt: »Wir haben nichts davon gewußt.« Hitler hat dann auch so ohne weiteres die Macht übernehmen können, weil die Meinung weit verbreitet war: »Lassen wir ihn ruhig mal regieren, er soll mal zeigen, was er kann.« Das hat natürlich dazu beigetragen, daß die Abwehrfront gegen den Faschismus gelähmt wurde. Dies war die Stunde der Kapitulation.

W.: Und was haben Sie nun im Kommunistischen Jugendverband getan, um Ihre Warnungen an den Mann zu bringen?

Schätzle: Wir haben Versammlungen und Kundgebungen abgehalten und Flugblätter verteilt. Ich habe unter anderem auch an einer Zeitung mitgearbeitet, einer nur kleinen, abgezogenen Zeitung, die an die Reichswehr gerichtet war und die wir vor den Kasernen verteilt haben. Und in dieser Zeitung stand geschrieben: »Laßt euch nicht vom Faschismus verführen, denn der Hitler bedeutet Krieg!« Und das hat mir und noch zwei Stuttgartern wegen Vorbereitung zum Hochverrat eineinhalb Jahre Gefängnis eingebracht. Das war im Sommer 1932, also noch unter der Regierung von Papen. Und diese eineinhalb Jahre habe ich im Landesgefängnis in Ulm abgesessen. Weihnachten 1933 hätte ich entlassen werden sollen; daraus wurde aber nichts, sondern ich wurde gleich – wie viele andere politische Häftlinge – in »Schutzhaft« genommen. Das heißt, ich wurde der Geheimen Staatspolizei übergeben, die ihr neues Konzentrationslager auf dem Oberen Kuhberg bei Ulm errichtet hatte.

Bis dahin waren politische Gefangene aus Württemberg auf den Heuberg bei Stetten am Kalten Markt gekommen. Dort hatte schon wenige Wochen nach Hitlers Machtergreifung, Mitte März, der neu ernannte Polizeikommissar von Württemberg, Dietrich von Jagow, ein Konzentrationslager für »ordnungsgefährdende Elemente«, das hieß für politische Gegner, eingerichtet. Doch schon Ende des Jahres mußte das Lager wieder geräumt werden, weil die Reichswehr das Gelände beanspruchte. Die Gefangenen wurden entweder entlassen oder auf den Oberen Kuhberg bei Ulm gebracht. Die wie eine mittelalterliche Burg wirkende Festung auf dem Kuhberg wurde Mitte des 19. Jahrhunderts gebaut, dann aber nie für militärische Zwecke gebraucht. Im November 1933 richtete die württembergische Regierung hier ihr neues Konzentrationslager ein. Das Lager unterstand der Polizei, Lagerleiter war – wie auf dem Heuberg – Karl Buck. Bewacher waren SA-Angehörige. Es bestand bis Juli 1935.

Schätzle: Auf dem Kuhberg waren nicht allzuviele Gefangene, vielleicht 200 bis 300. Aber es rotierte dann, es sind viele entlassen worden, und es kamen auch immer wieder andere hinzu. Es waren ausschließlich politische Häftlinge, Kommunisten und Sozialdemokraten, unter ihnen auch Kurt Schumacher, der spätere Vorsitzende der SPD. Es sind auch einzelne aus dem Bürgertum dorthin gekommen, aber das waren noch wenige.

W.: Ich könnte mir vorstellen, daß da zweierlei Häftlinge waren: Die einen, die wie Sie ihre Haft im Gefängnis schon verbüßt hatten und anschließend in Schutzhaft gesperrt wurden, und die anderen, die gleich in dieses Lager kamen, ohne vorher als Angeklagter vor einem Gericht gestanden und ohne vorher im Gefängnis gesessen zu haben.

Schätzle: Mit einem Gerichtsverfahren war ich – glaube ich – einer der ersten, die da rauf kamen. Alle anderen waren gleich ins KZ gekommen, viele schon bald nach der Machtergreifung erst auf den Heuberg und von dort aus auf den Kuhberg. Als ich Ende 1933 dahin kam, war das Konzentrationslager erst wenige Wochen in Betrieb. Als die ersten in diese Festung gebracht wurden, war da noch gar nichts, kein Bett, kein Licht, kein Nichts. Ein bißchen Stroh auf den Boden geschmissen, das war alles. Erst mit der Zeit hat man das dann ausgebaut, also einfache Pritschen mit Strohsäcken hingestellt, auch Licht gab es dann. Fürchterlich waren die sanitären Einrichtungen; an fließendes Wasser war natürlich nicht zu denken, auch die Klosetts waren unbeschreiblich. – Ein Kübel im unteren Gang, für 60 Personen. Das war das Schlimmste auf dem Kuhberg, die Unterbringung.
Und es wäre ganz gut, wenn heute mal auf dem Kuhberg Besuche gemacht würden, auch von Schulklassen. Da wird ja von ehemals Verfolgten des Nazi-Regimes ein Dokumentationszentrum eingerichtet. Schon der Eindruck des Gebäudes ist niederschmetternd. Diese Kasematten sind ja so eng. Rumlaufen konnten wir da nicht, bewegen konnten wir uns nur im Hof des Forts. Da mußten wir oft auch strafexerzieren, das war natürlich teuflisch.

W.: In anderen Lagern, in Dachau und auch in Buchenwald, war es ja so, daß die Gefangenen bei ihrer Einlieferung ins KZ erst einmal kahlgeschoren wurden und dann eine Sträflingsuniform bekamen. Wie war das denn auf dem Kuhberg?

Schätzle: Auch da gab es eine Aufnahmeprozedur, und zwar eine ziemlich scharfe. Der Kommandant Buck hat die meisten empfangen. Ich möchte nur einen Spruch nennen, den er immer anwandte: »Weißt Du, wann Du entlassen wirst? Wenn Kommißbrot Kuchen wird, also nie!« Oder: »Wenn Du Dich nicht fügst, dann kannst Du die Kartoffeln von unten anschauen.« – Und jede Aufnahme war mit Exerzieren und stundenlangem Rumstehen verbunden. Aber kahlgeschoren wurde noch keiner. Es gab auch noch nicht die gestreifte Häftlingsuniform, sondern wir bekamen alte Uniformen von der Stuttgarter Straßenbahn, und da wurde an den Oberarmen und an den Beinen ein roter Streifen aufgemalt. Das war dann ziemlich deutlich.

W.: Haben Sie dort arbeiten müssen?

Schätzle: Auf dem Kuhberg konnten nur ganz wenige zur Arbeit gehen. Wir hatten einige Kommandos in der Stadt, in Ulm, im Geschirrhof, also in der Kaserne. Das war eines der begehrtesten Kommandos, denn da gab es nebenher auch manchmal etwas zu essen. Wir mußten dort saubermachen, aufräumen, Reparaturen machen. Und unter der Zivilbevölkerung von Ulm – das muß ich nochmal in dankbarer Weise erwähnen – waren einige, die auf dem Weg oder über das Kasernentor ein Päckchen geworfen haben mit ein paar Zigaretten oder mit einem Vesper. Es war nicht viel, das war aber auch nicht so wichtig. Ausschlaggebend war für uns, daß wir nicht vergessen waren. Das hat unser Allgemeinbefinden, unseren Mut sehr gestärkt, weil wir wußten, draußen denken sie an uns.
Eine andere Arbeit war, Wege anzulegen. Wir bauten in dem Wäldchen am Fort Wege und vor dem Fort Parkplätze, aber mit den primitivsten Mitteln. Wir mußten mit Traggestellen, die jeweils von vier Mann getragen wurden, in den Wald gehen oder aufs Feld und Steine sammeln, denn sonst war einfach

nichts da. Natürlich gab es bald überhaupt keinen Stein mehr in der Nähe, und dann wurde die Arbeit immer schwieriger. Sinnvoll war das nicht, aber immerhin waren wir draußen im Wald und hatten ein bißchen Bewegung und frische Luft. Die Arbeit war deswegen begehrt, obwohl die Wege gar nicht gebraucht wurden. Die waren mehr oder weniger nur dazu da, daß man um das Fort herumspazieren konnte. Wenn man heute mal da hinaufgeht, kann man sehen, wie sinnlos diese Wege waren.
Die Arbeiten waren auszuhalten, also von Schinderei konnte man da noch nicht reden.

W.: Und was haben die getan, die nicht gearbeitet haben?

Schätzle: Nichts. Sie müssen sich vorstellen, da war ein Gang, der war vielleicht einen Meter breit und dann waren da in Abständen so Kojen reingebaut, wo die Betten standen. Also viel herumlaufen konnte man kaum, nur mehr oder weniger stehen oder sitzen. Da kein SA-Mann dabei war, konnten wir uns unterhalten, über die Vergangenheit und über die neuesten politischen Ereignisse. Wir haben damals gehofft, daß das bald aus ist. Aber da hatten wir uns getäuscht.

W.: Hat das Wachpersonal die Gefangenen schikaniert oder gequält?

Schätzle: Quälereien kamen natürlich vor, obwohl noch nicht in dem Ausmaß wie in den großen Lagern. Aber auch auf dem Kuhberg wurden Gefangene schon getreten oder geprügelt, mußten sich in den Dreck legen und exerzieren. Ein Beispiel: Kurt Schumacher von der SPD, der hatte nur einen Arm, und der Kommunist Ludwig Herr hatte auch nur einen Arm, und ausgerechnet diese beiden wurden nun dazu bestimmt, an der Wasserpumpe den ganzen Tag zu arbeiten. Das war die einzi-

ge Möglichkeit, Wasser zu bekommen; aber daß man ausgerechnet diese zwei Invaliden dazu benützte, das war schon Zynismus.
Dann gab es einen Extrabunker für den verschärften Arrest, wo man in Einzelhaft war. Der schärfste und mieseste Bunker war direkt unter dem Eingang. Über diesen Bunker waren nur Bohlen gelegt, und alle, die in das Fort reinmarschierten, sind da hinübergelaufen und haben natürlich Staub und Dreck hineingetreten. Und wenn es geregnet hat, ist das Wasser in den Bunker hinuntergelaufen. Also das war schon eine Qual, wenn man da unten saß.

W.: Haben Sie auf dem Kuhberg eigentlich noch Kontakt zur Außenwelt, zu Ihrer Familie gehabt? Haben Sie Briefe schreiben und empfangen können?

Schätzle: Wir durften allmonatlich einen Brief absenden und empfangen. Teilweise konnte man auch Zeitungen lesen, den »NS-Kurier«, also die nationalsozialistische Zeitung. Insofern gab es noch Kontakte zur Außenwelt.

W.: Und wann wurden Sie aus dem KZ entlassen?

Schätzle: Pfingsten 1934. Zu dieser Zeit kam es noch öfters vor, daß Häftlinge entlassen wurden, später nie oder ganz selten. Wir mußten aber alle einen Revers unterschreiben, daß wir uns »nie mehr versündigen gegen Volk und Staat«, also gegen die Nationalsozialisten. Und wir mußten auch versichern, daß wir draußen nichts über das Lager erzählen würden, da waren sie ganz scharf drauf. Wir haben das natürlich alle unterschrieben, das ist ganz klar. Und so kam es auch, daß nur langsam durchsickerte, was eigentlich in den Lagern geschah. Mit der Entlassung war auch verbunden, daß man sich regelmäßig bei der Polizei meldete, zuerst jeden Tag, dann jede Woche. Dann ging ich auf Arbeitssuche und mußte mich so durchschlängeln.

W.: Haben Sie Arbeit bekommen?

Schätzle: Ja, schon, aber einmal wurde ich auch ohne Grund entlassen. Und ich habe erst später, nach 1945, erfahren, daß ich dort auf Anweisung der Gestapo gekündigt wurde. Die wollte nicht, daß ich da arbeite. Die waren sehr darauf bedacht, daß wir nicht in größeren, sondern nur in kleinen Betrieben arbeiteten, möglichst ganz allein. Wir sollten eben nicht mit größeren Bevölkerungskreisen in Kontakt kommen.

W.: Waren Sie zu dieser Zeit eigentlich schon verheiratet?

Schätzle: Ich habe 1935 geheiratet. Aber ein Vierteljahr nach meiner Hochzeit wurde ich schon wieder verhaftet. Das war im Dezember 1935. Wir ehemaligen Kommunisten, Sozialdemokraten, Gewerkschaftler waren nämlich immer wieder zusammengekommen. Wir haben uns dann ausgesprochen und waren auch politisch aktiv.
Es gab ja auch noch nach Hitlers Machtergreifung mehrere Gruppen, die gegen die Nazis Widerstand geleistet haben, z. B. die Gruppe um Georg Lechleiter in Mannheim und die um Stefan Lovacs und Liselotte Herrmann in Stuttgart. Lovacs und Lilo Herrmann wurden später zum Tode verurteilt. Sie war die erste Frau, die unter dem Hitler-Regime hingerichtet wurde. Das war 1938. Diese Gruppen hatten nun unter anderem noch die Verbindung zum Ausland aufrechterhalten. Sie haben vom Ausland antifaschistische Schriften hereingebracht und hier verteilt. Und sie haben das Ausland über die politische Entwicklung in Deutschland, über die Konzentrationslager, die Verfolgungen und Verhaftungen informiert.
Ich selbst hatte mit diesen Gruppen auch Verbindung, mehr

konnte man mir aber nicht nachweisen. Ich wurde aber trotzdem zu zweieinhalb Jahren Gefängnis verurteilt, wegen »Nicht-Anzeige geplanter Verbrechen«. Also mir konnte nachgewiesen werden, daß ich von den Zusammentreffen dieser Kommunisten wußte. Und weil ich sie nicht verraten habe, mußte ich noch einmal für zweieinhalb Jahre ins Gefängnis.

W.: Und wie ist man Ihnen auf die Spur gekommen?

Schätzle: Das weiß ich nicht. Denunziationen kamen unter Genossen selten vor. Aber die Leute sind einige Male in die Schweiz gefahren, vielleicht hat sie jemand dabei beobachtet. Und dann hat man wohl auch irgendwie ihre Verbindung zu mir herausbekommen. Ich habe dann meine Strafhaft wieder in Ulm begonnen, wurde aber von dem dortigen Gefängnisdirektor ins Emslandmoor weiterverschickt. Der war auf politische Häftlinge nicht gut zu sprechen, und Emslandmoor bedeutete gegenüber dem Gefängnis in Ulm eine Verschärfung.

Julius Schätzle kam in ein Lager in der Nähe von Papenburg, das wie die anderen Moorlager schon kurz nach Hitlers Machtergreifung als KZ errichtet worden war.
Später nahmen diese Lager eine Sonderstellung ein: Sie wurden nach 1934 nicht wie die meisten Konzentrationslager der SS unterstellt, sondern dem Reichsminister der Justiz. Das bedeutete: In der Regel wurden hierher Strafgefangene – kriminelle und politische – geschickt, die von einem Gericht abgeurteilt worden waren. Die Arbeits- und Lebensbedingungen in diesen Justizlagern unterschieden sich aber nicht von denen in den KZs der SS. Auch hier wurden die Häftlinge von altgedienten Nazis – Justizbeamten, SA- und SS-Angehörigen – bewacht.
Die Lager bestanden bis Kriegsende.

Schätzle: Die Aufgabe der Gefangenen bestand darin, das ganze Emsland, das Moor, umzugraben, damit der unfruchtbare

Boden nach unten und der fruchtbare nach oben kam. Insofern war es eine vernünftige Arbeit. Aber die Bedingungen waren gegenüber einem Gefängnis verdammt schlecht. Wir hatten nur eine einzige Kleidung, einen Drillichanzug. Der wurde bei Regen naß und war am nächsten Morgen, wenn man wieder reinschlüpfen mußte, auch noch naß. Und trotzdem hatte das gegenüber dem Gefängnis auch seine gute Seite. Man kam mit anderen Menschen zusammen, mit Kameraden, und man war an der frischen Luft.

W.: Wurden die Gefangenen zur Arbeit angetrieben? Mußten Sie mehr leisten, als Sie konnten?

Schätzle: Es mußte jeder sein Soll machen. Wir mußten jeden Tag eine bestimmte Anzahl von Quadratmetern – wieviel, kann ich jetzt nicht mehr genau sagen – umgraben. Und wenn einer zu wenig gemacht hat, dann mußten die anderen einspringen. Es wurde viel verlangt, und dabei haben wir nur wenig Essen bekommen. Täglich haben wir von morgens bis abends gearbeitet. Nur sonntags war frei, da mußten wir dann oft strafexerzieren. Das alles war schon verdammt hart, vor allen Dingen durch die Witterung und die Schikanen.
In den Lagern wurden auch Straßen gebaut. Die wurden aber nicht gewalzt, sondern wir mußten da so lange auf- und abmarschieren, bis der Boden festgestampft war. Das war also schlimmer als im alten Rom.
Im Emslandmoor entstand ja auch das berühmte Lied von den Moorsoldaten; die Musik dazu hat ein alter Bekannter von mir, Rudi Goguel, geschrieben.

W.: Hatten die Gefangenen denn überhaupt noch die Kraft und die Lust zu singen?

Schätzle: Meistens haben wir es gesummt, mitunter auch gesungen. In der Freizeit war das Singen ja erlaubt. Manchmal wurde es uns auch sogar befohlen. Wenn man zur Arbeit ging, mußte man singen. Das hing einem dann schon zum Hals heraus.

W.: Wie lange waren Sie im Emslandmoor?

Schätzle: Ich sollte eigentlich im Sommer 1938 entlassen werden, aber eine Stunde vorher wurde mir mitgeteilt, daß ich nicht entlassen, sondern der Polizei übergeben werde. Es ging also zur nächsten Bahnstation nach Papenburg, und dann per Schub nach Stuttgart. Da wurde ich der Gestapo übergeben und ins Konzentrationslager Welzheim gebracht, das wiederum dem Kommandanten Buck unterstellt war.

Das Konzentrationslager auf dem Oberen Kuhberg war im Juli 1935 aufgelöst worden, weil die Reichswehr die Festung beanspruchte. Die Gefangenen wurden entweder entlassen oder nach Dachau bei München gebracht.
In der Zeit zwischen 1934 und 1937 kam es unter Heinrich Himmler, dem Reichsführer der SS, zu einer Neuorganisation der Konzentrationslager. Das bedeutete: Nach und nach wurden die vielen Lager, die in den ersten Wochen und Monaten nach Hitlers Machtergreifung überall im Reichsgebiet von Polizei, SA und SS errichtet worden waren, aufgelöst. Die Gefangenen werden jetzt in wenigen großen Lagern eingesperrt, die – von wenigen Ausnahmen abgesehen – der SS unterstehen. Es sind zwischen August 1937 und Juli 1938 vier große Konzentrationslager: Dachau, das bereits im März 1933 errichtet worden war; Sachsenhausen und Buchenwald, die 1936 und 1937 eröffnet worden waren; Lichtenburg in Sachsen, bereits seit 1933 KZ, wird 1937 Frauenkonzentrationslager.
Trotzdem existiert auch weiterhin in Württemberg ein KZ. Nach der Auflösung des Lagers auf dem Kuhberg wird ein neues im Welzheimer

Gefängnis eingerichtet. Es untersteht nicht der SS, sondern der Gestapo. Obwohl es offiziell Polizeigefängnis heißt, ist es doch ein Konzentrationslager, in dem völlig willkürlich politische Gefangene, aber auch Kriminelle oder Häftlinge jüdischer Herkunft eingesperrt werden. Das KZ besteht bis Kiegsende.
Die meisten Gefangenen bleiben nur kurze Zeit in Welzheim, um dann in eines der großen Lager geschickt zu werden. Julius Schätzle ist hier bis Herbst 1938.

Schätzle: Im Vergleich zum Kuhberg waren wir in Welzheim etwas besser untergebracht. Da gab es auch einige Arbeitsstellen, die Schreinerei, die Schlosserei und eine Schneiderei. Da wurde fast ausschließlich für die Gestapo-Angehörigen gearbeitet, die dort auch ihre Uniformen machen ließen. Wenn man nicht in solch einer Werkstatt unterkam, war höchstens die Chance, daß man zeitweise bei einem Bauern arbeitete. Und diese Arbeit war natürlich gefragt; da gab es dann ein Extra-Vesper, vielleicht auch manchmal etwas zu trinken. Und im Beisein der Bauern haben sich die Aufseher auch nicht so streng gegenüber den Gefangenen verhalten können.
Insgesamt gab es aber zu wenig Arbeitsmöglichkeiten. Die meiste Zeit ist man also auf seiner Bude gewesen, in seiner Zelle, und ist vor Langeweile fast gestorben. Das waren Einzel- und Gruppenzellen.
Nach Welzheim kamen nicht nur politische Gefangene, sondern auch »Berufsverbrecher«, die ihre Strafe abgesessen hatten, und »Asoziale«. Wobei man wissen muß, was die Regierung damals unter asozial verstand. Wenn da zum Beispiel einer nicht gearbeitet hat oder zu spät zur Arbeit gekommen ist, oder er hat Krach mit seinem Meister gehabt oder über die SS geschimpft, der kam auch herüber. Es hat schon genügt, wenn man eine abfällige Bemerkung über eine Hitlerrede gemacht hat, dann wurde man gleich als »Politischer« abgestempelt, aber eine politische Tätigkeit muß nicht unbedingt dahinterge-

steckt haben. Oder man ist nicht zur Ersten Mai-Demonstration gegangen, weil einem das nicht gepaßt hat. Wenn ein Denunziant da war, der einen angezeigt hat, dann war man schnell in Welzheim. Ich möchte nur ein Beispiel anführen: Im April 1938 war eine Volksabstimmung. Ein Mann aus Stuttgart-Feuerbach, Friedrich Gassmann, hat mit »nein« gestimmt, das hat er leichtsinnigerweise abends im Gasthof erzählt, und so kam es zu Ohren der Gestapo. Das hat schon gereicht, daß er verhaftet wurde und nach Welzheim kam. Dort angekommen, wurde er zuerst mal tüchtig verprügelt, und dann immer wieder gefragt, warum er das gemacht habe, ob es irgendwelche Hintermänner gebe und ob er einer Organisation angehöre. Der Gassmann gehörte aber keiner Organisation an. Eines Tages hatte er den Mut, sich beim Lagerführer über die Zustände im Lager zu beschweren. Darauf wurde er eines Tages von Buck abgeholt und im Auto nach Stuttgart gebracht. Seither weiß kein Mensch, wo er hingekommen ist. Seine Frau hat nach 1945 gegen die Lagerleitung geklagt, aber niemand konnte ermitteln, wo Gassmann hingekommen war. Man kann ganz sicher annehmen, daß er umgebracht und seine Leiche spurlos beseitigt worden ist.

W.: Das haben Sie damals mitbekommen?

Schätzle: Ja, der Mann fehlte einfach. Solche Fälle gab es oft. Immer wieder mal wurde einer aus dem Lager weggeholt, und wir wußten dann nicht, ist der frei, kommt er zur Gestapo oder nach Dachau oder Buchenwald?
Ich habe Welzheim und andere kleinere Lager die »Stationen zur Hölle« genannt. Von dort aus kam man in die Höllen von Dachau, Buchenwald, Mauthausen. Die Gestapo war noch bemüht, bis Mitte des Krieges etwa, die kleineren Lager nach außen hin als ruhig darzustellen. Wenn zum Beispiel einer krank wurde und man damit rechnen mußte, daß er starb, dann wur-

de er entweder schnell entlassen oder, bevor er starb, nach Dachau geschickt. Und dadurch konnte der Eindruck entstehen, als ob es in diesen kleinen Lagern nicht so schlimm zuging wie in den großen. Aber im Krieg haben sich ja dann auch in Welzheim die Zustände verschlimmert. Da hat man dann einige Gefangene in ihren Zellen regelrecht erfrieren und verhungern lassen. Wenn Sie dahin kommen, dann gehen Sie mal zum Steinbruch. Da wurden während des Krieges viele Russen und Polen erschossen und erhängt.

W.: Wußten die Gefangenen eigentlich, daß es in Dachau und Buchenwald noch brutaler zuging als in Welzheim?

Schätzle: Jeder wußte das. Und jeder hatte Angst davor, daß er auch eines Tages dahin gebracht wird.

W.: Und warum kamen Sie nach Dachau?

Schätzle: Das weiß ich nicht. Das wurde einem nicht mitgeteilt, sondern man mußte eines Morgens seine Sachen zusammenpacken, und dann ging es los. Da wußte man noch nicht, wohin. Ich wurde zuerst zur Gestapo nach Stuttgart gebracht und dann mit einem Gefangenentransport nach München und dann nach Dachau. Es wurde einem auch nicht gesagt, wie lange man dort bleiben sollte.

W.: Haben Sie in Dachau gearbeitet?

Schätzle: Ja, zuerst auf Baustellen und dann in der Verwaltung im Arbeitseinsatz.
Wir hatten die Aufgabe, die Arbeit zu verteilen. Das war eine sehr wichtige Funktion, wobei von der Lagerleitung, der SS, die Anweisung kam, daß der oder jener oder die oder jene Gruppe nur schlechte Arbeit bekommen sollte. Die Spanien-

Kämpfer zum Beispiel durften in keinen Betrieb, und die Russen durften nur schlechte, das bedeutete besonders anstrengende Arbeiten ausführen, also im Freien, auf dem Bau oder auf dem Feld. Am übelsten dran waren natürlich die Juden, die galten überhaupt nicht mehr als Menschen. Wir Häftlinge haben es nun als unsere Aufgabe angesehen, Schwierigkeiten zu überbrücken. Und das haben wir sehr reichlich gemacht. Wenn zum Beispiel einer krank war, hat man ihn in ein Kommando geschafft, wo er im Warmen sitzen konnte. Kartoffelschäler, die waren ein berühmtes Kommando, da konnte man sitzen und manchmal auch eine Kartoffel essen. Oder die Strumpfstopfer, die den ganzen Tag nur Strümpfe gestopft haben. Sie waren im Warmen und unter einem Dach. Aber auch die Arbeit in einem Betrieb außerhalb des Lagers – das war dann schon während des Krieges – war bevorzugt. Zum Beispiel Intellektuelle, die in handwerklichen Arbeiten sehr ungeschickt waren und keine Erfahrung damit hatten, die sind dann zu uns gekommen und haben gesagt, da muß man dem und jenem helfen. Dann haben wir für den Lehrer oder Professor die Karteikarte genommen, umgeschrieben und aus ihm einen Schlosser gemacht und mit der nächsten Kolonne in die Fabrik geschickt. Wir haben ihm also eine Arbeit zugeschanzt, die er schaffen konnte.

W.: Aber mußten denn nicht die einzelnen Gruppen immer gleich groß bleiben? Mußte man dann dafür jemand anderen zu der schweren Arbeit schicken?

Schätzle: Natürlich mußte dann ein anderer, ein jüngerer, gesünderer, die schwere Arbeit machen.

W.: Und der hat das auch gemacht?

Schätzle: Ja, der wußte ja gar nichts von der ganzen Schieberei.

W.: Also mußte man, um einen nicht ganz zu opfern, einen anderen ein wenig opfern?

Schätzle: Um einem Kranken wieder auf die Beine zu helfen, mußte ein Gesunder einspringen.

W.: Gewissensbisse durften Sie sich da nicht machen?

Schätzle: Nein, sonst hätten wir gar nichts machen können. Aber so haben wir doch vielen helfen können, auch indem wir die mit besonders schweren Arbeiten immer wieder mal ausgewechselt haben. Wenn der dann ein halbes Jahr dort gearbeitet hatte und mit seiner Gesundheit runtergekommen war, hat man den wieder geholt und mit anderen ausgetauscht. Andere Möglichkeiten bestanden nicht. Aber wir konnten natürlich nicht immer helfen.
Das Schlimmste waren die Invalidentransporte während des Krieges. Da wußten wir, die gehen in ein Vernichtungslager zur Vergasung.

W.: Das wußten Sie?

Schätzle: Sicher wußte das nicht jeder Häftling, wohin die Reise geht. Aber wir, die wir schon lange im Lager waren und so ein bißchen Einblick hatten, wir wußten, was gespielt wurde. Einige von uns arbeiteten in der Lagerverwaltung direkt mit der SS zusammen, weil sie für diese Büro- und Schreibarbeiten ausführen mußten. Da kam man hin und wieder auf das Thema zu sprechen. Und dann wurden ja auch immer mal wieder Häftlinge versetzt, und so hat es sich herumgesprochen.

W.: Was hat sich denn vor diesen Invalidentransporten abgespielt?

Schätzle: Die Gefangenen, die keine Arbeit hatten, mußten auf dem Appellplatz antreten und sich nackt ausziehen. Und dann standen ein Arzt und der Lagerkommandant da, und sie suchten die Kranken heraus. Kurz darauf wurden die dann abtransportiert. Das war natürlich gräßlich. Da konnten wir gar nichts machen. Das war das Schlimmste von allem. Ein großer Teil der Häftlinge hat es wohl nicht gewußt, aber sicherlich haben sie es geahnt.

W.: Sind Sie die ganze Zeit über in Dachau geblieben?

Schätzle: Nein, zwischendurch war ich in Mauthausen in Österreich. Im Herbst 1939, kurz nach Ausbruch des Krieges, wurde das Lager Dachau für SS-Truppen reserviert, die dort ausgebildet wurden. Und während dieser Zeit kamen alle Häftlinge nach Flossenbürg und Mauthausen. Nur wenige, die Lagerarbeiten gemacht haben – das waren vielleicht hundert –, sind zurückgeblieben.

Mauthausen bei Linz und Flossenbürg in der Oberpfalz waren neue Lager, die 1938 errichtet worden waren. Ihre Entstehung kennzeichnet einen neuen Abschnitt in der Geschichte der Konzentrationslager.
Ende 1937 beschloß die nationalsozialistische Führung, den Kreis der Menschen, die in ein KZ eingeliefert werden sollten, zu erweitern. In die Lager kamen von jetzt an mehr und mehr »Kriminelle« und »Asoziale«; das waren in der Definition von Reinhard Heydrich, des Chefs der Sicherheitspolizei, Personen mit mehreren Vorstrafen, Zuhälter oder Personen, »die in dringendem Verdacht stehen, sich zuhälterisch zu betätigen«. Und es waren Menschen, denen eigentlich nichts weiter vorgeworfen werden konnte, als daß sie keinen festen Wohnsitz hatten und keiner geregelten Arbeit nachgingen: Bettler und Landstreicher.

Man wollte – so heißt es in einem Erlaß Heydrichs vom 1. Juni 1938 – Personen, »die der Gemeinschaft zur Last fallen, ausschalten«. Andererseits wollte man sie – und das war wahrscheinlich der Hauptgrund – zur Arbeit zwangsrekrutieren. Martin Broszat schreibt in dem Buch »Anatomie des SS-Staates«: »In die Zeit der forcierten Verhaftungsaktionen fiel die Errichtung SS-eigener Baustoffproduktionsstätten in und bei Konzentrationslagern.« Die SS ging daran, Steinbrüche auszubeuten und Ziegelwerke aufzubauen. Die Regierung brauchte Baumaterial für die ehrgeizigen und aufwendigen Bauvorhaben Albert Speers. Berlin, die Reichshauptstadt, aber auch andere Großstädte sollten neu gestaltet werden. So entstanden die neuen Konzentrationslager Flossenbürg und Mauthausen bei großen Steinbrüchen.
In diese neu errichteten wie in die schon seit längerem bestehenden Lager wurden seit 1938 aber auch ausländische Häftlinge eingeliefert, politische Gegner aus dem annektierten Österreich, aus dem Sudetenland, später auch aus anderen besetzten Ländern.
In Mauthausen wurden die Gefangenen durch die unmenschlich harten Arbeitsbedingungen vorsätzlich vernichtet. Dort starben bis Kriegsende mehr als 68 000 Menschen.

Schätzle: Mauthausen war berüchtigt. Das Lager lag oben auf dem Berg, und am Berg war der Steinbruch. Das war eine ganz harte Arbeit. Ich erinnere mich besonders an einen Tag: Wir sind immer mit 1000 Gefangenen in den Steinbruch gegangen, und an einem Tag haben wir 200 nach Hause getragen, von denen die meisten tot waren. Es ist sogar vorgekommen, – und das nicht nur einmal – daß Gefangene einfach aus der Reihe gesprungen sind, sich den Steinbruch hinuntergestürzt und so das Leben genommen haben. Und um die Schikanen noch voll zu machen, mußten wir am Abend einen großen Stein auf den Buckel nehmen und die berüchtigte Treppe hochtragen. Die Steine wurden für den weiteren Ausbau des Lagers gebraucht, für neue Baracken.
Nach ein paar Monaten sind wir dann nach Dachau zurückge-

kommen, das war dann schon 1940, und viele Gefangene wurden nun in der Rüstungsproduktion beschäftigt. Die Betriebe haben ganz schön daran verdient. Die haben für jeden Häftling nur vier bis sechs Mark gezahlt. Das Geld bekamen aber nicht die Häftlinge, sondern die SS. Wir wurden von der SS sozusagen an die Wirtschaft vermietet. Namhafte Firmen waren daran beteiligt. Ich will nur einige nennen: Messerschmitt, Dornier, BMW.
Ich blieb aber nicht bis Kriegsende in Dachau, sondern bin 1944 strafversetzt worden mit anderen zusammen, weil wir eben versucht haben, anderen Gefangenen zu helfen. Wir hatten uns ja auch bemüht, Ausländer gleichberechtigt zu behandeln, sie in Schutz zu nehmen. Im Lager waren ja 27 Nationen vertreten. Und für die Ausländer war es besonders schlimm, vor allem für die Russen und die Polen, aber auch für die Franzosen. Und später, als Italien von Deutschland abfiel, ist die SS besonders auf die Italiener losgegangen. Und weil wir die unterstützt haben, wo es irgendwie ging, wurde dann von der SS eine Kampagne gegen die politischen Gefangenen in Dachau geführt, und zwar mit der Begründung, die Disziplin und die Arbeitsleistung hätten nachgelassen. Und dann wurden wir auseinandergerissen und strafversetzt. Ich kam nach Neuengamme bei Hamburg. Das war ungefähr dasselbe wie Dachau. Die gleichen Schikanen, Morde, Totschlägereien.

In Neuengamme bei Hamburg war 1938 ein Außenkommando des Konzentrationslagers Buchenwald errichtet worden, 1940 wurde es zu einem selbständigen KZ erweitert. Das SS-eigene Unternehmen »Deutsche Stein und Erdgesellschaft GmbH« (DEST) hatte hier ein Ziegelwerk in Betrieb genommen.
Seit Kriegsbeginn wurden dort auch viele politische Häftlinge aus dem besetzten Ausland, aus Norwegen, Frankreich, Holland, Belgien, später auch aus Rußland, eingesperrt.

Schätzle: Das schlechteste Arbeitskommando war in der Lehmgrube und in der Ziegelei. Viele arbeiteten aber auch in einer Waffenfabrik, und es gab auch Außenkommandos in Hamburg, in den Häfen und Werften.

W.: Und wo haben Sie gearbeitet?

Schätzle: Ich habe wieder auf dem Büro gearbeitet. Sehen Sie, das ist ein Akt der Solidarität gewesen: Die Kameraden in Hamburg haben bereits gewußt, daß Gefangene aus Dachau ankommen, daß in Dachau eine Aktion gegen politische Häftlinge im Gange war. Ich hatte sogar einen Sonderschein, für »Sonderbehandlung«.

W.: Das bedeutete »besonders schlecht«?

Schätzle: Das hätte für mich die Arbeit in der Lehmgrube bedeutet. Die Kameraden haben aus den Transportpapieren diesen Schein schnell verschwinden lassen und verbrannt, und ich bin nie zur »Sonderbehandlung« gekommen. So wie ich den anderen Kameraden in Dachau geholfen hatte, so haben die Neuengammer mir geholfen. Und wenn heute immer wieder die Frage gestellt wird: »Wie konnte man so etwas überhaupt überleben?«, so kann man darauf nur antworten, eben durch die Solidarität. Es ist keine Kunst, wenn ich heute jemandem ein Stück Brot gebe. Aber in Dachau ein Stückchen Brot zu teilen, das war ein Opfer. Und das wurde immer wieder gemacht, nicht wahr.

W.: Und was geschah bei Kriegsende?

Schätzle: In den letzten Apriltagen wurden wir aus Neuengamme evakuiert. Die SS brachte Tausende von Gefangenen auf einer Eisenbahnfahrt nach Kiel und von dort aus wurden sie auf

Schiffe verladen. Das waren drei Häftlingsschiffe, die sollten, wenn der Feind sich noch weiter näherte, auf hohe See fahren und dort absaufen. Die KZ-Gefangenen sollten den Alliierten nicht lebend in die Hände fallen.

W.: Und das wußten Sie?

Schätzle: Nicht genau, aber wir haben nichts Gutes geahnt. Als wir dann auf der »Cap Arcona« waren – das war früher einmal ein riesiger Luxusdampfer gewesen –, haben wir dann Verbindung zu dem Schiffsoffizier bekommen, der wiederum Verbindung mit dem Kapitän hatte. Und der hat uns dann mitgeteilt, daß unten im Kiel Sprengsätze angebracht seien und er den Auftrag habe, hinauszufahren und das Schiff zu sprengen. Er hat das aber sabotiert; einmal war die Maschine angeblich nicht gelaufen, dann war kein Öl da. Jedenfalls sind wir nicht ausgefahren.
Aber dann kam das große Unglück. Am 3. Mai wurde diese Flotte aus drei Schiffen von den Engländern bombardiert. Die wußten nicht, was sie taten. Später wurde es einmal so dargestellt, daß sie eine Nachricht hatten, daß das Truppentransporter seien, die nach Norwegen ausfahren sollten. Und diesem Irrtum sind sie unterlegen; allerdings hätten sie das besser kontrollieren müssen. Ob man ihnen daraus einen Vorwurf machen kann, sei dahingestellt. Aber Tatsache ist, daß von den rund 9400 Häftlingen nur etwa 2400 überlebt haben. Ein Schiff ging unverletzt in den Hafen von Neustadt. Ungefähr 7000 Menschen sind ums Leben gekommen an einem dieser letzten Kriegstage.

W.: Und wie wurden Sie gerettet?

Schätzle: Die Bombardierung begann so nachmittags um 2 Uhr. In dem Moment war ich in dem früheren Rauchsalon, das war ein größerer Raum, und da fiel eine Bombe seitwärts an den Bordrand. In dem Saal wirbelte nun alles durcheinander, Tische, Stühle und Menschen. Ich selbst wurde dabei verwundet, aber nicht besonders schlimm. Dann wollten wir raus, ich wollte ins Revier, um mich verbinden zu lassen. Da kam mir aber schon die ganze Masse der Häftlinge entgegen, die riefen: »Das Schiff brennt.« Nun muß man sich das vorstellen, die Gänge auf so einem Schiff sind sehr eng, und da ging es nun ziemlich drunter und drüber. Wer stürzte, der war verloren, über den trampelten die anderen hinweg. Und alles drängte nach oben. Oben, auf Deck, da standen aber zwei SS-Leute mit dem Gewehr im Anschlag und haben die Treppe heruntergeschossen. Aber was macht man, wenn hinten das Schiff brennt und vorne eine Schanze ist. Jedenfalls stürmte die Masse die Treppe hoch und entwaffnete diese zwei SS-Leute, dann gab es an Deck noch einen kleinen Kampf. Es gab immer noch Leute, die glaubten, das Dritte Reich noch verteidigen zu müssen, die auf uns geschossen haben, aber der Kampf dauerte keine fünf Minuten. Auf dem Schiff waren ungefähr 500 Mann Besatzung, nicht SS-Leute, sondern Truppen von der Armee, die uns bewachten, und 30 SS-Leute. Diese 30 SS-Leute waren die ersten, die in einer Barkasse dann abgehauen sind. Und die haben diese alten Landsturm-Männer, die uns als Bewachung zugeteilt waren, ihrem Schicksal überlassen, genauso wie uns Gefangene.

Nun war die Frage, was tun? Das Schiff lag ungefähr 4 km vom Land entfernt, und Anfang Mai ist das Meer noch verdammt kalt. Aber letzten Endes blieb uns nichts anderes übrig. Jeder versuchte sich zu retten, wie er konnte. Ich ging also über Bord, ließ mich an einem Seil herunter, und begann, dem Land zuzuschwimmen. Das Wasser war, wie gesagt, sehr kalt. Und diejenigen, die sich noch eine Schwimmweste ergattern konnten, sind alle ums Leben gekommen, die sind erfroren. Nachdem ich glücklicherweise keine Schwimmweste hatte, war ich

gezwungen, mich immer zu rühren. Und so ging es langsam weiter. Nach einer Stunde kam dann Sturm auf oder Wind, ich habe es als Sturm empfunden. Und dann kamen noch einmal die Flugzeuge und haben mit Maschinengewehren ins Wasser geschossen. Und die ersten Schiffbrüchigen, die an Land kamen, liefen noch einmal einer SS-Truppe in die Hände.
Als ich ankam – das war schon gegen Abend –, lagen die Toten, die Erschossenen, am Strand. Sonst war niemand da, weder die Engländer, noch die Deutschen. Es war Niemandsland. Und so ist man den Strand entlanggestolpert, wir wußten ja nicht, sollten wir rechts oder links, jeder ist dem Vordermann nachgelaufen. Und nach einer Zeit kam dann ein Lastwagen mit einer roten Fahne vorne drauf. Die erklärten uns, sie sollen uns abholen. Nun wußten wir nicht, ist das echt oder unecht, holen die uns zur SS oder zu den Engländern. Aber wir waren schon so kalt, verfroren und verzweifelt, ich konnte kaum mehr gehen, da sind wir eben aufgestiegen. Aber das war in Ordnung. Nach kurzer Zeit kam uns der erste englische Panzer entgegen. Da wußten wir endlich, daß wir befreit waren. Wie gesagt, ich war verwundet und kam dann gleich ins Lazarett, ins Neustädter Krankenhaus. Da bin ich dann noch geblieben, ein Vierteljahr lang. Ich wurde so weit wieder zusammengeflickt, daß kein größerer Schaden mehr blieb. Aber diese Häftlinge, die dort ums Leben gekommen sind, die wurden noch jahrelang an Land geschwemmt. Es ist ein paar Jahre her, da brachte der »Stern« einen Bericht, wie am Timmendorfer Strand Kinder im Sand spielten und plötzlich ein Gerippe entdeckten, das angeschwemmt worden war. Das war einer der letzten, auf den man gestoßen ist, einer der letzten der Häftlingsschiffe.

W.: Wenn man Berichte wie den Ihren hört, muß man unwillkürlich fragen: Wie kann man nach fast zwölf Jahren Gefängnis und Konzentrationslager eigentlich weiterleben? Ist man danach ein anderer Mensch als vorher?

Schätzle: Das ist schwer zu beantworten. Ich weiß nicht. Ich weiß nur, daß wir, die ehemaligen Häftlinge, die politische Entwicklung anders betrachten als einer, der das nicht mitgemacht hat. Es gibt immer wieder Gruppen, die versuchen, alles, was während des Dritten Reiches geschehen ist, zu verniedlichen, zu verharmlosen oder gar die Schuld allein auf »den Führer« abzuschieben, als ob er der allein Schuldige gewesen wäre. Aber ohne die weitgehende Unterstützung vom Militär und von der Wirtschaft wäre Hitler nicht an die Macht gekommen. Man muß deswegen heute verdammt vorsichtig sein mit den neofaschistischen Bestrebungen.
Der Faschismus wird heute wahrscheinlich nicht wieder unter einer Hakenkreuzfahne auftauchen, aber wir haben allen Grund, unsere Verfassung von vornherein zu verteidigen. Das haben wir gelernt: Hitler ist nicht wie der Blitz aus heiterem Himmel gekommen. Das hatte man gewußt oder geahnt, was alles passieren würde. Aber man hat die Warnungen mißachtet. Heute sollten wir hellhöriger sein. Wir wollen nicht, daß die Jugend noch einmal dasselbe mitmacht wie wir, denn der Dritte Weltkrieg, der wäre noch viel fürchterlicher als der Zweite.

W.: Hat sich während der zwölf Jahre Ihre Einstellung zu den Menschen verändert? Ich meine, Sie hatten doch früher, vor Ihrer KZ-Haft, sicherlich nie geahnt, daß Menschen zu solchen Grausamkeiten fähig sind. Oder erlebte man alles um einen herum gar nicht mehr bewußt? War man wie in Trance?

Schätzle: Es ist ja ein Glück, daß der Mensch abgestumpft wird. Wissen Sie, der erste Häftling, der vor mir totgeschlagen wurde, das war schauerlich. Wenn ich das aber jahrelang erlebe, wird man abgestumpft. Ohne das könnte man es ja gar nicht ertragen. Das ist genauso wie im Krieg. Die Soldaten, die ins Feld gezogen sind, und zum erstenmal erlebt haben, wie ein

Kamerad gefallen ist, waren zutiefst erschüttert. Später war das Gewohnheit. Das ist grausam, aber wahr.
Wenn man sich aber bewußt war, daß man für eine gerechte Sache gekämpft hat, dann war alles leichter zu ertragen. Und wenn heute wieder an uns die Frage gestellt würde, könnten wir wahrscheinlich wieder nur so handeln.

W.: Sie sagten, Gott sei Dank stumpft der Mensch in schlimmen Situationen ab, Gott sei Dank kann er sich eine seelische Hornhaut zulegen. Die mußte sich aber nach dem Krieg wieder auflösen? Ist Ihnen das gelungen?

Schätzle: Mir ist es gelungen. Ich glaube wenigstens. Ich weiß ja nicht, was noch alles auf mich zukommt. Manchmal denkt man schon an diese schweren Stunden.

1946 wurde Julius Schätzle Abgeordneter der KPD im ersten württembergisch-badischen Landtag. Später arbeitete er als Journalist, dann als Möbelhändler.
Er ist Vorsitzender der Lagergemeinschaft Heuberg-Kuhberg-Welzheim, der ehemalige Häftlinge angehören. Gemeinsam mit anderen Verfolgten des Naziregimes setzt er sich schon seit einigen Jahren dafür ein, daß auf dem Oberen Kuhberg eine Gedenkstätte eingerichtet wird. Doch bis jetzt reicht das Geld, das einzelne Institutionen und Behörden bewilligt haben, längst nicht aus, um einige Räume in der Festung entsprechend herzurichten.
Ab und zu wird Julius Schätzle von Jugendgruppen und Schulklassen eingeladen, um über seine Erlebnisse während der Hitler-Diktatur zu berichten. »Was mich beeindruckt hat, war«, so erzählte mir eine Schülerin, »mit welcher Ruhe und Gelassenheit Herr Schätzle über seine schrecklichen Erfahrungen berichten kann.«

Wir waren immer zuversichtlich

Interview mit Alfred Haag

Sofort nachdem Hitler Reichskanzler geworden war, ging er daran, seine politischen Ziele – Errichtung eines totalitären Führerstaats – Alleinherrschaft der NSDAP – zu verwirklichen. Schon am 31. Januar setzte er durch, daß der Reichstag aufgelöst und Neuwahlen festgesetzt wurden. Hitler sah darin eine Möglichkeit, seine Macht zu erweitern, denn er rechnete damit, daß seine Partei noch Stimmen dazugewinnen würde, wenn sie den Wahlkampf als Regierungspartei führte. Das Wahlergebnis vom 5. März gab ihm dann auch Recht.
Dann ging er daran, die linken Parteien, KPD und SPD, in ihrem Wahlkampf zu behindern, wenn nicht gar völlig einzuschränken. In diesem Vorgehen wurde er von seinen konservativen und deutsch-nationalen Regierungspartnern unterstützt, zumindest billigten sie es.
Am 4. Februar erließ die Regierung eine »Notverordnung zum Schutz des deutschen Volkes«. Sie ermöglichte vor allem Zeitungs- und Versammlungsverbote für den Fall, daß »Organe, Einrichtungen, Behörden oder leitende Beamte des Staates beschimpft oder verächtlich gemacht« oder »offensichtlich unrichtige Nachrichten« verbreitet wurden. Mit diesen dehnbaren Bestimmungen konnte man politische Gegner leicht mundtot machen. In den folgenden Wochen wurden dann auch kommunistische Wahlveranstaltungen oft untersagt, einzelne Zeitungen von KPD und SPD beschlagnahmt oder für kürzere oder längere Zeit verboten. Viele Parteifunktionäre wurden verhaftet.

Einer unter vielen war Alfred Haag; von 1931 bis 1933 Abgeordneter der KPD im württembergischen Landtag. Alfred Haag hat ein ähnliches Schicksal wie Julius Schätzle. Er ist 1904 geboren, auch er lernte das Schreinerhandwerk, war Mitglied der Freien Sozialistischen Jugend und trat später in die KPD ein. 1933 wurde er von den Nationalsozialisten ins Gefängnis, danach ins KZ gesperrt.

Haag: Ich wurde in der Nacht vom 10. auf den 11. Februar 1933 verhaftet, und zwar gemeinsam mit 76 anderen Anhängern der Partei. Vorausgegangen war ein schwerer Zusammenstoß mit Nationalsozialisten in einem Dorf bei Schwäbisch Gmünd. Da hatten Nationalsozialisten auf die Versammlungsteilnehmer geschossen und wir uns dann entsprechend gewehrt. Daraufhin wurden wir dann verhaftet. Die Polizei kam nachts in einem Masseneinsatz, es war ein großer Menschenauflauf dort. Wir kamen in verschiedene Strafanstalten, wurden also voneinander getrennt, und dann wurde der Prozeß eingeleitet. Das Verfahren fand in Ellwangen vor dem dortigen Landgericht statt. Wir wurden damals noch von einem Gericht, einem Überbleibsel aus der Weimarer Zeit, zu relativ mäßigen Strafen verurteilt, und zwar wegen »Landfriedensbruch«. Ich selbst bekam ein Jahr Gefängnis, die anderen kamen zum Teil mit geringeren Strafen davon; in keinem Fall waren es allerdings weniger als drei Monate. Die Untersuchungshaft haben wir in verschiedenen Gefängnissen abgesessen, in Ulm, Schwäbisch Gmünd und Ellwangen. Die Strafe selbst habe ich dann im Landgerichtsgefängnis in Ulm verbüßt.

Wenke: Und nach diesem Jahr wurden Sie aber nicht entlassen, sondern kamen in die sogenannte »Schutzhaft«?

Haag: Damals schon war es bei den Nazis Sitte, daß Häftlinge, die wegen politischer Delikte gesessen hatten, nicht in Freiheit

kamen, sondern sofort – so war es auch bei mir – ohne Begründung und ohne sogenannten Schutzhaftbefehl ins KZ gebracht wurden.
Ich kam also auf den Oberen Kuhberg bei Ulm. Das war im Sommer 1934. Ich blieb da insgesamt etwa ein Jahr, bis das Lager aufgelöst und wir Gefangenen nach Dachau gebracht wurden.
Wie ich auf den Kuhberg kam, das ist eine kleine Geschichte: wir wurden mit anderen Gefangenen aus ganz Württemberg im Polizeipräsidium Ulm gesammelt. Da empfing uns der berühmt-berüchtigte Polizeidirektor von Ulm – Dreher hieß er –; wir wußten aber nicht gleich, wer er war. Er fragte einen unserer Kameraden, Hugo Marquardt: »Warum bist Du hier?«, worauf der antwortete: »Das geht Dich einen Dreck an.« Wie gesagt, er wußte nicht, wer ihn da fragte. Als wir dann später auf dem Kuhberg ankamen, wurden wir auf das Schändlichste empfangen. Vor allem Hugo Marquardt wurde auf das Schrecklichste mißhandelt. Das Wachpersonal war offensichtlich schon vom Polizeipräsidium auf ihn aufmerksam gemacht worden. Wir mußten auf dem Kuhberg – wie schon bei der Polizei in Ulm – mit dem Gesicht zur Wand stehen. Ein SA-Mann nahm nun den Hugo Marquardt an seinen schwarzen Haaren und schlug ihn so gegen die Wand – vier oder fünfmal, ich weiß es nicht mehr so genau –, daß ihm die ganze Haut aufplatzte und er blutüberströmt dastand.

W.: Und was geschah in den nächsten Wochen und Monaten?

Haag: Wenige unserer Leute wurden mit irgendwelchen Arbeiten beschäftigt, denn da oben gab es keine Werkstätten. Die übrigen mußten – je nach Laune der SA-Leute – strafexerzieren, und das auf die schlimmste Art. Das wurde so weit getrieben, daß in der Regel einige Kameraden umgefallen sind. Es hieß: »Bergauf, bergab!«; ob Regen oder Schnee war, das hat

gar keine Rolle gespielt. Es wurde einfach angesetzt und zwar für einige Stunden, fast jeden Tag. Es gab wenige Ausnahmen, zum Beispiel sonntags, wenn weniger Wachpersonal oben war.
Mit dieser Quälerei versuchte man, das moralische Rückgrat der Schutzhaftgefangenen zu brechen. Ich glaube aber, daß ihnen das nie gelungen ist. Auf dem Kuhberg bildeten die Gefangenen noch eine homogene Gruppe oder homogene Gruppen von Kommunisten, Sozialdemokraten, Gewerkschaftlern. Auch einzelne Pfarrer waren darunter und ganz wenige Parteilose. Aber bei keinem einzigen haben wir festgestellt, daß er der Lagerführung oder der SA zuliebe irgendetwas getan hätte. Mir selbst ist kein einziger Fall von Denunziation bekannt.

W.: So haben sich die Gefangenen gegenseitig etwas stützen können?

Haag: Es war so: Beim Exerzieren konnte man sich leider nicht dagegen wehren, denn das hätte sicherlich den Tod bedeutet, wie es ja in anderen Lagern zu dieser Zeit schon der Fall war. Aber nachdem wir wieder in die Gänge und Unterkunftsräume eingerückt waren, haben wir uns geholfen, wo wir konnten. Wir haben auch versucht, solche Kameraden, die angesichts der schlimmen Situation zu verzweifeln drohten, moralisch wieder aufzurichten. Man muß ja wissen, daß wir ohne richterliche Verfügung in das Lager eingewiesen worden waren und vor allen Dingen niemand von uns wußte, wie lange die Haft dauern sollte. Das stellte natürlich die Moral der Leute auf eine harte Probe.

W.: Und Sie wußten es auch nicht?

Haag: Nein, ich wußte überhaupt nichts. Nach vielen Versuchen ist es dann meiner Frau gelungen, beim damaligen würt-

tembergischen Innenminister Jonathan Schmid vorzusprechen. Er hat dann verfügt, daß ich entlassen werde, allerdings unter der Bedingung, daß wir Deutschland sofort verlassen. Meine Frau schaffte es auch, mit Hilfe von Bekannten Schiffskarten nach Argentinien zu besorgen.
Ich wurde also entlassen und bin mit meiner Frau nach Stuttgart. In einem Vorort von Esslingen haben wir übernachtet, und am anderen Tag wollten wir mit dem Zug abfahren. Daraus wurde aber nichts. Ich wurde am Bahnhof wieder verhaftet und kam erneut ins Lager, dieses Mal sofort in eine besondere Isolierzelle. Mein bester Freund, der wie ich Handwerker war, hatte sie extra für mich herrichten müssen.
Darin war ich von den anderen Häftlingen vollkommen isoliert und für zwei bis drei Wochen eingesperrt.
Und dann kam ich in einen der ehemaligen Artilleriebeobachtungsstände. Kurt Schumacher, bis 1933 Reichstagsabgeordneter der SPD, war in dem zweiten Stand untergebracht. Das waren Bunker, oben auf dem Berg am Kuhberg selbst, ohne Wasser, ohne Licht, ohne Klosett, ohne die Möglichkeit, sich zu bewegen.
Wir beide hatten nicht die Möglichkeit, uns irgendwie zu verständigen. Wir wurden täglich nur einmal, aber immer voneinander getrennt, herausgeholt. Dann konnten wir uns – unter Bewachung – eine Kanne Wasser holen und aufs Klosett gehen.

W.: Und wie lange waren Sie dort eingesperrt?

Haag: Bis zur Auflösung des Lagers im Juli 1935, also insgesamt sechs oder sieben Monate. Dann kamen wir beide – Kurt Schumacher und ich – nach Dachau.

W.: Warum wurden Sie denn ein zweites Mal verhaftet? Wurde das begründet?

Haag: Schriftliche Begründungen gab es nicht. Die mündliche Begründung bekam ich aber vom Lagerkommandanten Buck. Er sagte, ich hätte Bemerkungen gemacht, daß ich nach meiner Entlassung in Argentinien über die Zustände im KZ berichten würde. Und deshalb hätte er bei der Gestapo veranlaßt, daß ich wieder verhaftet würde.

W.: Stimmte diese Begründung?

Haag: Nein! Was ich im Ausland getan hätte, kann sich jeder vorstellen. Aber ich war klug genug, das nicht zu sagen, nicht wahr, denn jeder, der im Lager war und die ganzen Umstände kannte, der hat gewußt, was das für ihn bedeutet hätte. Das war einfach eine ganz ordinäre Denunziation, wie sie beim Wachpersonal eines KZ an der Tagesordnung war. Und da man als Gefangener keine Möglichkeit hatte, sich zu rechtfertigen, gab es auch keine Gelegenheit zu einer Richtigstellung. Ich bin aber überzeugt davon, daß in jedem Fall das Wort des Kommandanten mehr gegolten hätte als das eines Gefangenen.

W.: Sie haben vor 1933 gegen die Nationalsozialisten gekämpft und vor ihnen gewarnt. Aber wußten Sie eigentlich genau, was das Hitlerregime mit sich bringen würde?
Haben Sie bei Ihrer Verhaftung im Februar 1933 geahnt, was Sie alles erwartet?

Haag: Wir hatten durch das Studium von Presse und Literatur ungefähre Vorstellungen vom Faschismus in Italien. Aber niemand von uns hätte sich ausmalen können, was das für Deutschland bedeutet. Wir haben grundsätzlich gewußt, daß der Faschismus eine bitterböse Sache werden wird, aber niemand von uns hat sich in Einzelheiten vorstellen können, mit welchen Methoden Hitler gegen diejenigen vorgehen würde, die gegen ihn Widerstand leisteten. Das war für uns alle unbegreiflich. Dabei muß man sagen: Was die SA mit uns auf dem Kuhberg gemacht hat, das war wirklich böse. Aber was uns in späteren Lagern begegnet ist, das war natürlich noch um vieles grausamer.

W.: Haben Sie das vorausgeahnt, als Sie nach Dachau gebracht wurden? Können Sie sich noch an die Gedanken und Gefühle erinnern, die Sie damals hatten?

Haag: Daran kann ich mich eigentlich noch ganz gut erinnern. Obwohl wir selbst im KZ waren, haben wir genaue Details über Dachau und über andere Lager nicht gewußt. Man hatte natürlich schon von Dachau gehört. Man wußte auch, daß in Bayern sowie in anderen Ländern inzwischen eine geläufige Redensart war: »Wenn Du das tust, kommst Du nach Dachau!«
Als wir dann dorthin kamen, machte das Lager erst einmal – im Vergleich zu den erbarmungswürdigen Unterkünften auf dem Kuhberg – vom Optischen her einen günstigen Eindruck auf uns. Wenn man in Dachau hin und wieder mal eine Stunde frei hatte, konnte man sogar im Lager frei herumgehen.
Aber dieser optische Eindruck täuschte natürlich. Die letzten Feinheiten von Menschenschinderei – ironisch gesagt –, die waren in Dachau in großer Blüte. Das zeigt allein schon die Tatsache, daß in diesem KZ 32 000 Menschen umgekommen sind. Dabei sind die Kranken nicht mitgezählt und auch nicht die vielen Menschen, die bald nach Kriegsende an den Spätfolgen der Lagerhaft gestorben sind.

W.: Und auf dem Kuhberg?

Haag: Auf dem Kuhberg – das muß gesagt werden – gab es keinen Toten. Da haben zwar fast alle SA-Männer einzelne Gefangene mißhandelt und aufs äußerste schikaniert. Ob es ein

Sozialdemokrat, ein Kommunist oder ein Geistlicher war, da gab es keine Gnade. Aber Tote gab es dort nicht. Auch das offizielle Auspeitschen, oder wie solche Strafen hießen, das an den Pfahl oder an den Baum hängen, haben wir in Ulm noch nicht erlebt. In Dachau dagegen war das Auspeitschen für die SS sozusagen eine Art Volkssport geworden.

Wie kann man mit der ständigen Angst leben? Lina Haag, seine Frau, die während des Dritten Reichs auch viereinhalb Jahre in Gefängnissen und Konzentrationslagern, unter anderem in Gotteszell und in Lichtenburg in Sachsen eingesperrt war, hat über ihre Erlebnisse ein Buch geschrieben: »Eine Handvoll Staub«.
Darin sagt sie: »Offenbar hat die Schmerzempfindlichkeit des Herzens ihre Grenzen. Was darüber ist, wird nicht mehr aufgenommen.«

Haag: Ja, das ist so. Ich kann dabei natürlich nur aus eigenem Empfinden heraus reden. Es ist den Nazis gelungen, in den Konzentrationslagern manchen guten Menschen, der vorher als aufrechter, überzeugter Mensch durch die Welt ging, kaputt zu machen. Damit meine ich nicht, daß der Betreffende zum Lump, Feigling oder Denunzianten geworden ist, aber er wurde in eine solche Apathie hineingetrieben, daß er für fast alles um ihn herum gefühllos wurde.
Es wird uns oft die Frage gestellt: »Wie kommt es, daß einige von Euch überlebt haben?« Darauf gibt es mehrere Antworten. Die allgemeinste Formel, die ich oft gebrauche, ist: Die Bombe auf Hiroshima war eine schreckliche Angelegenheit, aber es gab Überlebende. Der Zweite Weltkrieg war schrecklich, aber es gab Überlebende. Die Konzentrationslager waren in bezug auf die Schikanen und all die Qualen, die Gefangene dort jahrelang erleiden mußten, wahrscheinlich noch schlimmer als der Krieg. Aber es gab natürlich auch im KZ Überlebende.
Viele haben nur deshalb durchhalten können, weil sie der Überzeugung waren, dieses System von Hitler kann nicht

ewig dauern! Obwohl niemand wußte, wie lange er in Haft bleiben wird, hat doch niemand geglaubt, daß dieses System die Menschheitsgeschichte überlebt.

W.: Und Sie waren immer so zuversichtlich?

Haag: Wir waren immer so zuversichtlich. Das sagt natürlich nicht, daß wir hin und wieder mal eine »Saure-Gurken-Zeit« hatten und depressiv waren. Ich erinnere mich, als der Krieg ausbrach und Hitler einen Sieg nach dem anderen feierte, gab es natürlich manche unter uns Kameraden, die sich davon beeinflussen ließen und dann einfach resignierend gesagt haben: »Der Hitler wird siegen, ihm gehört die Welt, und niemand wird ihn und seine Hand beseitigen können.« Aber die meisten von uns waren doch der Überzeugung: »Wir überleben den Hitler und nicht er uns.«

Alfred Haag kommt im Herbst 1939 wie viele Dachauer Gefangenen nach Mauthausen und nach einigen Monaten wieder zurück nach Dachau. 1940 wird er – wie durch ein Wunder – entlassen. Er und seine Frau leben in Berlin, er muß sich jeden Tag bei der Gestapo melden. 1941 wird er zu einer Arbeitseinheit bei der Wehrmacht eingezogen. 1944 gerät er in russische Kriegsgefangenschaft. 1948 kommt er nach Deutschland zurück. Zunächst arbeitet er in seinem erlernten Beruf als Schreiner und führt in München eine kleine Werkstatt. Dann ist er sieben Jahre bei der Allgemeinen Ortskrankenkasse tätig.
Mit 57 Jahren läßt er sich frühinvalidieren, obwohl die Pensionsgrenze für Männer damals noch bei 65 Jahren liegt. Seine Gesundheit – so erzählt er – war doch nicht so gut, wie er erst angenommen hatte. Sieben Jahre Gefängnis und Konzentrationslager haben ihre Spuren hinterlassen.
Fast alle ehemaligen KZ-Gefangenen waren in ihrer Gesundheit angeschlagen, als sie aus dem Lager zurückkehrten. Sie litten an den Spätfolgen von Erfrierungen, jahrelanger Unterernährung, Typhus, Fleckfieber

und anderen Krankheiten, an den Folgen von Schlägen und Folterungen. Viele litten auch psychisch, denn die Erinnerungen ans KZ ließen sie nicht los. Sie äußerten sich in Schlafstörungen und Angstträumen, in Depressionen, seelisch bedingten Magen- und Kopfschmerzen.

Diese Leiden waren oft nicht heilbar, im Gegenteil: häufig wurden sie mit der Zeit noch schlimmer, und viele Krankheiten traten erst lange Zeit nach der Entlassung aus dem KZ deutlich in Erscheinung.

Man konnte die Leiden der Verfolgten nicht ungeschehen, nicht »wie-der-gut-machen«. Man konnte jetzt nach dem Krieg nur versuchen, die Opfer des Faschismus mit Renten oder Beihilfen zu unterstützen.

Schon in den ersten Nachkriegsjahren erließen die Besatzungsmächte jeweils für ihre Zonen Rückerstattungs- bzw. Entschädigungsgesetze. 1953 verabschiedete dann der Bundestag ein einheitliches Bundesentschädigungsgesetz, das bis 1965 mehrmals ergänzt und überarbeitet wurde.

§ 1 legt fest, wer eine Entschädigung beanspruchen kann. Es sind Personen, die »aus Gründen politischer Gegnerschaft gegen den Nationalsozialismus oder aus Gründen der Rasse, des Glaubens oder der Weltanschauung durch nationalsozialistische Gewaltmaßnahmen verfolgt worden« sind. Das Gesetz sichert ihnen nicht nur einen finanziellen Ausgleich für »Schäden an Körper und Gesundheit« zu, sondern auch für »Schäden an Freiheit, Eigentum, Vermögen, im beruflichen oder wirtschaftlichen Fortkommen«.

In der Präambel heißt es, man erkenne mit diesem Gesetz an, daß den aus den oben genannten Gründen Verfolgten »Unrecht geschehen ist« und daß »der aus Überzeugung oder um des Glaubens oder des Gewissens willen gegen die nationalsozialistische Gewaltherrschaft geleistete Widerstand ein Verdienst um das Wohl des Deutschen Volkes und Staates war«.

Von dieser Anerkennung haben die meisten Verfolgten aber wenig gespürt. Viele mußten mühsam um ihr Recht kämpfen. Für die Haftzeit selbst haben die meisten zwar schon bald nach Kriegsende eine Entschädigung erhalten – pro Tag KZ gab es fünf Mark –, aber um einen Ausgleich für wirtschaftliche Einbußen und um Renten für Gesundheits-

schäden mußten viele lange kämpfen. Das Gesetz erwies sich in der Praxis als lückenhaft, die Entschädigungsämter arbeiteten oft zu langsam und bürokratisch, viele Sachbearbeiter fällten falsche Entscheidungen, weil sie zu wenig über die NS-Zeit und über Konzentrationslager wußten oder wissen wollten.
Alfred und Lina Haag bekamen wegen einer 25prozentigen Beeinträchtigung ihrer Erwerbsfähigkeit eine Rente zuerkannt, doch auch sie mußten beide energisch dafür streiten.

Haag: Man mußte sich damals von mehreren Ärzten untersuchen lassen und – egal wie das Ergebnis der Ärzte aussah – mußte man dann noch zum ärztlichen Gesundheitsdienst des Entschädigungsamtes. Der verantwortliche Arzt hat dann festgestellt, ob die Diagnosen der anderen Ärzte zutreffen oder nicht.
Es gab zahlreiche ehemals Verfolgte, bei denen Ärzte einen Gesundheitsschaden von mehr als 25 Prozent festgestellt hatten, bei denen dann aber das Entschädigungsamt diesen Prozentsatz heruntergestuft hat. Dazu muß man wissen: Wenn eine Minderung der Erwerbsfähigkeit von weniger als 25 Prozent festgestellt wurde, bekam der Betreffende keinerlei Entschädigung.

W.: Welche Erfahrungen haben Sie damals bei den Untersuchungen gemacht? Hatten Sie den Eindruck, daß die Ärzte über Konzentrationslager Bescheid wußten und sich darüber im klaren waren, welche physischen und psychischen Belastungen die Haft mit sich gebracht hatte?

Haag: Man kann das nicht verallgemeinern. Es gab Ärzte, die genauestens darüber informiert waren, wie es den Gefangenen im KZ ergangen ist und welche Schäden sie notwendigerweise davon tragen mußten. Dann gab es Ärzte, die ganz wenig über Konzentrationslager wußten, und es gab solche, die überhaupt keine Ahnung hatten. Die mußten dann erst von ihren Patienten auf einige Dinge hingewiesen werden.

W.: Haben die Ärzte auch nach den seelischen Auswirkungen der KZ-Haft gefragt?

Haag: Also soweit ich es für meine Person und nach den Berichten anderer beurteilen kann, glaube ich, daß die meisten Ärzte von den psychischen Auswirkungen der Haft keine Ahnung hatten. Man ist da oft auf totales Unverständnis gestoßen. Ich glaube sogar, daß es Ärzte gab, die einfach nichts begriffen haben.
Der Großteil unserer Leute – wie viele es genau sind, kann ich nicht sagen – hat natürlich schwerste seelische Schäden erlitten, die bis in diese Tage hineinreichen.
Wir haben Kameraden, die heute noch vom KZ träumen. Sie werden auch tagsüber durch viele Dinge an die Vergangenheit erinnert, zum Beispiel, wenn sie jemanden in Uniform sehen. Ich kenne eine Frau, die es nicht ertragen kann, wenn jemand hinter ihr steht. Sie ist als Kind im Lager gewesen und hat schwerste Schäden davongetragen.

W.: Und wie war das bei Ihnen selbst? Haben Sie auch noch oft an die KZ-Zeit denken müssen?

Haag: Rein äußerlich ist man ganz gut damit fertig geworden, aber ich glaube, kein einziger kann diese Erlebnisse wirklich bewältigen, zumal wenn er längere Zeit im Lager war. Ich rede jetzt mal von mir, obwohl ich das nicht gern tue: Das hält einen bis in diese Tage hinein.
Ich arbeite seit Jahren in der Gedenkstätte in Dachau, ich komme wöchentlich einige Male in das ehemalige Lager. Ich habe in der ersten Zeit, als ich mit der Einrichtung des Museums zu tun hatte, ich glaube fünf oder sechs Jahre gebraucht, bis ich

ohne Herzklopfen und ohne seelische Erschütterungen in dieses Gelände hineingehen konnte. Von den Träumen und Erinnerungen kommt wahrscheinlich kein einziger los. Das kann ich auch von mir sagen. Wahrscheinlich ist das auch ein Grund dafür, daß viele unserer Kameraden nach dem Krieg nie mehr in das Lager hineingegangen sind. Die wollen einfach durch nichts mehr daran erinnert werden.

W.: Was machen Sie heute in der Gedenkstätte?

Haag: Ich bin Mitglied des Internationalen Dachaukomitees, einer Vereinigung ehemaliger Dachauhäftlinge. Ich organisiere die jährlichen Gedenkfeiern und bin im Dachauer Museum für den Vertrieb und Verkauf von Büchern, Filmen und Dias verantwortlich. Neuerdings verkaufen wir auch Kataloge, die – nebenbei bemerkt – ein großer Erfolg sind. Hin und wieder mache ich auch Führungen, durch die Gedenkstätte, das aber nicht oft, weil mir einfach dazu die Zeit fehlt.

W.: Sie sind auch noch aktiv bei der »Vereinigung der Verfolgten des Naziregimes«. Was machen Sie dort?

Haag: Ich bin Sozialberater. Vor einigen Jahren hatte ich sehr viel zu tun, gemeinsam mit anderen Mitarbeitern. Und zwar war das vor 1970, als unsere Kameraden noch neue Anträge nach dem Bundesentschädigungsgesetz stellen konnten. Ich schätze, wir hatten 600 Fälle, wo wir ehemaligen KZ-Häftlingen dazu verholfen haben, Entschädigungen, das heißt Renten für haftbedingte Gesundheitsschäden zu bekommen. Das Entschädigungsgesetz sieht aber vor, daß seit 1970 weitere Anträge nicht mehr gestellt werden können, im Gegensatz zu allen anderen Kriegsopfern. Zum Beispiel können Aussiedler aus dem Osten, Kriegsgeschädigte oder Bombengeschädigte alle noch Anträge stellen. Der Kreis der rassisch, religiös oder poli-

tisch Verfolgten kann das aber nicht mehr; dafür heißt das Gesetz, das der Bundestag 1965 beschlossen hat, »Bundesentschädigungs-Schlußgesetz«.
Aber trotzdem ist die Sozialberatung unserer Organisation nicht unnütz geworden. Es gibt jetzt viele Fälle, wo Kameraden, die in Not geraten sind oder deren Krankheit noch schlimmer geworden ist, versuchen, ihre Entschädigungsrente zu erhöhen. Die kommen dann zu uns, und wir beraten sie, wir stellen ihre Anträge und gehen notfalls mit ihnen vor die Gerichte.

W.: Sie sind politisch immer noch sehr aktiv. Ist das eine Konsequenz, die Sie aus Ihren Erfahrungen während der Nazi-Zeit gezogen haben?

Haag: Ja, was soll ich dazu sagen? Ich bin schon lange in der Arbeitsbewegung, seit 1920. Es war kein Anlaß da, der mich davon hätte abbringen können, nach meiner Rückkehr im Jahre 1948 wieder politisch aktiv zu sein.
Daß wir uns die politische Entwicklung der Bundesrepublik anders erhofft haben, das kann man sicher sagen. Denn in der Zeit, als wir im Lager waren, hätte niemand für möglich gehalten, daß es zum Beispiel heute wieder eine neofaschistische Bewegung und Friedhofsschändungen geben kann, daß Hakenkreuze gemalt und jüdische Grabsteine auf Friedhöfen umgeworfen und Synagogen beschmiert werden. Das war für uns einfach unvorstellbar.
Ich bin der Meinung, der deutsche Nazismus war geistig nie geschlagen, er war nur militärisch besiegt. Ich will damit zum Ausdruck bringen, daß in Deutschland nach 1945 viel zu wenig – auch an den Schulen und Universitäten – ernstliche Anstrengungen unternommen wurden, dem Geist des Faschismus, der während der Nazi-Zeit tief in das deutsche Volk hineingetragen wurde, nachträglich den Garaus zu machen. Der deutsche Faschismus war offenbar nur vorübergehend in den

Untergrund gedrängt. Das hat einige Jahre gedauert, und dann hat er sich langsam, ganz langsam wieder breitmachen können, und heute haben wir eine politische Entwicklung, die nicht nazistisch ist, die aber doch ganz starke Elemente eines antidemokratischen Zustands zeigt.

Was ich getan habe, würde ich wieder tun

Interview mit Wilhelm Vogel

Ein paar Wochen nach Alfred Haags Verhaftung fanden regelrechte Großrazzien auf Kommunisten statt. Äußerer Anlaß dazu war der Brand des Berliner Reichstagsgebäudes am Abend des 27. Februar 1933.
Offensichtlich lag Brandstiftung vor. Am Tatort wurde der junge Holländer Marinus van der Lubbe gestellt. Ob er den Brand allein gelegt hatte oder ob ihn andere dazu angestiftet hatten, ob er überhaupt daran beteiligt war, darüber haben sich Historiker jahrzehntelang gestritten.
Viele Geschichtswissenschaftler sind der Meinung, die Nationalsozialisten selbst waren für den Brand verantwortlich, sie selbst schufen mit ihm den Vorwand für die antikommunistischen Aktionen der nächsten Wochen.
So verbreitete die Regierung schon in der Nacht vom 27. zum 28. Februar, der Brand sei von Kommunisten gelegt worden und sei ein Signal für einen geplanten kommunistischen Aufstand. Am nächsten Tag ließ sie führende Funktionäre der KPD verhaften. Zu den Inhaftierten gehörten aber auch namhafte Schriftsteller und Journalisten.
Am 28. Februar erließ die Regierung eine neue Notverordnung »zur Abwehr kommunistischer staatsgefährdender Gewaltakte«, die einen weitgehenden Ausnahmezustand herbeiführte.
Ausdrücklich wurden die wichtigsten Grundrechte der Weimarer Ver-

fassung außer Kraft gesetzt. In § 1 heißt es: »Es sind Beschränkungen der persönlichen Freiheit . . . auch außerhalb der sonst hierfür bestimmten gesetzlichen Grenzen zulässig.«
Nach dieser Notverordnung konnten jetzt Personen eingesperrt werden, ohne daß sie eine strafbare Handlung begangen hatten und ohne daß sie von einem Gericht verurteilt worden waren. Sie hatten auch nicht das Recht, einen Richter anzurufen, der über die Dauer ihrer Haft zu entscheiden hatte. Verhaftet wurden in den nächsten Wochen aber nicht nur Kommunisten, sondern auch Sozialdemokraten und Anhänger anderer politischer Parteien.
Unter den vielen politischen Gegnern des Hitler-Regimes, die im März und April ins KZ gesperrt wurden, war Wilhelm Vogel. Er war seit 1930 Kreisleiter der KPD in Worms.
Er ist 1898 geboren, hat das Gymnasium besucht, ein Semester studiert, dann aber aus finanziellen Gründen das Studium aufgegeben. Er wurde Maschinenschlosser. Von 1931 bis 1933 war er – wie viele – arbeitslos.

Vogel: Ich habe die Gefahren sehr wohl geahnt und schon frühzeitig die Überzeugung vertreten, daß, wenn die Nationalsozialisten an die Macht kämen, gleichsam eine Bartholomäusnacht über Deutschland hereinbrechen und die Verfolgung Ausmaße annehmen würde, die alle Vorstellungen übersteigen.

Wenke: Haben Sie »Mein Kampf« gelesen?

Vogel: Ich habe »Mein Kampf« und auch regelmäßig nationalsozialistische Zeitungen gelesen. Ich wußte also, welche Denkweise da großgezüchtet worden ist. Ich wundere mich überhaupt, daß in vielen Kreisen, auch unter Intellektuellen, die nationalsozialistische Gefahr total unterschätzt worden ist und daß viele der Ansicht waren, daß Hitler für Deutschland das Beste wolle. Im Sommer 1932 ist in Potempa in Schlesien ein Kommunist in seiner eigenen Wohnung von fünf SA-Männern überfallen und vor den Augen seiner Mutter zu Tode getrampelt worden. Hitler hat diesen Mördern noch ein Glückwunschtelegramm geschickt. Ich meine, da mußte doch jeder, der nicht ganz von Sinnen war, sehen, wes Geistes Kind Hitler war. Hinzufügen möchte ich noch, weil das auch zum Geschichtsbild beitragen kann, daß schon vor Hitlers Machtantritt Hunderte von Sozialdemokraten und Kommunisten von SA und SS ermordet worden sind.

W.: Und was geschah nach der Machtergreifung?

Vogel: Am 30. Januar, als bekannt wurde, daß Hitler Reichskanzler geworden war, formierte sich in Worms spontan ein großer Demonstrationszug, und ich hielt eine Ansprache an der Stadtmauer.

W.: Sind Sie dabei noch unbehelligt davongekommen, oder wurden Sie von Nazis schon bedroht?

Vogel: Ich persönlich bin noch nicht angegriffen worden, weil ich niemals allein ausging, wenn es irgendwie vermeidbar war. In den Tagen darauf wurden aber schon andere Kommunisten und viele Sozialdemokraten überfallen und verprügelt. Ein Kommunist und der Wirt vom »Volkshaus« wurden erschossen, ohne sichtbaren Anlaß. Das »Volkshaus« war eine Gaststätte und gleichzeitig das Haus der Gewerkschaften und der Sozialdemokratischen Partei. Für die Bevölkerung war das ein großer Schock, vor allem deshalb, weil die Mörder unbehelligt herumliefen, obwohl sie bekannt waren.
An der Beerdigung der beiden Opfer nahm eine ungeheure Volksmenge teil, ich selbst sprach am Grab. Auch an diesem Tag wagten die Nazis nicht, mich aus der Menge herauszuholen. Aber wenige Tage später, nach der Reichstagswahl am 5.

März, wurde ich verhaftet. Am 6. März, nachts um zwei Uhr, wurde ich von SS-Männern aus dem Bett geklingelt und verhaftet; dasselbe passierte noch etwa 100 anderen Wormser Antifaschisten, Kommunisten und Sozialdemokraten. Ich kam ins Rathaus in Polizeigewahrsam, in eine Einzelzelle. Dort konnte ich mich fünf Tage lang nicht waschen und auch nicht rasieren. Danach wurde ich dann auf einem offenen Lastwagen über den Marktplatz und durch die Stadt gefahren, damit die Leute sehen sollten, was für ein »Untermensch« der Kreisleiter der KPD ist.

W.: Sind Sie bei Ihrer Verhaftung oder später bedroht oder geschlagen worden?

Vogel: Ich nicht, aber andere sind im Polizeipräsidium in der Ehrenburger Straße schwer mißhandelt worden. Während oben das Klavier spielte, wurden sie unten verprügelt.
Ich habe das später selbst von den Männern erfahren, weil wir ja kurz darauf alle zusammen nach Osthofen marschiert sind. Als wir den Ort passierten, wurden uns aus der Bevölkerung Schokolade und Zigaretten zugeworfen.

Da die Gefängnisse die vielen Verhafteten bald nicht mehr aufnehmen konnten, errichteten Polizei, SA und SS im März und April – oft in leerstehenden Fabriken – Konzentrationslager. Auch in Osthofen bei Worms entstand ein KZ, hier in einer leerstehenden Papierfabrik. Die Gefangenen wurden von SA- und SS-Männern bewacht. Um die Jahreswende 1934/35 wurde das Lager aufgelöst.

W.: Mußten die Gefangenen arbeiten, oder haben Sie dort nur herumgesessen?

Vogel: Die Arbeit bestand darin, das Lager herzurichten, Schlafstellen zu bauen, und Wege anzulegen.

W.: Wieviele Gefangene waren dort?

Vogel: Zur damaligen Zeit etwa 300 bis 350. Unter anderem war der Polizeidirektor Marschmeier dort, der mußte sich vor dem Lager auf die Straße setzen und Kaffee mahlen und wurde dann von den Kindern verspottet. Es kam auch der Kommissar Hubert ins Lager, ein Mann von fast zwei Meter Größe, dem drückten sie einen Besen mit einem kurzen Stiel in die Hand, womit er dann die Straße kehren mußte. Und bei uns im Bau mußte er den Klosettkübel leeren, der gestrichen voll war. Einige Gefangene wurden schwer mißhandelt, einem schlugen sie das Trommelfell ein. Ein anderer, namens Resch, wurde so geschlagen, daß er von oben bis unten voller Blut war. Dann wurde er noch gezwungen, eine Leiter hinaufzuklettern und von einem Schornstein eine rote Fahne herunterzuholen, die Kommunisten da zuvor angebracht hatten.

W.: Waren das Einzelfälle oder kam das täglich vor?

Vogel: Solange ich im Lager war – das kann ich wohl sagen –, waren es Einzelfälle.

W.: Und wie haben Sie die SA- und SS-Leute in Erinnerung? Haben sich einige noch relativ menschlich verhalten?

Vogel: Die meisten waren meines Erachtens aus Worms, einige kamen aus Osthofen selbst. Die waren recht unterschiedlich. Viele waren brutal, aber ich kenne auch einen, der nie einem Menschen etwas zuleide getan hat, aber nach 1945 trotzdem ein Jahr in einem Internierungslager der Alliierten verbringen mußte.

W.: Wie sind Sie selbst behandelt worden?

Vogel: Ganz anständig. Aber mir war klar, daß sich das schnell ändern könnte. Eines Tages kam nämlich der Gestapo-Chef und fragte mich, wo die vielen Schreibmaschinen und Vervielfältigungsapparate hingekommen seien. Er wisse doch, daß mindestens sechs Schreibmaschinen und Abzugsapparate im Büro der KPD gewesen seien. Ich antwortete ihm, daß ich dauernd auf Versammlungstournee gewesen sei und deshalb keine Ahnung hätte, wer die Apparate aus dem Büro geholt habe. Er sagte, ich sei doch ein deutscher Mann, ich käme bestimmt auch noch zu den Nationalsozialisten, ich solle mir alles noch einmal genau überlegen. Er werde nach einiger Zeit noch einmal vorbeikommen. Bis dahin sei es mir vielleicht eingefallen. Mir war klar, was mir bevorstand. Ich wußte, daß es um Leben oder Tod ging. Ich hatte schon gehört, daß in Berlin und in anderen Großstädten Funktionäre der KPD ermordet worden waren. Ich bin dann also geflohen, am 28. April. Mit einem anderen Kollegen mußte ich an diesem Tag das Auto des Lagerführers in Ordnung bringen, und zwar vor seiner Wohnung. Und diese Gelegenheit habe ich genutzt und bin geflüchtet, selbstverständlich nicht in meine Wohnung, sondern ich habe mich erst bei Bekannten aufgehalten, bis ich über die Grenze nach Frankreich konnte.

Wilhelm Vogel fuhr nach Saarbrücken. Als das Saargebiet nach der Volksabstimmung wieder dem Deutschen Reich eingegliedert wurde, floh er nach Frankreich. Eine Zeitlang lebte er in Paris, wo er im antifaschistischen Komitee von André Malraux und Henri Barbusse arbeitete.

Als 1936 der Spanische Bürgerkrieg ausbrach, meldete er sich freiwillig zur republikanischen Armee und kämpfte gegen Franco. Nach der Niederlage ging er zurück nach Frankreich und wurde, wie viele andere Spanienkämpfer, von den Franzosen im Lager Gurs, nahe der spanischen Grenze, interniert. Von dort aus kam er in eine Arbeitskompanie und arbeitete in den Pyrenäen beim Straßenbau. Kurz bevor die Deutschen im

November 1942 auch Südfrankreich besetzten, floh er nach Andorra. Unter falschem Namen ging er wieder nach Spanien, wurde auch dort für ein Jahr interniert. Im Dezember 1943 ging er nach Afrika, zuerst nach Marokko, dann nach Algier. Erst 1946 kehrte er nach Worms zurück.

Vogel: Ich habe viele Emigranten gekannt, die nach zwei oder drei Jahren so deprimiert waren, daß sie verrückt geworden sind oder allen Lebenswillen aufgegeben und sich das Leben genommen haben. Besonders nach dem Spanischen Bürgerkrieg, als wir Antifaschisten in Frankreich wieder interniert wurden, haben viele Selbstmord begangen. Aber bei mir waren das Wissen und die Überzeugung, daß der Hitler-Faschismus eines Tages zugrunde geht, so stark, daß ich alles ertragen habe, was auf mich zukam.

W.: Was haben Sie nach Ihrer Rückkehr in Worms gemacht?

Vogel: Ich wurde wieder Kreisleiter der KPD, wenig später bin ich aber aus der Partei ausgetreten. Ich habe auch bei der Entnazifizierung mitgewirkt. Bis 1949 war ich öffentlicher Ankläger – das war sozusagen der Staatsanwalt – bei einer Spruchkammer. Wir hatten die Aufgabe, alle früheren Nazis aus führenden wirtschaftlichen und öffentlichen Stellen zu entfernen.

W.: Haben Sie wieder als Maschinenschlosser gearbeitet?

Vogel: Nein, ab 1949 war ich beim Finanzamt Worms angestellt. Als ich mich dort beworben habe, mußte ich noch einige Widerstände überwinden, die meiner Meinung nach politisch bedingt waren. Wir mußten beim Finanzamt Worms eine Prüfung ablegen, zum Beispiel in Prozentrechnen, also in verhältnismäßig einfachen Sachen. Ich hatte die Arbeit, wie mein späterer Chef beim Finanzamt Worms sagte, mit »sehr gut« bestanden. Trotzdem erhielt ich vier Wochen später vom Landesfinanzamt in Koblenz ein Schreiben, in dem es hieß, bei der großen Zahl der Bewerbungen könne ich leider nicht berücksichtigt werden. Ich hatte aber in Koblenz Freunde sitzen und suchte nun über diese zu ergründen, warum ich abgelehnt worden war. Ich erfuhr, daß meine Arbeit angeblich ungenügend gewesen sei. Als ich dies hörte, schrieb ich an den Sozialminister Junglas – er war auch Landeskommissar für politische Säuberung – einen Brief, den er sich bestimmt nicht hinter den Spiegel gesteckt hat. Und prompt wurde ich acht Tage später eingestellt.

Ich habe damals geschrieben:

»Werter Herr Minister! Im Besitz Ihres Schreibens vom 25. 5. 49 erlaube ich mir, Sie davon in Kenntnis zu setzen, daß ich anerkanntes Opfer des Faschismus bin.

Im Februar dieses Jahres wurde ich vom Finanzamt Worms aufgefordert, in Hinblick auf die Auflösung unserer Dienststelle (der Spruchkammer – d. Verf.) mich um eine Anstellung beim Finanzamt Worms zu bewerben. Ich reichte ein Bewerbungsschreiben ein und unterzog mich der vorgeschriebenen Prüfung. Beiläufig möchte ich erwähnen, daß es mich nicht gerade angenehm berührte, als fünfzigjähriger Mensch, der vor mehr als 30 Jahren das Abitur mit Note Zwei bestanden hat, nunmehr mit etwa 20 Hitlerjungen auf einer Bank zu sitzen und dabei Sticheleien anzuhören wie zum Beispiel: ›Dem Herren von der Spruchkammer wird es jetzt bald dreckig gehen.‹

Dank der Jugendamnestie blieben diese Jungen ja bei der Entnazifizierung von Sanktionen verschont.

Nach Ablegung der Prüfung wurde mir nochmals versichert, daß man großen Wert auf meine Anstellung lege und daß es nur noch der Genehmigung des Landesfinanzamts bedürfe. Umsomehr war ich erstaunt, als ich nach 14 Tagen vom Landesfinanzamt in Koblenz ein Schreiben erhielt, für welches ich

noch Strafporto zu entrichten hatte, mit dem lakonischen Bescheid: ›Bei der Fülle von Bewerbungen war es leider nicht möglich, Sie zu berücksichtigen.‹ Es fehlte nur noch das ›Heil Hitler‹ darunter.
Mein Befremden über diese Stellungnahme der maßgebenden Behörde verwandelte sich jedoch in helle Empörung, nachdem mir zu Ohren kam, daß die Ablehnung seitens Koblenz angeblich damit begründet worden sei, daß meine Arbeit ungenügend gewesen sei.
Eine solch unerhörte Verleumdung konnte ich nicht auf mir sitzen lassen, und ich richtete nunmehr persönlich ein Schreiben an den Herrn Präsidenten des Landesfinanzamts sowie an den Herrn Finanzminister und fügte eine Abschrift der Beurteilung meiner Prüfungsarbeit seitens des Finanzamts Worms bei. Zu meinem Bedauern bin ich auf dieses Schreiben bis heute ohne Bescheid.
Werter Herr Minister! In Ihrem Runderlaß vom 12. 5. 48 haben Sie betont, daß die Mitarbeit bei der politischen Säuberung eine Ehrenpflicht ist. Ich glaube annehmen zu dürfen, daß Sie volles Verständnis dafür besitzen, welche peinlichen Eindrücke solche Vorkommnisse der oben geschilderten Art bei denjenigen hinterlassen, die ihre Ehrenpflicht erfüllt haben und auf einer exponierten Stellung die Belange dieses neuen Staates vertreten haben, wozu sich Volljuristen ausnahmslos nicht bereitfanden. Wenn heute schon wieder SA- und SS-Oberscharführer in Ämter gelangen, so ist das ein wahrhaft beschämender Zustand, der geeignet ist, das Ansehen des demokratischen Staates im In- und Ausland auf das Schwerste zu schädigen. Ich glaube daher, der Hoffnung Ausdruck geben zu dürfen, daß es in Ihrer Macht steht, die notwendigen Schritte in dieser Angelegenheit zu unternehmen und sehe Ihrer Stellungnahme entgegen. Hochachtungsvoll! W. Vogel.«
Nach acht Tagen ist dann meine Anstellung gekommen.

W.: Wenn ich Sie richtig verstanden habe, wollte man Sie zunächst deshalb nicht einstellen, weil Sie in den Entnazifizierungsprozessen gegen Nazis vorgegangen sind?

Vogel: Ja, so weit waren wir zu dieser Zeit schon wieder. Einem Bekannten von mir, der zwar nicht KP-Mitglied, aber doch im Widerstand gewesen war, dem wurde sogar in Koblenz gesagt, er solle es nicht zu sehr betonen, daß er Antifaschist gewesen sei, denn das sei nicht mehr vorteilhaft.
Ich habe also damals schon gesehen, daß irgendetwas in dem neuen Staat nicht klappte und die Entnazifizierung in Rheinland-Pfalz für die Katz war.

W.: Sie waren für ein paar Wochen im KZ, und nach Ihrer Flucht 13 Jahre lang im Exil und heimatlos. Bis 1945 waren Sie eigentlich immer auf der Flucht vor Hitler, immer in Ungewißheit, wie Sie das nächste Jahr, ob Sie es überhaupt überleben werden. Fühlen Sie sich um diese Jahre betrogen?

Vogel: Nein, so kann man das nicht sagen. Was ich getan habe, würde ich heute wieder tun. Als ich nach Worms zurückkam und die Stadt total in Trümmern lag, fragte mich jemand: »Na, was sagst Du jetzt?« Ich antwortete: »Ich kann aufrechten Hauptes durch die Straßen gehen, denn ich war nicht schuld. Aber alle diejenigen, die Hitler zur Macht verholfen haben, müssen sich fragen, ob sie nicht mitschuldig sind, daß aus Deutschland ein Trümmerhaufen geworden ist.«

Bis zu seiner Pensionierung 1963 war Wilhelm Vogel beim Finanzamt tätig. Von 1973 bis jetzt arbeitet er noch fast täglich als Aufsicht im Wormser Museum. Nur zu Hause zu bleiben, sei zu langweilig, erzählt er, außerdem könne er gut zusätzliches Geld für seine Reisen brauchen. In den letzten Jahren hat er Orte wieder besucht, wo er während seiner Emigration war; 1977 war er in Andorra, 1979 in Spanien.

Ich galt als Drahtzieher

Interview mit Georg Bayer

Bei den Reichstagswahlen am 5. März 1933 gewann die NSDAP im Vergleich zur Wahl vom November 1932 noch an Stimmen dazu, insgesamt bekam sie 43,9 Prozent der Wählerstimmen. Gemeinsam mit ihrem Regierungspartner, der Deutsch-Nationalen Volkspartei, hatte sie nun 51,9 Prozent.
Nach den Wahlen ging die NSDAP dazu über, neben Kommunisten mehr und mehr auch politische Gegner aus anderen Parteien zu verhaften.
Einer der vielen Sozialdemokraten, die eingesperrt wurden, war Georg Bayer.
Er ist 1899 in Altensteig im Schwarzwald geboren, arbeitete erst als Buchdrucker, später als Redakteur bei der in Reutlingen erscheinenden sozialdemokratischen Zeitung »Freie Presse«. Er hat aber nicht nur für die SPD geschrieben, sondern auch auf Wahlversammlungen Reden gehalten und dabei oft – wie er erzählt – gewalttätige Auseinandersetzungen zwischen Anhängern der NSDAP und ihren politischen Gegnern erlebt.

Bayer: Nachdem Reutlingen immer zu wenig Nazistimmen gebracht hatte, wollte Hitler mit seiner Organisation im Juli 1932 Reutlingen erobern. Die Partei hat in dem großen Park ein Riesenzelt errichtet, um dort eine Massenversammlung zu

veranstalten. Es kamen mindestens 6000 bis 7000 Parteimitglieder mit der Eisenbahn, mit Bussen und Lastwagen aus Stuttgart und aus anderen Orten. Viele Wagen parkten in der Lederstraße, also ganz in der Nähe meiner Redaktion. In dem Schaufenster unserer Buchhandlung lagen Bücher und Broschüren gegen die Nazis; davon hatte ich mindestens 5000 in Reutlingen und Tübingen verkauft.
Die SA- und SS-Leute stiegen aus ihren Autos aus, kamen an unser Schaufenster, sahen sich die Auslagen an. Und dann sind einige von ihnen die zwei Stufen zu dem Laden heraufgekommen. Ich bin hinausgegangen und habe gefragt: »Was ist los? Verschwindet!« Ein paar Nazis sind aber doch in den Laden reingekommen, haben eine Zeitung gekauft und mich beschimpft. Und als ich Angst hatte, daß mir die anderen draußen die Schaufensterscheiben und die Glastür eindrücken, rief ich: »Wenn Ihr nicht geht, dann hole ich etwas!« und bin in mein Büro zurück und habe aus meiner Schreibtischschublade meinen Revolver geholt. Und da haben die geschrien: »Der Bayer schießt!« Das war aber gar nicht wahr. Ich habe ihn nur in die Luft gehalten und zweimal abgedrückt, über die Köpfe hinweg, aber es hat sich kein Schuß gelöst. Zufällig waren in diesem Augenblick aber zwei Fehlzündungen zu hören – 300 Meter weg von einem Lastwagen –, und die ganze Stadt hat nachher behauptet, ich hätte geschossen.
Als die Nazis aber gemerkt haben, daß ich doch nicht geschossen hatte und auch gar nicht schießen konnte – wahrscheinlich war der Revolver zu lange gesichert gewesen – kam es zu einem Tumult. Die SA-Männer haben mir fast die Scheiben eingeschlagen. Dann kam die Polizei mit zehn Mann hoch, aber die Nazis gingen nun auch gegen die Polizisten los. Einer hatte eine Fahrradkette, ein anderer eine Holzkette, und damit haben sie auf die Polizei eingehauen. Einem Beamten haben sie fast das Ohr weggerissen, man sah, wie es blutete.
Ein alter Polizist sagte dann zu mir: »Bayer, lassen Sie Ihre

Rolläden runter, verriegeln Sie die Haustür und gehen Sie in den oberen Stock«, was ich auch getan habe.
Das gab damals in Reutlingen ein riesiges Aufsehen. Das Vorgehen der Nazis hat natürlich bewirkt, daß die Leute Angst bekommen haben. Viele haben sich gesagt: »Na, wenn die so stark sind, dann paßt man sich am besten an.« Also uns wurde im Juli 1932 klar: »Von nun ab gehts bergab.« Von da an wurde es zappenduster, wie man so sagt.

Wenke: Und Sie haben in Ihrer Zeitung vor den Nazis gewarnt?

Bayer: Ja, unsere Tätigkeit war nichts anderes! Im Hauptartikel und im Nebenartikel und in den Lokalberichten, wo man hinsah, haben wir gewarnt. Unsere Hauptsorge war »Hitler bedeutet Krieg«! Wir wollten verhindern, daß es wieder Krieg gibt. Das haben meine Freunde noch nach der Reichstagswahl am 5. März bis nach Horb und Hechingen hinauf an jeden Sportzaun und an viele Eisenbahnunterführungen geschrieben: »Hitler bedeutet Krieg!« Da war das noch lange zu lesen.

Die Notverordnung vom 4. Februar 1933 ermöglichte Versammlungs- und Zeitungsverbote. In den folgenden Wochen wurden an vielen Orten kommunistische und sozialdemokratische, vereinzelt auch Zeitungen und Zeitschriften anderer Organisationen für kürzere oder längere Zeit verboten. In Preußen wurde die SPD-Zeitung »Vorwärts« vorübergehend am Erscheinen gehindert, in Stuttgart wurde am 10. März die »Schwäbische Tagwacht« verboten.

Bayer: Die »Freie Presse« hat bis zum Wahltag am 5. März weiterexistiert. Und dann haben sie aufgeräumt. Erst mal haben sie gar nichts weiter gemacht, lediglich die Zeitung verboten, von Stuttgart aus, ohne besondere Begründung. In Württemberg gab es ja noch die bisherige Landesregierung unter Eugen Bolz, aber zu sagen hatte die nichts mehr. Die Naziregierung hatte schon den von Jagow zum Reichskommissar von Württemberg ernannt, und der hat dann hier Politik gemacht und die »Freie Presse« verboten.

W.: Hat man auch Ihr Zeitungsbüro durchsucht?

Bayer: Sie haben lediglich Bücher aus der Buchhandlung mitgenommen und die gebundenen Jahrgänge der Zeitung von 1911 bis 1933 beschlagnahmt. Und wir saßen dann, ein paar Arbeitslose, in meinem Büro. Meine Sekretärin hat noch Mahnungen für unbezahlte Anzeigen ausgeschrieben. Ab und zu kam mal jemand und wollte eine Broschüre oder ein Buch kaufen. Vom Verlag in Stuttgart bekam ich noch einen Abschiedsbrief wegen »Verbots unserer Zeitung« und ein halbes Monatsgehalt für März von 130 Mark.
Am 24. März haben sie mich dann verhaftet. SA-Männer in der Rolle als Hilfspolizisten haben mich zu Hause abgeholt und zuerst ins Rathaus und dann ins Gefängnis gebracht.
In meiner Zelle saß noch ein Jude, der Sohn eines Textilhändlers. Ich weiß nicht, warum er da war, vielleicht war er Kommunist. Und der Karl Frick, ein Freund, kam auch noch und ein Arbeiter.
Schon allein die Ausstattung der Zelle war schrecklich primitiv. Das Bett – das war ein Holzrahmen aus Balken und darin ein Strohsack, ein Leinentuch und zwei verlauste Kissen. Und sonst ein Topf in der Ecke.
Nach meiner Verhaftung – das hat mir später meine Sekretärin erzählt – haben sie beim Vorsitzenden des Aufsichtsrats der Genossenschaft »Freie Presse« den Schlüssel zum Panzerschrank geholt. Darin waren Unterlagen, Rechnungsbücher, Geschäftsbücher, die ich selbst in den letzten Jahren hineingetan hatte. Und das alles haben sie ins SA-Büro gebracht. Mich haben sie eine Woche im Gefängnis braten lassen, zwischendurch wurde ich immer wieder verhört und schließlich von ei-

nem Sonderkommissar – Huber hieß er – in einem größeren Zimmer vor weiteren Nazis vernommen. Ich sagte zu ihnen: »Jetzt habt Ihr mich ja. Wir haben noch für Monat März das Gehalt an alle gezahlt, und die Miete fürs Büro. Ich selbst habe noch eine Mark. Wo soll ich hin? Die Grenzen sind ja alle schon bewacht.« Und darauf sagte Huber: »Wie wäre es denn, wenn Sie bei unserer Zeitung, beim ›NS-Kurier‹, schreiben?« Ich antwortete: »Halten Sie das denn für möglich, daß man solche Kehrtwendung macht?« Sagte er: »Sie brauchen ja keine Politik zu machen.« Und ich: »Das kann ich meinen Freunden nicht antun. Auch wenn ich in der nächsten Zeit nichts zu essen habe!« Und dann haben sie mich erst einmal entlassen.

W.: Aber kurz darauf hatte man Sie wieder verhaftet.

Bayer: Ja, auf mich waren sie offensichtlich scharf. Ich galt als »Drahtzieher«. Ich war ja auch bei allen Wahlveranstaltungen dabei gewesen, war Redakteur, habe geschrieben, Reden gehalten und so weiter.
Am 13. April kam die SA also noch einmal und sperrte mich wieder ein. Nach ein paar Tagen in der Zelle kam eines Morgens ein Polizeibeamter und brachte mich zu einem SA-Sturmbannführer zur Vernehmung. Der Wandel hatte einen bissigen Wolfshund neben sich, eine große Peitsche und einen Revolver auf dem Tisch. Er sagte zu dem Polizisten: »Sie können gehen. Sie erhalten Bescheid, wenn er wieder abzuholen ist.« Das war morgens Viertel nach acht. Er hat mir keinen Platz angeboten. Mir war der Mann bekannt. Er war Kolonialwarenhändler, meine Frau, meine Schwiegermutter und deren Tanten hatten bei ihm oft Brot eingekauft, auch Kartoffeln, Eier und Gemüse. Ich sagte zu ihm: »Wenn Sie nicht so unhöflich wären, würden Sie mir einen Stuhl anbieten.« »Und wenn ich verlange, daß Sie stehen?« »Dann sitze ich trotzdem! Es sei denn, Sie nehmen Ihren Revolver und schießen mich tot oder

lassen Ihren Hund an mich. Aber so weit werden Sie es wohl nicht kommen lassen, schließlich hat der Polizist ja gesehen, daß er mich hier gesund abgeliefert hat. Ich mache keine Fluchtversuche!«
Er hat mich dann sitzen lassen. Aber ich hatte nichts zu rauchen. Vor ihm auf dem Tisch lagen zwei Stöße Zeitungsbände, da waren ab und zu Zettel hineingelegt. Und dann sagte er zu mir: »So, jetzt möchte ich Antwort auf das wissen, was ich frage. Wer hat das geschrieben?« Da habe ich geantwortet: »Herr Wandel, geben Sie sich doch keine Mühe. Sie kriegen keine Antwort. Nach dem Pressegesetz ist derjenige verantwortlich, der verantwortlich zeichnet. Wo Georg Bayer oder G. B. darunterstehr, das habe ich geschrieben, wer die anderen geschrieben hat, sage ich nicht.«
Er drohte dann: »Sie scheinen wohl noch nicht gemerkt zu haben, daß wir Sie in der Hand haben. Wir kennen Sie!« Ich antwortete: »Meine Frau hat bei meiner Verhaftung gesagt: »Kopf hoch, die haben noch keinen gefressen!«

W.: Waren Sie da noch ein bißchen naiv? Wußten Sie nicht, wie brutal die SA sein konnte?

Bayer: Doch. Aber ich habe von vornherein mit Kraftmeiertum gespielt. Ich habe ihnen zeigen wollen, daß ich keine Angst habe. Aber ich hatte sehr wohl Angst. Das hat bis nachmittags um fünf gedauert, ohne etwas zu rauchen, ohne etwas zu essen. Und dann hat er telefoniert, und sie haben mich wieder durch die ganze Stadt ins Gefängnis gebracht.
Seit damals habe ich die »Freie Presse«-Bände nicht mehr gesehen. Wahrscheinlich sind sie in einem Haus gelagert worden, das während des Kriegs in die Luft gegangen ist. Wenn ich heute über damals etwas nachlesen möchte, muß ich mir immer den »Reutlinger Generalanzeiger« holen; der ist im Krieg verschont geblieben.

Nach ein paar Tagen in der Zelle – es war Osterdienstag – hat man mich geholt. Vor dem Gefängnis stand ein Bus, und es hieß »Einsteigen!« Etwa ein Dutzend Gefangene saßen schon darin, auch zwei Freunde von mir, ein Stadtrat und ein Gewerkschaftssekretär. In Tübingen haben sie noch einmal angehalten, um einen weiteren Häftling mitzunehmen, und dann ging es auf die Rauhe Alb, im Schneesturm. Auf dem Heuberg standen schon SA-Männer mit Hunden und warteten auf uns. Als sie mich sahen, sagten sie: »Ah, der Redakteur Bayer, den werden wir uns besonders vornehmen!«

Das Konzentrationslager auf dem Heuberg war Mitte März auf einem ehemaligen Truppenübungsplatz bei Stetten am Kalten Markt errichtet worden. Das KZ auf der Schwäbischen Alb war neben dem in Dachau eines der ersten großen Lager in Süddeutschland. Es unterstand der Polizei, zum Wachpersonal gehörten SA-Männer. Die Gefangenen waren in erster Linie Kommunisten, Sozialdemokraten, Gewerkschaftler. Im Sommer wurden dort auch eine Reihe prominenter Politiker eingeliefert: Erich Roßmann, Landesvorsitzender der SPD in Württemberg, der ehemalige sozialdemokratische Landtagspräsident Albert Pflüger, ein paar Wochen später, im Juli, auch der frühere Reichstagsabgeordnete Kurt Schumacher.

Bayer: Ungefähr 2000 Häftlinge waren dort. Es war ein ständiger Wechsel. Im Juni, Juli, August waren die meisten da. Später haben sie dann einige nach Ulm gebracht, und die anderen haben sie entlassen, unter Auflagen, versteht sich. Ich kam zuerst in den Strafbau 23, da waren wir etwa 200 Gefangene.
Ich hätte gern gearbeitet, aber die ersten acht Wochen durfte man nicht. Wir waren wie in einem Käfig eingesperrt, Waschgelegenheiten und Aborte waren draußen. Wenn wir hinausmußten, hatten wir zu klopfen. Wenn die Wache aber keine Lust hatte, uns aufzumachen, weil sie gerade trank oder spielte, mußten wir eben warten, oft sehr lange.

Die Fenster waren blau vermalt. Die Ebinger waren da anscheinend in der ersten Zeit öfters auf dem Heuberg herumgelaufen und hatten ihren eingesperrten Leuten Blinkzeichen gegeben. Und deshalb hatte die SA wohl die Fenster dunkel vermalt, damit kein Licht mehr durchging.

W.: Haben Sie auf dem Heuberg erlebt, daß Gefangene schikaniert oder sogar gequält wurden?

Bayer: Ja, freilich. Eine beliebte Methode der SA-Leute war, die Gefangenen an die Wand zu stellen. Das waren vergipste Wände mit rauher Oberfläche. Davor mußte man – mit den Zehenspitzen an der Wand – stramm stehen und die Hände dabei an die Hosennaht legen. Die Nase und das Kinn durften die Wand nicht berühren. Und das hat einer wenige Minuten, ein anderer vielleicht zehn Minuten ausgehalten. Und dann ging es aber los, man hat einen Wadenkrampf bekommen oder ist mit der Stirn oder der Nase oder dem Kinn an die Wand gestoßen, und wenn einer schwach geworden ist, hat er gleich mit dem Gummiknüppel ein paar ins Kreuz bekommen. Das allein war ja schon schlimm genug.
Ich kann nur sagen: Ich war ja im Ersten Weltkrieg Soldat und wußte, was beim Kommiß möglich ist. Mir waren solche Schikanen nicht ganz neu, aber die Brutalität, mit der die SA vorging, mit dem Bewußtsein, daß sie uns wehtun, und daß sie uns gar nicht als Menschen ansehen, das hat mich erschreckt. Natürlich mußten wir uns auch hinlegen, aufstehen, Kniebeugen machen, etc.
Nach ein paar Wochen bin ich in die zweite Stufe verlegt worden, in Bau 20, wo wir dann auch arbeiten konnten. Ich war gern bereit, etwas zu tun. Das war besser, als die ganze Zeit im Block zu verbringen mit den zellenartigen Fenstern, wo keine Sonne und kein Mond hereinschien.
Ich habe das Arbeiten genossen, das kann ich nicht anders sa-

gen. Zuerst habe ich im Lagergelände beim Straßenbau mitgemacht und auch Bäume gefällt. Später wurde ich zu Arbeiten außerhalb des Lagers eingeteilt, auch zum Straßenbau bei Stetten und im Donautal. Die Oberaufsicht hatte dabei ein Bauinspektor vom Badischen Bezirksamt, der hatte den Auftrag, die Wege in dieser Gegend in Ordnung zu halten und auszubauen. An heißen Tagen hat der uns Gefangenen immer wieder mal ein paar Liter Most und einen Laib Brot mitgebracht, was den SA-Leuten gar nicht gefiel. Ein SA-ler, – er hieß Götz, den Namen vergesse ich nie – wollte das verhindern: »Sie dürfen den Gefangenen nichts geben!«, worauf der Bauinspektor sagte: »Passen Sie nur auf, daß Ihnen die Gefangenen nicht durchgehen! Das ist Ihre Aufgabe. Stellen Sie sich da auf den Felsen, aber verschwinden Sie von hier. Heute ist ein heißer Tag, die kriegen von mir einen Most und auch Brot, denn sonst bekommen sie einen Rausch, wenn sie nur den Most trinken.«
Ich erinnere mich auch noch an ein anderes Ereignis, das während der Arbeiten draußen passierte: Wir waren in der Nähe von Meßstetten, wo die sogenannte Artilleriestraße verlängert werden sollte. Beim Abmarsch erhielt immer jeweils eine Gruppe von uns einen Soldatenkanister mit Kaffee, dazu bekam jeder ein schwarzes Würstchen, nicht größer als einen Mannsdaumen, und einen Kanten Kommißbrot. Und dann mußten wir acht Kilometer marschieren, über Stock und über Stein, mal auf einer Wiese, mal im Wald, bergauf, bergab. Seitwärts marschierten SA-Männer mit Hunden. Da ging es an einer Stelle auf einem Geröllfeld den Berg hinunter und einige Leute vor mir sind gestolpert. Ich habe mich gerade noch halten können, bevor ich mich auf den Boden gesetzt habe.
In der Nähe war eine Hecke. Die SA-Leute fragten, was da los sei, und wir antworteten: »Da sind einige gestolpert.« Aber bis wir wieder standen, hat sich einer von uns in dem allgemeinen Durcheinander in der Hecke verstecken können. Doch nie-

Reichsgesetzblatt

Teil I

83

1933 | Ausgegeben zu Berlin, den 28. Februar 1933 | Nr. 17

Verordnung des Reichspräsidenten zum Schutz von Volk und Staat. Vom 28. Februar 1933.

Auf Grund des Artikels 48 Abs. 2 der Reichsverfassung wird zur Abwehr kommunistischer staatsgefährdender Gewaltakte folgendes verordnet:

§ 1

Die Artikel 114, 115, 117, 118, 123, 124 und 153 der Verfassung des Deutschen Reichs werden bis auf weiteres außer Kraft gesetzt. Es sind daher Beschränkungen der persönlichen Freiheit, des Rechts der freien Meinungsäußerung, einschließlich der Pressefreiheit, des Vereins- und Versammlungsrechts, Eingriffe in das Brief-, Post-, Telegraphen- und Fernsprechgeheimnis, Anordnungen von Haussuchungen und von Beschlagnahmen sowie Beschränkungen des Eigentums auch außerhalb der sonst hierfür bestimmten gesetzlichen Grenzen zulässig.

§ 2

Werden in einem Lande die zur Wiederherstellung der öffentlichen Sicherheit und Ordnung nötigen Maßnahmen nicht getroffen, so kann die Reichsregierung insoweit die Befugnisse der obersten Landesbehörde vorübergehend wahrnehmen.

§ 3

Die Behörden der Länder und Gemeinden (Gemeindeverbände) haben den auf Grund des § 2 erlassenen Anordnungen der Reichsregierung im Rahmen ihrer Zuständigkeit Folge zu leisten.

§ 4

Wer den von den obersten Landesbehörden oder den ihnen nachgeordneten Behörden zur Durchführung dieser Verordnung erlassenen Anordnungen oder den von der Reichsregierung gemäß § 2 erlassenen Anordnungen zuwiderhandelt oder wer zu solcher Zuwiderhandlung auffordert oder anreizt, wird, soweit nicht die Tat nach anderen Vorschriften mit einer schwereren Strafe bedroht ist, mit Gefängnis nicht unter einem Monat oder mit Geldstrafe von 150 bis zu 15 000 Reichsmark bestraft.

Wer durch Zuwiderhandlung nach Abs. 1 eine gemeine Gefahr für Menschenleben herbeiführt, wird mit Zuchthaus, bei mildernden Umständen mit Gefängnis nicht unter sechs Monaten und, wenn die Zuwiderhandlung den Tod eines Menschen verursacht, mit dem Tode, bei mildernden Umständen mit Zuchthaus nicht unter zwei Jahren bestraft. Daneben kann auf Vermögenseinziehung erkannt werden.

Wer zu einer gemeingefährlichen Zuwiderhandlung (Abs. 2) auffordert oder anreizt, wird mit Zuchthaus, bei mildernden Umständen mit Gefängnis nicht unter drei Monaten bestraft.

§ 5

Mit dem Tode sind die Verbrechen zu bestrafen, die das Strafgesetzbuch in den §§ 81 (Hochverrat), 229 (Giftbeibringung), 307 (Brandstiftung), 311 (Explosion), 312 (Überschwemmung), 315 Abs. 2 (Beschädigung von Eisenbahnanlagen), 324 (gemeingefährliche Vergiftung) mit lebenslangem Zuchthaus bedroht.

Mit dem Tode oder, soweit nicht bisher eine schwerere Strafe angedroht ist, mit lebenslangem Zuchthaus oder mit Zuchthaus bis zu 15 Jahren wird bestraft:

1. Wer es unternimmt, den Reichspräsidenten oder ein Mitglied oder einen Kommissar der Reichsregierung oder einer Landesregierung zu töten oder wer zu einer solchen Tötung auffordert, sich erbietet, ein solches Erbieten annimmt oder eine solche Tötung mit einem anderen verabredet;
2. wer in den Fällen des § 115 Abs. 2 des Strafgesetzbuchs (schwerer Aufruhr) oder des § 125 Abs. 2 des Strafgesetzbuchs (schwerer Landfriedensbruch) die Tat mit Waffen oder in bewußtem und gewolltem Zusammenwirken mit einem Bewaffneten begeht;
3. wer eine Freiheitsberaubung (§ 239) des Strafgesetzbuchs in der Absicht begeht, sich des der Freiheit Beraubten als Geisel im politischen Kampfe zu bedienen.

§ 6

Diese Verordnung tritt mit dem Tage der Verkündung in Kraft.

Berlin, den 28. Februar 1933.

Der Reichspräsident
von Hindenburg

Der Reichskanzler
Adolf Hitler

Der Reichsminister des Innern
Frick

Der Reichsminister der Justiz
Dr. Gürtner

Herausgegeben vom Reichsministerium des Innern. — Gedruckt in der Reichsdruckerei, Berlin.

Reichsgesetzbl. 1933 I   25

Abb. 1 Mit der Verordnung des Reichspräsidenten zum Schutze von Volk und Staat vom 28. 2. 1933 werden wesentliche Grundrechte außer Kraft gesetzt

Das „Marxistentreffen“ auf dem Heuberg

Die Kurs eilnehmer mehren sich von Tag zu Tag

Die Polizeiaktionen im Lande nehmen ihren Fortgang. In Altensteig ist Bürgermeister Pfizenmaier bis auf weiteres beurlaubt worden. Sein kommissarischer Stellvertreter ist Sparkassendirektor Walz. Samstag früh wurden in Altensteig drei Kommunisten verhaftet, darunter zwei Stadträte. In Göppingen wurde der Sportplatz des Arbeiterturnvereins Jahn von den nationalen Verbänden besetzt, das Turnerheim beschlagnahmt und durch einen SA.-Doppelposten gesichert. Die sozialdemokratische Ortsgruppe in Göppingen hat, namentlich aus Beamtenkreisen zahlreiche Austrittserklärungen erhalten.

Das Konzentrationslager auf dem Heuberg

In Loßburg OA. Freudenstadt wurde Bürgermeister Roth in Schutzhaft genommen. Der in Stammheim OA. Ludwigsburg flüchtig gegangene Kommunist Willi Hartmann hat sich selbst dem Landjäger gestellt. Von zwei in der vergangenen Woche festgenommenen Kommunisten ist einer wieder entlassen worden. Die polizeilichen Untersuchungen in Stammheim haben u. a. auch das Ergebnis gehabt, daß mehrere Schwarzhörer festgestellt werden konnten. In Dotternhausen OA. Rottweil wurden drei Personen verhaftet, in Hechingen zwei Kommunisten. Ein dritter entzog sich der Festnahme durch die Flucht. Ueber die Vorgänge in Schwaigern wird noch berichtet, daß Bürgermeister Neunhöffer verhaftet worden ist, weil er Waffen verschwiegen hat, die sich auf dem Rathaus befanden. Die Waffen waren sorgfältig versteckt und in Unterhosen verpackt. Der Bürgermeister wurde in seine Wohnung verbracht, die er nicht mehr verlassen darf. Ein Doppelposten steht vor seiner Wohnung und vor dem Rathaus. Es wurden gefunden im Rathaus 6 Gewehre und 600 Schuß Munition sowie fünf Polizeipistolen. Im Hause des Bürgermeisters wurden ein Karabiner, eine Pistole und zwei Kleinkalibergewehre gefunden.

In Mühlacker wurden einige führende Mitglieder der SPD. in Haft genommen. Gerüchte über die Absetzung des Bürgermeisters Wörner sind unrichtig. In Heidenheim wurde der Schriftführer des Reichsbanners, Wild, in Schutzhaft genommen, ferner ein Georg Illenberger wegen grober Beleidigung des Reichskanzlers verhaftet. Die soz. Ortsgruppe in Herbrechtingen hat sich aufgelöst.

In Ehingen und benachbarten Orten sind in den letzten Tagen acht Kommunisten in Schutzhaft genommen worden. Im Oberamt Vaihingen a. E. wurden weitere Verhaftungen wegen politischer Betätigung vorgenommen. In Reutlingen haben SA.-Leute das Reutlinger Gewerkschaftshaus und das Geschäftsgebäude der Freien Presse besetzt und durchsucht. Redakteur Bayer wurde in Schutzhaft genommen, ebenso einige weitere Persönlichkeiten und der frühere SA.-Mann Eisenhardt in Pfullingen, der später den Nationalsozialisten in den Rücken gefallen ist. Der Führer der Reutlinger Polizeischar, Oberleutnant Memminger, ist als Hauptmann nach Stuttgart versetzt worden. Man erwartet eine Verstärkung der Reutlinger Polizeimannschaft. Die bisher in Rottenburg festgehaltenen Kommunisten sind ins Konzentrationslager auf dem Heuberg verbracht worden. Auch aus Horb wurden 28 bisher dort internierte Kommunisten auf den Heuberg abtransportiert. Neuerdings wurden im Horber Bezirk acht Kommunisten in Schutzhaft genommen. In Rexingen hat man verschiedene Waffen gefunden. Aus Ludwigsburg sind 95 Häftlinge, die vorwiegend aus Stuttgart stammen, auf drei Großkraftwagen ins Konzentrationslager abtransportiert worden. In Tübingen sind am Samstag früh sieben Personen in Schutzhaft genommen worden, darunter der sozialdemokratische Führer, Oberzollsekretär Gottlob Frank. Auf Veranlassung der Nationalsozialisten wurden in zwei jüdischen Kaufhäusern Gmünds die Auslagen geräumt, in denen Kultgegenstände für die christliche Jugend ausgestellt waren. In Schorndorf wurden 24 Personen in Schutzhaft genommen. In Wangen bei Göppingen wurden Waffen gefunden. In Eltingen bei Leonberg wurde der Bürgermeister Beeb in Schutzhaft genommen und nach Stuttgart verbracht. In Enzberg OA. Maulbronn wurde Hauptlehrer Bohnet, der soz. Bezirksvorsitzende, verhaftet.

In Tailfingen wurde erneut eine politische Säuberungsaktion durchgeführt; es wurden 19 Personen in Haft genommen und auf den Heuberg abtransportiert. In Schwenningen hat sich der Redakteur der „Volksstimme“, Herbert Holtzhauer, der seit acht Tagen abwesend war, selbst bei der Polizei gemeldet. Er wurde unter Polizeiaufsicht gestellt, aber nicht in Schutzhaft genommen. In Waiblingen sind 10 Personen in Schutzhaft genommen und nach Stuttgart übergeführt worden. In Kleineislingen wurden sieben Kommunisten, darunter mehrere Gemeinderäte, festgenommen und in ein Konzentrationslager abgeführt. In Waldsee wurden einige Kommunisten in Haft genommen und ins Amtsgerichtsgefängnis eingeliefert. Außer Druckschriften wurde eine Sowjetfahne beschlagnahmt.

Abb. 2 Bericht über die Verhaftung von Kommunisten und Sozialdemokraten (NS-Kurier, 27. 3. 1933)

mand hat es gleich gemerkt. Erst als wir drei Kilometer weitergegangen waren, sagte einer: »Da fehlt jemand!« Wir mußten sofort antreten und abzählen, und da wurde es offensichtlich, daß einer weg war. Die SA hat getobt.
Im Kasernenhof haben sie noch einmal gezählt und wieder festgestellt: »Jawohl, der fehlt.« Dieser eine kam durch bis in die Schweiz. Wenige Tage später haben das Schweizer Zeitungen gemeldet. Auf dem Heuberg hat man kurz darauf – wie schon einmal im April – eine Presseschau abgezogen. Ich weiß noch, wie SA-Männer mit Journalisten in unseren Bau hereinkamen und sagten: »Da gibt es Leute, die behaupten, auf dem Heuberg wird geschlagen. Weiß da jemand etwas davon? Der soll vortreten!« Ja, glauben Sie, da machte einer sein Todesurteil? Wir haben natürlich alle geschwiegen. Aber die Presseleute haben wahrscheinlich an der Art und Weise, wie man uns angeschrien hat, gemerkt, wie es auf dem Heuberg zuging. Was dann in der Presse geschrieben worden ist, weiß ich nicht. Solche Dinge gab es viele.

Nach ein paar Wochen im Bau 20 wurde Georg Bayer noch einmal innerhalb des Lagers, in die Stufe III, verlegt. Das bedeutete, er würde bald entlassen werden.
Am 1. August 1933 konnte er zu seiner Familie zurückkehren. Alle drei Tage mußte er sich bei der Gestapo melden. Er durfte weder als Journalist noch als Schriftsetzer oder Drucker tätig sein. Bis 1945 hat er sich, seine Frau und seine beiden Kinder mit unterschiedlichen Tätigkeiten über Wasser gehalten. Die »Freie Presse« durfte nicht mehr erscheinen.
Im September, kurz nachdem Georg Bayer entlassen worden war, starb auf dem Heuberg ein jüdischer Gefangener. Sein Tod war die Folge schwerer Mißhandlungen. In einem Ermittlungsverfahren vor der Staatsanwaltschaft Ulm berichtete ein Zeuge: »Gleich nach seinem Eintreffen wurde der Jude Simon Laibowitsch von Wachmannschaften durch Schläge und Fußtritte so schwer mißhandelt, daß er bei der An-

kunft auf seiner Stube vor Schmerzen zusammenbrach. Als er aus diesem Grund zu dem kurz darauf angesetzten Appell nicht antreten konnte, wurde er auf Befehl des Lagerkommandanten Buck von zwei SA-Männern auf den Appellplatz gezerrt. Hier gab der Kommandant den Befehl, den »Drecksjuden« erst einmal zu säubern, worauf er dann zu einem im Hof stehenden Hydranten geschleppt, mit entblößtem Oberkörper unter den Wasserstrahl gehalten und mit Wurzelbürsten bearbeitet wurde. Wie aus der Sterbeurkunde hervorgeht, ist Laibowitsch noch am selben Tag gestorben.«

Ende 1933 wurde das KZ auf dem Heuberg aufgelöst, das Gelände wurde von der Reichswehr beansprucht. Die Gefangenen wurden entweder entlassen oder auf den Oberen Kuhberg bei Ulm gebracht. Lagerkommandant dort wurde wieder Karl Buck.

Es war sehr schwer, gegen den Strom zu schwimmen

Interview mit Peter Paul Nahm

Unmittelbar nach der Reichstagswahl ging Hitler daran, alle Macht an sich zu reißen. Am 23. März, auf der ersten Sitzung des neugewählten Reichstags, setzte er das »Gesetz zur Behebung der Not von Volk und Reich«, das »Ermächtigungsgesetz« durch. Es sollte der Regierung das Recht geben, aus eigener Vollmacht, ohne Rücksicht auf Reichstag und Verfassung, Gesetze zu erlassen. Praktisch gab es ihr die Möglichkeit, von nun an völlig willkürlich zu handeln.
Alle Parteien stimmten zu, nur die SPD stimmte dagegen. Die kommunistischen Abgeordneten, die wohl auch gegen das Gesetz angetreten wären, konnten nicht mehr abstimmen, da ihnen vorher die Reichstagssitze aberkannt worden waren; viele von ihnen saßen bereits im Gefängnis oder KZ. Die Zentrumspartei, auf deren Haltung es entscheidend ankam – schließlich brauchte Hitler eine Zweidrittel-Mehrheit, um das Gesetz durchzubringen –, stimmte erst nach einigem Zögern zu, allerdings unter der Bedingung, daß Hitler versprach, sich trotz dieses Gesetzes weitgehend an die Verfassung zu halten. Doch er brach dieses Versprechen wie andere Zusagen auch.
Der Führer der NSDAP begnügte sich aber nicht damit, alle anderen Parteien im Reichstag zu entmachten, er wollte sie auf allen politischen Ebenen ausschalten, ja ihre Existenz beenden.
In den nächsten Monaten wurden dann auch die Parteien teils verboten, teils so sehr unter Druck gesetzt, daß sie selbst ihre Auflösung beschlos-

sen. Am 26. Juni löste sich die Deutsch-Nationale Volkspartei auf, die in den ersten Monaten nach Hitlers Machtergreifung noch in der Koalitionsregierung mitvertreten war. Schon im Juli war der Einparteienstaat perfekt.
Um diese Entwicklung zu beschleunigen, wurden politische Gegner eingeschüchtert oder schlimmer noch: ins KZ gesperrt. Wurden unmittelbar nach dem Reichstagsbrand vorwiegend Funktionäre der KPD verhaftet, so waren es nun auch führende Persönlichkeiten anderer, auch bürgerlicher Parteien.
Im Mai wurde auch Dr. Peter Paul Nahm, Mitglied der Zentrumspartei, verhaftet.
Er ist 1901 geboren, studierte Philosophie, Kunstgeschichte und Geschichte, leitete ein Heimatmuseum. Seit 1924 war er Redakteur, später Chefredakteur bei der in Bingen erscheinenden »Mittelrheinischen Volkszeitung«, welche die Politik des Zentrums und der Kirchen vertrat.

Nahm: Es war natürlich sehr schwer, gegen den Strom zu schwimmen. Je mehr Anhänger die NSDAP gewann und je entschiedener und militanter diese auftraten, um so schwieriger war es, die eigene Meinung nicht nur zu behalten, sondern seine Kritik am Nationalsozialismus auch nach außen hin, in Wort und Tat zu dokumentieren. Von den Nationalsozialisten wurde ja eine riesige Propagandamaschinerie in Gang gesetzt, da mußte man schon einen gewissen Mut haben, um durchzustehen.

Wenke: Wie ich gelesen habe, gab es innerhalb des Zentrums ein breites Spektrum. Da waren einerseits entschiedene Hitlergegner, andererseits gab es auch Zentrumspolitiker, die mit Hitler kurze Zeit zusammenarbeiten wollten, in der Hoffnung, ihn zu »zähmen«. Ab wann war Ihnen denn klar, daß die NSDAP eine undemokratische, gefährliche Partei war?

Nahm: Von vornherein habe ich das gesehen. Ich habe ja meine Studentenzeit in Innsbruck verbracht und somit aus der Nähe beobachten können, was sich in München zusammenbraute. Man mußte den Hitler nur einmal gehört und gesehen haben, dann mußte einem eigentlich klar werden, was wirklich in ihm steckte. Seine Weltanschauung nahm ja diabolischen Charakter an. Aber er hatte dem Volk versprochen, daß er die Arbeitslosigkeit beseitigen würde. Und viele Menschen befanden sich in großer materieller Not, das läßt sich nicht leugnen. So war es kein Wunder, daß sie ihn gewählt haben.

W.: Haben Sie Hitlers Antisemitismus damals schon als bedrohlich empfunden? Ich frage das deshalb, weil ja selbst viele Juden ihn anfangs nicht so ganz ernst genommen haben.

Nahm: Doch, ich habe ihn ernst genommen. Und ich habe mit Schrecken gesehen, daß unter den Christen gar keine innere Erregung über das war, was sich da entwickelte.

W.: Waren die Menschen in Ihrer Umgebung auch judenfeindlich eingestellt? Der Antisemitismus war ja in einzelnen Regionen und Bevölkerungsgruppen unterschiedlich stark spürbar.

Nahm: Es war unterschiedlich, ja. Aber er hat sich ausgebreitet wie wenn man Öl über Wasser gießt. Ich bin an vielen Freunden verzweifelt. Nicht, daß sie blöd gewesen wären, aber sie paßten sich eben an und hofften wohl auch – sagen wir es einmal ganz offen –, an das jüdische Vermögen heranzukommen. Da konnte man sich mitunter schon sehr einsam fühlen.

W.: Wie sah Ihre Arbeit nach dem 30. Januar aus? In einzelnen Ländern, vor allem in Preußen, wurden im Februar und März einzelne Zeitungen von SPD und KPD verboten. Es gab auch einige Zentrumszeitungen, denen man mit Verbot drohte oder die man sogar für kürzere oder längere Zeit am Erscheinen hinderte.

Nahm: Die »Mittelrheinische Volkszeitung« war fest in kirchlicher Hand. Das war eine großartige Basis, die bis zuletzt, bis zu meiner Verhaftung gehalten hat. Aber natürlich wurde einem die Arbeit von außen her erschwert. Man wurde öffentlich in Versammlungen von Nazis beschimpft und angegriffen. Häuser von Hitlergegnern wurden beschmiert. In meiner Zeitung wurden die Anzeigen knapp, weil die Kaufleute Angst hatten, in einem Zentrumsblatt zu inserieren. Das entwickelte sich bis zum regelrechten Boykott.
Eines Tages wurde ich dann geholt. Es war im Mai, an einem Samstag. Ich saß noch auf meinem Redaktionsstuhl. Da kamen Polizisten in das Zeitungsgebäude herein. Sie gingen zunächst unten in die Annoncenexpedition und fragten nach mir. Die Mitarbeiter sagten, sie glaubten nicht, daß ich noch da sei, schließlich sei Samstag und die Zeitung bereits fertig. Die Polizisten fragten, wo ich wohne. Und dann gingen sie hinüber zu meiner Wohnung, die ca. 200 Schritte entfernt war.
Meine Mitarbeiter haben mich gleich unterrichtet, was los war. Ich fragte mich nun: »Was willst Du machen?« Losstiefeln und untertauchen konnte ich meiner Familie nicht zumuten. Ich ging also hinüber, da waren die Polizisten noch im Gespräch mit meiner Frau. Zu mir sagten sie dann, sie hätten den Auftrag, mich zu holen.

W.: War Ihnen klar, was Ihnen bevorstand? Hatten Sie schon etwas von Konzentrationslagern gehört?

Nahm: Das kann man wohl sagen. Ich hatte Osthofen schon kurz vorher gesehen. Ich war bei einer Besichtigung dabeigewesen, als ich als Redakteur noch in Amt und Würden war.

W.: Aber den Journalisten wurden ja nicht die wirklichen Zustände gezeigt.

Nahm: Ich wußte trotzdem Bescheid. Ich saß dann ungefähr eine bis eineinhalb Stunden bei der Polizei, und dann wurde ich herausgeholt. Als ich aus dem Haus kam, stand da eine riesige Menschenmenge. Und während man mich zum Auto führte, wurde ich mit Eiern beworfen.

W.: Wer hat Sie beworfen? Binger Bürger?

Nahm: Weiß ich nicht. Ich habe mich nicht so genau umgeschaut. Vielleicht SA-Leute, allerdings waren sie in Zivil. Es war niemand in Uniform da, nur die drei SS-Männer, die zu meiner Eskorte bestimmt waren.

Peter Paul Nahm wurde für zwei Wochen in Osthofen eingesperrt, zu einer Zeit, als Wilhelm Vogel bereits aus dem Lager geflohen war.

Nahm: Das war früher eine Papierfabrik. Auf dem Gelände waren eine Reihe von Betonbauten, wo früher Papier gestapelt worden war. Dort wurden wir untergebracht. Wir waren – glaube ich – 300 Gefangene, hauptsächlich politische, in erster Linie Kommunisten. Ich war die Ausnahme, aber die Kommunisten haben mich ungeheuer respektiert.

W.: Haben Sie in Osthofen gearbeitet?

Nahm: Ja, es wurden Fäkaliengruben ausgehoben. Es mußten die Autos der SS instand gehalten werden, das machten die Mechaniker unter den Gefangenen. Und es wurde auch ein Garten für die SS angelegt. Es waren also immer Arbeiten für das Lager selbst, nicht für Betriebe außerhalb.
Ich mußte Fäkaliengruben ausheben, aber dann hat man mich

auch an die Gärtnerei gelassen. Und da ich für die schon immer eine Schwäche hatte, wurde ich sozusagen Hofgärtner.

W.: Aber ich könnte mir vorstellen, daß Sie als Journalist nie vorher in Ihrem Leben eine Abortgrube ausgehoben hatten.

Nahm: Nein, aber ich bin auf dem Land groß geworden, und ich bin froh darüber, daß ich mit all diesen Dingen vertraut war. Ich wurde also zu einer Gruppe von sechs Mann eingeteilt. Wir gingen daran, die Grube auszuheben, und als wir so tief gekommen waren, daß ein Mann in seiner ganzen Länge in der Grube stehen konnte, sagte ich, nach der Bauordnung müsse man jetzt dafür sorgen, daß die Grube nicht wieder zufällt; sie müsse mit Brettern abgeteuft, d. h. abgestützt werden. Oh, von diesem Augenblick an hatte ich ein gewisses Ansehen bei der SS, die gar nichts konnte.

W.: Ich habe gehört und gelesen, daß die Wachmannschaften in den Konzentrationslagern gerade gegen die Intellektuellen, also gegen Akademiker, Journalisten, Schriftsteller, einen besonderen Widerwillen hatten und sie besonders provozierten und schikanierten. Bei Ihnen war das offenbar anders?

Nahm: Ja, aber ich habe sie auch in ihrem Dialekt angesprochen. Ich bin nur einmal schikaniert worden. Da wurde ich geholt, um abends nach den Gelagen, die die SS dort immer veranstaltete – was sollten sie auch anderes dort tun? –, die Wachstube zu reinigen. Ich bekam einen Besen und eine Schippe in die Hand gedrückt und auch einen Eimer, wo ich den Dreck hineinkippte. Unter dem Tisch mußte ich herumkriechen. Und da tritt einer gegen meinen Eimer, so daß der ganze Dreck wieder auf dem Boden lag. Das war eine Provokation. Ich habe im Augenblick gedacht: »Was machst du jetzt?« Ich knirschte aber nur mit den Zähnen, unhörbar, kehrte alles wieder auf und kippte es wieder in den Eimer. Dann rutschte ich weiter auf dem Fußboden, stand auf und ging noch einmal zu dem SS-Mann, der den Eimer umgestoßen hatte. Ich stellte ihn vor dessen Füße und sagte nur: »Bitte!« Ich bin nie mehr dahin geholt worden.

W.: Deutet das darauf hin, daß in diesem Lager zu dieser Zeit noch menschliche Reaktionen zählten und auch akzeptiert wurden?

Nahm: Ja, es scheint so. Die waren zu sadistischen Quälereien nicht fähig. Ich jedenfalls habe in Osthofen keine Quälereien erlebt. Wir mußten auch nicht strafexerzieren. Aber ich war nur kurze Zeit, nur zwei Wochen, in Osthofen, ich kann nur über diese Zeit sprechen.

W.: Warum wurden Sie so bald wieder entlassen?

Nahm: Ich weiß es nicht.

W.: Aber Sie konnten danach nicht mehr Journalist werden. Wie ging Ihr Leben weiter?

Nahm: Nein, zur Zeitung konnte ich nicht wieder, ich war aus der Reichsschrifttumkammer ausgeschlossen worden. Ich ging aus Bingen weg zu meinen Schwiegereltern nach Bacharach und habe dort ein gutes Jahr zugebracht. Als mir aufging, daß Hitler noch einige Zeit an der Macht bleiben würde, habe ich mich nach einer anderen Beschäftigung umgesehen. Mein Vater erwarb das Haus in Lorch, in dem ich jetzt noch wohne. Mein Schwager gründete mit mir eine Weinhandlung, ich übernahm die Buchhaltung. Wir schlugen uns durch die ganzen Kriegsjahre durch. Die Truppenübungsplätze wurden zu unseren ausgemachten Kunden.

W.: Und was geschah mit der »Mittelrheinischen Volkszeitung«?

Nahm: Die wurde gleichgeschaltet und ist nachher zu einer einfachen Druckerei geworden. Und die Zeit nach dem Zusammenbruch des Dritten Reichs war nicht mehr geeignet, an so einem kleinen Platz noch einmal eine Zeitung zu gründen. Ich habe mich auch nicht mehr darum bemüht.

Nach dem Krieg schloß sich Peter Paul Nahm der CDU an. 1945/46 war er Landrat, ab 1946 Berater des hessischen Ministerpräsidenten in Vertriebenenfragen. Von 1953 bis 1967 war er Staatssekretär im Bundesministerium für Vertriebene und Kriegsgeschädigte.

Die Typen von der Gestapo habe ich gleich erkannt

Interview mit Ernst Rohleder

Im Dezember 1933 wurde Ernst Rohleder verhaftet. Er ist 1908 geboren, war Maler und Lackierer, bis 1936 lebte er in Mannheim, dann zog er nach Ulm um.
Er war Mitglied der KPD und hat auch nach Hitlers Machtergreifung noch versucht, Widerstand zu leisten. Gemeinsam mit anderen Hitlergegnern hat er Broschüren, die aus dem Ausland kamen und die sich kritisch mit dem Nationalsozialismus auseinandersetzten, in Mannheim weiterverteilt.

Rohleder: Eines Tages zwischen Weihnachten und Neujahr war ich mit zwei Bekannten, die auch im Widerstand waren, in Mannheim unterwegs; da merkten wir auf einmal, daß wir von der Gestapo verfolgt wurden. Wir haben uns schnell getrennt, um leichter zu entkommen. Walter und Liebel haben noch versucht, auf eine Straßenbahn zu springen, es ist ihnen aber nicht gelungen. Noch in der Stadt wurden sie verhaftet und bei der Festnahme mit der Pistole bedroht. Mich haben sie dann am nächsten Tag in der Wohnung geholt. Es waren vier Beamte, zwei blieben unten vor dem Haus stehen, und zwei kamen herauf. Sie haben erst einmal die ganze Wohnung durchsucht, einige Bücher beschlagnahmt, und ich wurde dann ins Polizeipräsidium eingeliefert. Die Gestapo wollte von mir wissen, wer die Leute sind, mit denen ich zusammen war. Ich sagte: »Ich kenne sie nicht. Soviel ich weiß, heißen sie Knoll und Müller.« Das hat man mir aber nicht geglaubt. Während des Verhörs wurde ich mit der Pistole bedroht, man hat mich auch geschlagen.

Und weil ich weiter keine Angaben gemacht habe, bin ich am nächsten Tag ins Mannheimer Untersuchungsgefängnis eingeliefert worden. Hier unterstand ich vier Monate lang der Gestapo. Die kam immer wieder, hat mich ausgefragt, was ich alles gemacht habe, hat mir auch Fotos gezeigt und wollte wissen, ob ich die abgebildeten Personen kenne.

Nachher, als ziemlich klar war, daß Walter, Liebel und ich zusammen im Widerstand gearbeitet hatten, wurde ich der Justiz übergeben. Und hier hat man noch versucht, mir einige Dinge unterzuschieben. In der Anklageschrift stand, daß die Polizei bei mir Bücher gefunden hätte, die für den Widerstand waren. Das stimmte aber nicht. Die Polizisten hatten wohl bei mir Bücher beschlagnahmt, aber das waren keine Aufforderungen zum Widerstand. Verteidiger hatten wir nicht, die Öffentlichkeit war von diesem Gerichtsverfahren ausgeschlossen. Ich bekam anderthalb Jahre, wegen »Vorbereitung zum Hochverrat«. Dabei wurde die Untersuchungshaft angerechnet. Wir kamen dann alle ins Mannheimer Landesgefängnis. Da saß ich in Einzelhaft und mußte Tüten kleben. Dann sollte ich eigentlich entlassen werden, aber aus der Entlassung wurde nichts, sondern man hat mir den Schutzhaftbefehl ausgehändigt, und so wurde ich nach Kislau überführt. Ich blieb da ein halbes Jahr, bis Ende 1935.

Das Konzentrationslager befand sich im ehemaligen Schloß Kislau, das in der Gemeinde Mingolsheim an der Bahnstrecke zwischen Heidelberg und Bruchsal liegt. Die Schloßanlage hatte im Laufe ihrer Geschichte schon mehrmals als Gefängnis gedient. Anfang April 1933 wurde hier ein KZ eingerichtet. Nach Angaben des Stadtarchivs

Mannheim bestand es bis zum 1. April 1939; es waren dort aber immer nur relativ wenige Häftlinge (100 bis 150) eingesperrt.
Kislau unterschied sich von anderen Lagern; die Wachmannschaften – SA-Männer – gingen hier nicht so brutal gegen die Gefangenen vor wie in anderen KZs. Der Lagerleiter Mohr machte aus Kislau so etwas wie ein Renommierlager. Ausländische Journalisten wurden hier durchgeführt, um ihnen zu zeigen, daß die im Ausland erschienenen Presseberichte über deutsche Konzentrationslager Greuelpropaganda seien.
Aber trotzdem waren auch hier die Gefangenen ihres Lebens nicht sicher. Am 29. März 1934 wurde Ludwig Marum, Jude, Rechtsanwalt und bis 1933 sozialdemokratischer Reichstagsabgeordneter von Angehörigen des Wachpersonals – angeblich auf Weisung Hitlers – in seiner Zelle erdrosselt. Der Mord wurde als Selbstmord dargestellt. 1948 kamen die Mörder aber vor Gericht und wurden verurteilt.

Rohleder: Wir waren da ziemlich primitiv untergebracht und haben in zweistöckigen Doppelbetten geschlafen.
Täglich mußten wir hinausmarschieren, auf Langenbrücken zu. Wir haben dort Erdarbeiten gemacht und Gräben von 2 Meter Breite und 1,50 Meter Tiefe ausheben müssen. Die Erde wurde umgewälzt, das heißt die obere Erdschicht kam nach unten und die untere nach oben. Und so ist Stück für Stück umgeschichtet worden. Welchen Sinn das hatte, konnte ich nicht begreifen. Vielleicht sollte der saure Boden nach unten verschwinden und ertragreiche Erde nach oben kommen. Möglicherweise wurde später dort Gemüse oder sonst etwas angebaut.

Wenke: War die Arbeit schwer?

Rohleder: Jede Gruppe mußte täglich ein bestimmtes Quantum schaffen. Für diejenigen KZ-Häftlinge, die nie vorher schwere körperliche Arbeit gemacht hatten, war es schon eine gewaltige Anstrengung. Wir mußten mit Pickel und Spaten arbeiten. In der ersten Zeit hatten wir fast alle Blasen an den Händen, die bei der Arbeit natürlich sehr schmerzhaft waren.

W.: Und wie lange haben Sie gearbeitet?

Rohleder: Täglich neun Stunden. Von morgens um acht bis mittags um zwölf Uhr. Dann hatten wir eine Pause von einer halben Stunde. Wir haben ein Stück Brot bekommen, vielleicht noch ein Stück Handkäse oder ein Stückele Wurst, und dann ging's weiter, bis zum späten Nachmittag. Nach der Arbeit mußten wir eine halbe Stunde durch die Ortschaften zurückmarschieren. Während des Marsches mußten wir immer Lieder singen, als ob das so lustig gewesen wäre. Aber wir fanden das gar nicht lustig.

W.: Wie hat die Bevölkerung reagiert, wenn Sie durch die Ortschaften zogen?

Rohleder: Die Leute haben schon gewußt, daß in Kislau ein KZ ist. Sie konnten aber gar nicht näher an uns herankommen und uns irgendetwas geben, ein Stückchen Brot oder so, sie haben uns nur aus der Ferne beobachtet.

W.: Wenn ich Sie jetzt richtig verstanden habe, dann sind Sie in Kislau relativ glimpflich behandelt worden?

Rohleder: Ja, sicherlich ging es uns besser als den Gefangenen in Dachau oder später in Buchenwald. Aber wenn die Wachmannschaft es auf einen Häftling besonders abgesehen hatte, dann hatte der auch nichts zu lachen. Umsonst ist der Ludwig Marum dort nicht ermordet worden. Es kam natürlich auch vor, daß die Häftlinge auf dem Lagergelände herumgescheucht wurden, Kniebeugen machen und über den Boden robben mußten. Auch wenn die Betten nicht richtig gebaut waren, hat es Strafen gegeben. Dann wurde man schikaniert, mußte draußen herumsausen, bis man nicht mehr konnte.

W.: Als Sie entlassen wurden, mußten Sie auch unterschreiben, daß Sie draußen nichts über das Lager sagen?

Rohleder: Ja, das ist klar. Das mußten alle, die aus dem KZ entlassen wurden.

Nach seiner Entlassung mußte sich Ernst Rohleder zweimal in der Woche bei der Gestapo melden. Ein paar Monate lang war er arbeitslos. Da er in Mannheim zu dieser Zeit keine neue Stelle fand, schickte ihn das Arbeitsamt nach Ulm, wo er zunächst in einem Malerbetrieb, dann ab 1937 bei der Firma Käßbohrer als Lackierer arbeitete.
Im November 1939, nach dem Attentat auf Hitler im Münchener Bürgerbräu – der Täter war Johann Elser, ein politischer Einzelkämpfer aus Heidenheim an der Brenz – wurde Ernst Rohleder ein zweites Mal verhaftet.

Rohleder: Ich war in der Fabrik, da kam auf einmal ein Lehrling von den Büros vorn und sagte zu mir: »Herr Rohleder, ziehen Sie sich an und kommen Sie mal aufs Büros.« Da habe ich mir schon gedacht, was los ist. Ich bin also ins Büro gegangen, und da haben sie schon gestanden: Die Typen von der Gestapo habe ich gleich erkannt. Denen habe ich schon am Gesicht angesehen, was für Brüder das sind. Der eine hat ausgesehen wie eine Bulldogge. Das waren meistens so richtig verwegene Brüder, kräftige, keine schmächtigen Leute. Sie haben erst mal meine Hosentaschen umgedreht, aber gefunden haben sie nichts. Und dann haben sie gesagt: »So, nun kommen Sie mal mit.« Sie haben mich nach Neu-Ulm aufs Polizeirevier gebracht und unten in ein Loch gesteckt. Da waren noch zwei andere Gefangene. Am nächsten Tag haben sie uns nach Memmingen ins Gefängnis transportiert, und dort hat man uns einfach hocken lassen, obwohl es ganz klar war, daß wir mit der Attentatsgeschichte in München nichts zu tun hatten. Da sind in Süddeutschland – hauptsächlich im Bayrischen – alle, die auf der Schwarzen Liste standen, verhaftet worden. Wir haben vier Wochen in Memmingen gesessen, dann hat man uns entlassen, ohne Begründung.

Als ich am nächsten Tag ins Geschäft ging, sagte der Betriebsleiter zu mir: »So, Sie sind entlassen!« Ich antwortete: »Na, da kann man nichts machen.« Worauf er sagte: »Nein, Sie können gleich wieder anfangen.« Der hatte mir nur einen Schrekken einjagen wollen, aber ich war nicht so schreckhaft, denn wenn man diese Zeit mitgemacht hat, dann war man an vieles schon gewöhnt. Dann hat man schon allerhand auf dem Bukkel gehabt.

Ein Jahr später bin ich dann eingezogen worden, obwohl ich ja als politischer Gegner eigentlich »wehrunwürdig« war. Ich habe den Krieg aber nicht bis zum letzten Tag mitgemacht. Kurz vor Kriegsende, beim Rückzug meiner Truppe, habe ich mich abgesetzt und habe gedacht: »So, jetzt rutscht mir den Buckel runter, jetzt habe ich von dem Schwindel genug!«

Wir waren in einem Dorf in der Nähe von Olmütz. Auf einmal hat es aus allen Ecken gekracht. Man hat nicht mehr gewußt, woher geschossen wurde. Da habe ich zu mir gesagt: »So, jetzt ist die richtige Gelegenheit.« Ich bin auf einen Dachboden gestiegen, habe mich da versteckt und alles demontiert, alles abgelegt, was ich nicht mehr gebraucht habe: Koppel, Gewehr, Helm, den ganzen Schwindel.

Dann habe ich gewartet. Morgens – die Hähne haben gerade gekräht – habe ich russische Stimmen gehört. Ich bin hinuntergegangen. Auf einmal rief einer zu mir, während er seine Pistole auf mich richtete: »Stoi!« Ich hob die Hände hoch, und damit war für mich der ganze Schwindel zu Ende. Und so kam ich in russische Kriegsgefangenschaft.

1949 bin ich wieder glücklich zu meiner Familie nach Ulm zu-

rückgekehrt und habe meine Tochter, die inzwischen fünf Jahre alt war, zum ersten Mal gesehen.
Das war die ganze Geschichte. Für uns war es wichtig, daß der Faschismus niedergerungen wurde. Das war eine schwere Aufgabe, die überall auf der Welt Opfer gekostet hat: 55 Millionen Menschen sind im Zweiten Weltkrieg umgekommen.
Ich hoffe, daß so etwas nie wieder geschieht, daß die Menschheit nicht noch einmal so leiden muß.

Wieder zu Hause in Ulm arbeitete Ernst Rohleder wieder als Lackierer, zunächst wieder bei Käßbohrer, dann bei einer anderen Firma.

Keinen Augenblick im Leben darf man das Gefühl für Humanität und Hilfsbereitschaft verlieren

Interview mit Willi Bleicher

Für Willi Bleicher brachte die Zeit des Nationalsozialismus zwei Jahre Emigration und mehr als neun Jahre Gefängnis und KZ.
Willi Bleicher ist 1907 in Stuttgart geboren. Er hat Schlosser gelernt und sich schon als Jugendlicher der Gewerkschaft und der KPD angeschlossen. Doch bald trat er aus der Partei wieder aus und schloß sich der KPO, der »Kommunistischen Partei-Opposition« an. Diese hatte sich von der KPD abgespalten, weil sie mit deren Haltung in Gewerkschaftsfragen nicht einverstanden war. Ab 1926 war Willi Bleicher Jugendleiter des Stuttgarter Ortsvereins der Metallarbeiter.

Bleicher: Unser Hauptziel war damals, die Jugend mit den gewerkschaftlichen Ideen vertraut zu machen. Wir wollten eine andere, eine bessere Welt bauen, aus der Hunger und Arbeitslosigkeit verbannt waren. Wir wollten auch für die jungen Menschen um mehr Urlaub kämpfen. Damals gab es für Lehrlinge praktisch keinen Urlaub, höchstens einen oder zwei Tage. Und wir wollten auch gegen den Mißbrauch der Lehrlinge in den Kleinbetrieben angehen. Das waren also unsere Ziele: für die arbeitende Jugend bessere Lohn- und Arbeitsbedingungen zu erkämpfen – eine bessere Welt.

Wenke: In der Zeit zwischen 1930 und 1933 gewann die NSDAP ja schnell viele neue Anhänger. Sind da auch Gewerkschaftsmitglieder übergetreten?

Bleicher: Nein, zwischen 30 und 33 war in Stuttgart bei den Gewerkschaftlern und bei der Arbeiterbewegung noch wenig von der NSDAP zu spüren. Die Arbeiterbewegung rekrutierte sich damals aus vielen Sportvereinen, aus den Freidenkern, den Naturfreunden und aus der Sängerbewegung, die damals groß und stark war. In diesen Gruppen haben die Nationalsozialisten selbst bis zum Jahr 1932 fast nie Fuß fassen können, jedenfalls nicht in dem Stadtteil, wo ich wohnte.
Dabei waren sie in ihrer Propaganda hemmungslos. Da waren die »Dolchstoßlegende« und der Versailler Vertrag, der Deutschland angeblich in »Schmach und Schande« zerrte. Das alles waren solche Parolen, die zum Teil verfingen. Hinzu kam natürlich die Massenarbeitslosigkeit. Es waren über sechs Millionen Arbeitslose, in der Regel Dauerarbeitslose. Von dort her war es schon verständlich, daß die Nationalsozialisten immer mehr Anhänger gewannen. Der Faschismus wurde von fast allen unterschätzt, man erkannte seine Gefahren nicht.
Nach dem 30. Januar war ich natürlich mächtig enttäuscht, und zwar nicht deshalb, weil der Faschismus in dieser Form seine Machtergreifung bewerkstelligt hatte, sondern einfach darum, weil die Arbeiterschaft, die Arbeiterklasse als Klasse sich so rasch den neuen Verhältnissen anpaßte. Da hingen gestern noch die roten Fahnen mit Hammer und Sichel oder mit den drei Pfeilen – dem Symbol der Kommunisten bzw. der Sozialdemokraten –, und am anderen Tag kamen anstelle dieser Fahnen die Hakenkreuzfahnen zum Vorschein. Das war für mich das Enttäuschendste.

W.: Wo haben Sie 1933 gearbeitet?

Bleicher: Ich selbst war 1933 arbeitslos, die Gewerkschaftsarbeit war eine ehrenamtliche Tätigkeit. Bald wurde ja die Kommunistische Partei verboten, das Verbot galt selbstverständlich auch der KPO. Die Metallarbeiter, die Ortsverwaltung in Stuttgart, wurde ja damals von den Bevollmächtigten der KPO beherrscht, und wir, die KPO-Mitglieder in der Gewerkschaft, haben uns dann auf ein Leben in der Illegalität eingestellt. Ich erinnere mich noch: Es war kurz nach der Machtergreifung, ich wollte abends nach Hause fahren, da erzählte mir der Busfahrer: »Du, die Polizei war bei Euch zu Hause.« Und da bin ich gar nicht mehr nach Hause gegangen, sondern untergetaucht, zunächst in Stuttgart.
Ich war bei Freunden, beziehungsweise bei Mitgliedern der Naturfreunde-Jugend, also bei mir vertrauten Genossen. Das ging aber immer nur ein bis zwei Tage. Sie alle hatten ja kein Geld und waren in der Regel arbeitslos. Ich lebte also von der Gnade und Barmherzigkeit anderer. Ins Marienhospital ging ich meistens zum Mittagessen. Die Schwestern dort haben mir auch noch etwas Brot mitgegeben. Genächtigt habe ich zuweilen in Gärten der Cannstatter Gegend; es war damals ein schönes Frühjahr.
Dann hat mir meine Gruppe eine Wohnung in der Stuttgarter Innenstadt gemietet. Da habe ich einen Abzugsapparat stehen gehabt, mit dem haben wir Flugblätter vervielfältigt. Das war aber eine brenzlige Situation, der Boden wurde zu heiß, und eines Tages wurde mir geraten, in die Emigration zu gehen. Ich bin dann also in die Schweiz, nach Schaffhausen, gegangen. Ich mußte heimlich über die Grenze. Das war nur möglich, weil mich Mitglieder der Naturfreunde, die sich genau auskannten, über die grüne Grenze brachten.
In Deutschland hatten wir damals schon die SA als freiwillige Hilfspolizei. Die Schweizer Grenze war hermetisch abgeriegelt. Wir mußten also warten, bis die Wache abgelöst wurde, und in diesem Augenblick gingen wir dann hinüber.

Oberhetzer Schumacher verhaftet

z Stuttgart.

Wie wir von zuständiger Seite erfahren, wurde der berüchtigte sozialdemokratische Reichstagsabgeordnete Schumacher auf Veranlassung der württembregischen Politischen Polizei in Wuppertal verhaftet. Die Politische Polizei hat seine Ueberführung auf den Heuberg angeordnet. Längere Zeit vermochte sich Dr. Schumacher dem Zugriff der Polizei zu entziehen. Nachdem ausfindig gemacht worden war, daß er sich in Berlin aufgehalten hat, wurde ein Steckbrief gegen ihn erlassen, seine endgültige Festnahme konnte jedoch erst in Wuppertal erfolgen. Es ist festgestellt, daß Dr. Schumacher seinen Lebensunterhalt in dieser Zeit in der Hauptsache aus Geldern bestritt, die ihm von der sozialdemokratischen Reichstagsfraktion unter Deckadresse zugesandt wurden.

Mit Dr. Schumacher ist einer der schamlosesten sozialdemokratischen Hetzer nicht nur Württembergs, sondern ganz Deutschlands unschädlich gemacht worden. Mit einem an Hysterie grenzenden, verbrecherischen Haß bespie und verleumdete er nationalsozialistische Führer und die nationalsozialistische Bewegung. Kein Württemberger wird es je vergessen, wie der rote Obergenosse in öffentlichen Versammlungen und in der „Schwäbischen Tagwacht" vom Leder zog. Seine Anwürfe gegen die nationalsozialistische Freiheitsbewegung waren so abgrundtief gemein, daß Dr. Schumacher nicht mehr erwarten kann, als politischer Gegner, sondern nur noch kriminell bewertet zu werden.

Er war einer jener, deren Worte nicht groß genug waren, um die endgültige Vernichtung und Ausrottung des Nationalsozialismus von den verführten Arbeitermassen zu fordern. Bei jeder Gelegenheit forderte er zur Gewalt auf und stellte die brutale Vernichtung aller nationalsozialistischen Volksgenossen mit Waffengewalt in Aussicht.

Das Verbrecherichste, das sich dieser famose Arbeiterführer leistete, war wohl jene „berühmte" Rede auf dem Marktplatz in Stuttgart, bei der er schrie, **die braune Schmach sei tausendmal schlimmer als die schwarze Schmach, aber wie man mit der schwarzen Schmach fertig geworden sei, so würde man auch die braune Schmach ausrotten.**

Dieser Bursche brachte es also fertig, die nationalsozialistische Freiheitsbewegung mit der Negerschande am Rhein zu vergleichen, brachte es fertig, die Sturmkolonnen des Dritten Reiches gleichzustellen mit jener tierischen Soldateska, die zur ewigen Schmach Frankreichs deutsche Frauen und Männer im besetzten Gebiet schänden, mit der Reitpeitsche schlagen, bespucken und erschießen durften. Nun, die braune Schmach wurde nicht beseitigt, wohl aber die rote Schmach der internationalen Landesverräter und Korruptionisten, der verbrecherischen Hetzer und bewußten Volksverführer. Wenn Einer dem neuen Deutschland dafür dankbar sein muß, daß es in so eiserner Disziplin u. unerhörtem Großmut seine tödlichsten Feinde behandelt, dann ist dieser Dr. Schumacher der Erste.

Wir sprechen nur den Wunsch der breitesten Oeffentlichkeit aus, wenn wir den Fall Schumacher der politischen Polizei einer Sonderbehandlung empfehlen, denn was dieser SPD.-Genosse auf dem Kerbholz hat, übersteigt die Grenzen alles Erträglichen, auch für die, die weit davon entfernt sind, mit Rachegefühlen belastet zu sein.

Weimar, 3. April. (DNB.) Der thüringische Ministerpräsident Marschler erkrankte am 27. März ernstlich an Diphtherie. Durch sofortiges Eingreifen konnte die Gefahr gemildert werden. Die anfänglich hohen Temperaturen sind auf annähernd normale Werte zurückgegangen. Der Allgemeinzustand des Kranken ist durchaus befriedigend, so daß eine Gefahr nicht mehr besteht.

Freitod von Ludwig Marum.

Karlsruhe, 1. April. (DNB) Nach Mitteilung des geheimen Staatspolizeiamtes hat der frühere badische Staatsrat und langjährige sozialdemokratische Reichstagsabgeornete Marum, der sich seit Mai 1933 in Schutzhaft befindet, sich in der vergangenen Nacht in seiner Zelle im Konzentrationslager Kislau erhängt. Es besteht die Vermutung, daß Marum in einem Anfall von Schwermut die Tat vollbracht hat, da ihm seine Beurlaubung oder Haftentlassung vorerst nicht in Aussicht gestellt werden konnte.

Abb. 3 Oben NS-Kurier vom 10. 7. 1933, unten Frankfurter Zeitung vom 4. 4. 1934

Abb. 4 (umseitig) Bericht über die »Reichskristallnacht« im NS-Kurier, 10. 11. 1938

Gerechter Volkszorn übt Vergeltung

In Stuttgart und im ganzen Gau Demonstrationen gegen die Juden
Die Synagogen wurden niedergebrannt / Zertrümmerte Schaufenster bei den jüdischen Geschäften / Aktion in tadelloser Disziplin

Als in Stuttgart und im Gau Württemberg die Kunde eintraf, daß der Gesandtschaftsrat vom Rath in Paris seinen Verletzungen erlegen ist, fanden in allen größeren Orten unseres Gaues erregte Protestkundgebungen gegen die Juden statt. Gegen drei Uhr nachts standen die beiden großen Synagogen in Stuttgart und Bad Cannstatt in hellen Flammen, die bis zum Anbruch des Tages vollständig aus- und niedergebrannt waren.

Durch die tadellose Zusammenarbeit aller Stellen, vor allem der Feuerwehr, wurde verhindert, daß außer den Synagogen weitere Werte vernichtet wurden. Aus Ulm, Heilbronn, Göppingen, Tübingen, Schwäb. Hall, Laupheim, Horb, Rexingen und Haigerloch traf die Nachricht ein, daß sämtliche dort befindlichen Synagogen gestern nacht niedergebrannt sind.

Das in den Synagogen befindliche Aktenmaterial wurde von der Gestapo sichergestellt. Eine ganze Anzahl von Juden, schätzungsweise über hundert, sind in der letzten Nacht in Stuttgart und in den angegebenen Orten in Schutzhaft genommen worden. Den Juden selbst ist nichts weiter passiert.

Die oben angegebenen Städte im Gau melden ebenfalls, daß sämtliche jüdische Läden von der erregten Menge bei der spontanen Kundgebung zertrümmert und heute vormittag geschlossen wurden.

Die heute früh an die Arbeitsstätten eilenden Volksgenossen gaben an den Brandstätten und demolierten Geschäften ihrer Freude und Genugtuung darüber Ausdruck, daß die ruchlos jüdische Mordtat in Paris an einem deutschen Volksgenossen auf diese Art gesühnt wurde. Die Menschen strömten in den Vormittagsstunden zu Hunderten an die Brandstätten und haben mit der jüdischen Pest nicht das geringste Mitgefühl. Mit Abscheu reden die Volksgenossen von dem jüdischen Pack, das in der heutigen Nacht einen empfindlichen Schlag versetzt bekam. Bei den Demonstranten wurde ein großer Eifer und ein nicht zu überbietender Zorn wahrgenommen. Es waren keinesfalls Volksgenossen, die eine Uniform, noch ein Parteiabzeichen getragen haben. Der Einsatz der Feuerwehr war ausgezeichnet und die Männer bemühten sich geradezu, die Nachbarhäuser vor Beschädigungen zu schützen.

Juden haben unsere Langmut mißbraucht

Seit der Machtübernahme im Januar 1933 sind wir fein glimpflich und säuberlich mit den Juden verfahren. Wir haben, was ja selbstverständlich war, ihren Einfluß in der Oeffentlichkeit und im wirtschaftlichen Leben ausgeschaltet; wir haben uns durch die Nürnberger Gesetze gegen ihre frechen Uebergriffe geschützt. In ganz Deutschland konnten die Juden ungehindert leben. Ihre Rassegenossen außerhalb der deutschen Reichsgrenzen aber schürten und hetzten in der gemeinsten Weise, sie und die Freimaurer und noch andere finstere Mächte bliesen in das Feuer, das sie zu einem Weltenbrand entfachen wollten. Nur der ruhigen und klaren Haltung des Führers ist es zu verdanken, daß die anderen Völker, bei denen die Juden so schändlich das Gastrecht mißbrauchten, von einer Katastrophe bewahrt blieben.

Die Einsicht, die nun allenthalben in der Welt einkehrte, paßte freilich schlecht in das Programm der internationalen Verbrecher. Wie der tödliche Schuß auf Wilhelm Gustloff alle Feinde des neuen Deutschlands einigen sollte, so sollte auch der feige Ueberfall auf den Gesandtschaftsrat vom Rath eine neue Front der Kriegsverbrecher gegen Deutschland formen. Dabei spekulierte jenes Gesindel auf die Langmut und unendliche Geduld des deutschen Volkes. Der „Fall Gustloff" wurde von Deutschland ja auch nicht gesühnt; warum sollte man jetzt nicht wieder in gleicher Weise die Weltmeinung auf diese abgefeimte Art aktivieren können? So dachten die internationalen Juden mit ihrem mehr oder weniger stark getarnten Anhang.

Die Erregung auf dem Siedepunkt

Nun ist in den gestrigen Nachmittagsstunden Gesandtschaftsrat vom Rath gestorben. Das deutsche Volk hatte mit einer Erregung ohnegleichen von dem Ueberfall in der deutschen Botschaft in Paris Kenntnis genommen. Aber das deutsche Volk hat Disziplin bewahrt, obwohl es wahrlich schwer war, weiterhin noch ruhig zu verharren. Und so lange man noch auf

sammen. Die Synagogen, diese Tempel talmudistischer Nachsucht und Verschwörung, gingen zum größten Teil in Flammen auf. In Stuttgart war es gegen 3 Uhr in der Früh, als sich der mondbeschienene Himmel vom Flammenschein rötete. Die Synagoge in der Hospitalstraße brannte lichterloh. Mit der gewohnten Schnelligkeit ging die rasch an den Brandplatz geeilte Feuerwehr an ihre Arbeit, und aus vielen Strahlrohren ergossen sich die Wassermassen auf die benachbarten Gebäude.

Das nächtliche Schauspiel hatte verständlicherweise noch viele Zuschauer angelockt. Ueberall empfand man Freude darüber, daß auf diese Weise wenigstens ein ganz bescheidener Bruchteil der Verbrechen der Juden eine Sühne fand. Jedenfalls vollzog sich der Ablauf der Geschehnisse in einer eindrucksvollen Disziplin. Dies zu betonen wäre eigentlich für uns überflüssig. Wir weisen jedoch auf diese Tatsache hin, damit draußen, jenseits der Reichsgrenzen, nicht vielleicht jemand auf den absurden Gedanken kommen könnte, es hätte sich hier um wilde Ausschreitungen gehandelt.

Jüdische Gemeindepflege durchsucht

Wie gesagt, die Synagoge in der Hospitalstraße brannte innen gänzlich aus. Bis in die Mittagsstunden hinein loderten die Flammen empor; die starken Umfassungsmauern des Gebäudes bleiben allerdings stehen. Nicht erfaßt von dem Feuer wurde das Gebäude der jüdischen Gemeindepflege und der Schule, das ja bekanntlich mit der Synagoge einen zusammenhängenden Komplex bildet. Die Feuerwehrmänner sorgten auch mit aller Kraft dafür, daß die Flammen von der brennenden Synagoge nicht auf dieses Gebäude übersprangen. Daß man die Räume der jüdischen Gemeindepflege einer eingehenden Durchsuchung unterzog, ist wiederum selbstverständlich, denn wie wir ja von einer Razzia aus Berlin wissen, wurde dort eine erstaunlich große Zahl von Schußwaffen gefunden.

Brand auch in Cannstatt

In Schaffhausen habe ich in einer Druckerei gewohnt, beim Bürgermeister Bringolf, der war KPO-Mann in der Schweiz. Dann wurde ich zum illegalen Transport von Flugschriften nach Deutschland eingeteilt. Ich bin dreimal hinüber gegangen, weil sich keine Schweizer dazu bereit fanden, denn die illegale Einfuhr verbotener Literatur wurde damals schon streng bestraft. Ich war also der Mann, der die Flugschriften nach Deutschland transportierte. Stuttgarter Freunde haben sie hier dann verteilt und in die Briefkästen geworfen.

W.: Und was stand in diesen Flugschriften?

Bleicher: Da stand drin, daß der Faschismus Krieg bedeute, daß er eine barbarische Herrschaftsform sei und daß alles verfolgt werde. Es wurden auch die Greueltaten genannt, die die Nationalsozialisten verübten. Es waren Broschürchen, als Werbeschriften getarnt, zum Beispiel für Singer-Nähmaschinen. Auf den ersten Blick meinte man, es seien ganz harmlose Hefte.
In Schaffhausen konnte ich aber nicht lange bleiben; die Stadt gehörte zum Sperrbezirk in der Schweiz. Da durften keine Emigranten leben, weil es zu nah an der Grenze war.

Willi Bleicher ging nach Zürich und von dort aus nach Besançon. Auch dort konnte er nicht lange bleiben. Da er an einer politischen Demonstration teilnahm, dies aber für Emigranten nicht erlaubt war, wurde er von der Fremdenpolizei aus der Stadt gewiesen. Er ging nach Straßburg, dann nach Saarbrücken. Er beteiligte sich am Saarkampf und setzte sich gemeinsam mit dortigen Sozialdemokraten und Kommunisten dafür ein, daß das Saargebiet unter Verwaltung des Völkerbundes blieb. Nach der Eingliederung des Saargebiets ins Deutsche Reich ging er zurück nach Deutschland, und auch hier war er wieder im Widerstand aktiv. Gemeinsam mit anderen ehemaligen Mitgliedern der KPO gab er Nachrichten über Deutschland ans Ausland weiter und wertete Informationen aus dem Ausland für den deutschen Widerstand aus. Nach einiger Zeit wurde er in Stuttgart – wahrscheinlich aufgrund einer Denunziation – verhaftet.

Bleicher: Ich hatte bei einer Baufirma Arbeit bekommen und dort erst wenige Tage gearbeitet. Ich saß gerade in der Baubude, als die Polizei kam. Der Beamte fragte mich, ob ich Bleicher sei, und ich sagte ja. Er wies sich dann als Gestapo-Mann aus und stellte fest, daß ich nun meine »Nase reingebracht« habe. Das war am 2. Januar 1936.
Auf der Fahrt nach Stuttgart wurde noch ein Genosse mitgenommen, mit dem ich tags zuvor zusammengewesen war. Ich wurde im Gestapo-Keller untergebracht und dann vernommen. Ich tat natürlich so, als ob ich nichts wisse. Und dann kam ein Mädchen, eine Sekretärin, und fragte den Gestapo-Beamten: »Keller, wann gehen wir denn essen?« und Keller sagte: »Der lügt doch alles weg!« Da meinte die Sekretärin: »Dann hauen Sie ihm doch eine runter!« Und daraufhin hat er mir eine runtergehauen, und zwar mit dem Lineal.
Ich kam dann für 18 Monate in Untersuchungshaft. Dort habe ich auch etwas Typisches erlebt: Als ich in die Zelle kam, war da ein Krimineller. Der fragte mich, wieso ich »eingefahren« sei. Ich verstand erst nicht, denn »einfahren« war für mich ein fremder Begriff. Ich wußte nur, daß man ins Bergwerk einfährt. Dann fragte er mich: »Warum bist Du da?« und ich antwortete: »Wegen Vorbereitung zum Hochverrat.« Da tippte er sich an den Kopf und sagte: »Wie kann man nur so doof sein und sich wegen Vorbereitung zum Hochverrat einsperren lassen.« Später habe ich dann erfahren, daß er ein Zuhälter war und außerdem noch bei den Ärmsten der Armen, bei Dienstmädchen eingebrochen hatte. Und von dem mußte ich mir nun sagen lassen, daß ich als politischer Überzeugungstäter »doof« sei.
Nach den 18 Monaten kam der Prozeß, und ich wurde zu drei Jahren verurteilt; ich kam dann nach Ulm ins Jugendgefäng-

nis. Für mich war das recht interessant, als ich dorthin kam. Ich durfte ja in der Untersuchungshaft noch eine Zeitung lesen und konnte deshalb die politische Situation ein bißchen einschätzen. Zu dieser Zeit war ja der Spanische Bürgerkrieg in vollem Gange. Die anderen aber waren schon ein Jahr oder mehr von der Außenwelt abgeschnitten und meinten, der Faschismus werde sich nicht mehr lange halten. Als ich ihnen dann aber erzählte, daß ich gar nicht an einen baldigen Zusammenbruch des Nationalsozialismus glaubte, da waren sie arg enttäuscht. Das war für mich charakteristisch, wie schnell man sich unbegründet Hoffnungen macht, wenn man nicht genau über die Lage im Bilde ist.
Nachdem ich meine drei Jahre verbüßt hatte, wurde ich der Gestapo überstellt und kam nach Stuttgart.

W.: Aber während Sie noch im Gefängnis waren, haben Sie doch wahrscheinlich angenommen, daß Sie entlassen werden?

Bleicher: Ja, ich nahm an, daß es das Ende der Haft war.

W.: Und wann haben Sie erfahren, daß es nicht so war?

Bleicher: Das war am gleichen Tag, als ich entlassen werden sollte. Da wurde mir mitgeteilt, man würde mich abholen und ins Gerichtsgefängnis in Stuttgart überstellen. Und dort wurde mir dann gesagt, daß ich weiter in Haft bleibe.
Und dann ging es nach Welzheim. Zusammen mit mir wurde noch ein Holzhändler aus dem Schwarzwald eingeliefert; der wurde, wie ich, bei der Einlieferung fürchterlich verprügelt. Das war eine schikanöse Geschichte dort. Wir waren in einem alten Arrestgebäude untergebracht mit dicken Mauern. Kein Sonnenstrahl kam da herein. Wir mußten die Zellen putzen, mit einem Streichholz mußten die Bodenritzen ausgekratzt werden. Man war ständig und unentwegt am Putzen, eine an-

dere Beschäftigung gab es damals für die meisten von uns nicht. Und wenn man gerade nicht am Putzen war, dann gab es Hiebe. Sie traten einem in den Hintern; zum Waschen mußte man in den Hof, und wer nicht schnell genug die Treppe hinunterkam, der wurde mit einem Fußtritt die Treppe hinunterbefördert. Dann waren immer die Hunde da, die auf Häftlinge losgelassen wurden.
In Welzheim war ich ein paar Wochen, und dann kam ich wieder nach Stuttgart. Ich war dann der Überzeugung, daß ich jetzt entlassen werde. Ich fuhr also voller Hoffnung nach Stuttgart. Ich weiß noch, gegen zwölf fuhr ich durch Waiblingen, da saßen Arbeitermädchen, die gerade Pause hatten, in der Sonne und aßen ihr Vesperbrot. Ich hatte mächtigen Hunger damals, und ich freute mich schon auf Pfannenkuchen und Salat, wenn ich heimkomme. Ich nahm an, daß sie mich jetzt am Bahnhof in Stuttgart rauslassen, aber das ist nicht geschehen. Ich wurde statt dessen ins Polizeigefängnis gefahren. Und dann wurde mir von einem Wachtmeister mitgeteilt, daß ich nach Buchenwald käme. Ich ging dann also auf Transport nach Buchenwald, im Gefangenenwagen. Der war bewacht und in Zellen eingeteilt. Jeweils zwei Mann saßen in einer solchen Zugzelle.

Das KZ Buchenwald bei Weimar wurde 1937 errichtet. Im Laufe von acht Jahren waren dort 238 000 Menschen eingepfercht worden, 56 000 Menschen kamen dort um.
Die Gefangenen mußten im Lager selbst, im Straßenbau, für die Industrie, vor allem für die Rüstungsproduktion arbeiten. In der ersten Zeit versuchte die SS-Lagerleitung, die Häftlingsselbstverwaltung in die Hände der Kriminellen, der »Grünen«, zu legen. Jahrelang spielten sich dann zwischen den »Grünen« und den »Roten«, den politischen Gefangenen, erbitterte Machtkämpfe ab, bis es den politischen schließlich gelang, die wichtigen Positionen in der Selbstverwaltung einzunehmen und eine Widerstandsorganisation im Lager aufzubauen.

Auch hier versuchten viele Häftlinge, sich – so gut es ging – gegenseitig zu helfen.

Bleicher: In Buchenwald wurden wir in der Aufnahmebaracke empfangen. Man befahl uns: »Aufstellen! In Reih und Glied! Gesicht zur Wand! Hände hoch – auf den Nacken zusammenlegen.« Dann wurde jeder gefragt: »Weshalb bist Du da? Weshalb Du? Weshalb Du? Name?« Und dann bekam jeder seine Hiebe. Dann gingen wir durch das Tor nach Buchenwald. Da empfing uns der Lagerälteste, ein Berufsverbrecher. Die hatten damals das Kommando dort. Der belehrte uns sofort, daß wir nicht in einem Sanatorium seien, sondern daß es anders zuginge. Und wer das nicht auszuhalten imstande sei, der möge in den Drahtzaun gehen, der sei elektrisch geladen, und in einer Sekunde sei alles erledigt.
Dieser Appellplatz war damals nicht geteert oder eingeebnet, sondern war mit groben und gröbstem Steinmaterial belegt.
Mit mir war noch ein politischer Häftling von Frankfurt nach Buchenwald gefahren. Er hatte ein kurzes Bein und hinkte, er konnte also nicht so gehen wie es dem Lagerältesten genehm war. Ich nahm also diesen Häftling unter den Arm und führte ihn in der Gangart, die ihm angemessen war, in die Häftlingskammer. Ich habe auch damals gespürt, daß man keinen Augenblick das Gefühl für Humanität und Hilfsbereitschaft verlieren darf. Daß ich diesem hinkenden Häftling half, hätte mir unter Umständen eine Tracht Prügel oder auch die Strafkompanie einbringen können. Aber ich habe das ganz im Unterbewußtsein getan, und mir ist nichts passiert.
Nun war ich also in Buchenwald. Wir standen früh um vier auf, dann rückten wir aus. Ich gehörte zuerst zum Kommando Straßenbau. Da wurde die Straße von Weimar nach Buchenwald gebaut, die sich heute »Blutstraße« nennt. Wir mußten immer fünf Kilometer anmarschieren, bevor wir zur Arbeitsstelle kamen.

Gegen sechs Uhr abends rückten wir dann wieder im Lager ein. Auf dem Rückmarsch mußten wir jeweils einen Vorlagestein mitnehmen, den mußten wir dann diese fünf Kilometer schleppen, so daß wir immer sehr erschöpft ankamen. Wenn es regnete, wurden wir in unseren Drillichanzügen patschpudelnaß. Und dann kam der Abendappell. Der dauerte manchmal Stunden. Wenn etwas nicht stimmte, wenn zum Beispiel einer durchgegangen war – das kam allerdings selten vor – oder wenn einer irgendwo in einer Ecke Selbstmord verübt hatte, dann mußte der erst gesucht werden. Und bis er gefunden war, mußte das ganze Lager stehen.

W.: Beim Abendappell wurden alle Gefangenen gezählt?

Bleicher: Ja, in der Frühe wurden alle gezählt und am Abend auch.

W.: Waren Sie die ganze Zeit in diesem Kommando?

Bleicher: Nein, ich war ein halbes Jahr dort. Dann wurde ich von dem Kommandoführer der Effektenkammer gefragt, ob ich zu ihm kommen wolle, und ich bin dahingegangen. Jeder Häftling, der ins Lager eingeliefert wurde, mußte als erstes durch die Effektenkammer. Da wurden ihm seine Kleider und seine Wertsachen abgenommen, sie wurden registriert und dann wurde ihm eine Nummer gegeben. Ich hatte die Nummer 1162. Diese Nummer trug der Häftling während seines ganzen Aufenthaltes. Dann wurden sein Name, sein Geburtstag und die Anschrift seiner Angehörigen registriert. Danach wurde er ins Lager entlassen.

W.: Und wie lange konnten Sie da bleiben?

Bleicher: Bis zum 28. Oktober 1944. Dann wurde ich verhaftet. Ich hatte nämlich einen kleinen jüdischen Jungen von drei Jahren, der von seinem Vater mit ins Lager gebracht worden war, auf der Effektenkammer versteckt.

W.: Weil Sie wußten, daß er eventuell nach Auschwitz gebracht werden würde?

Bleicher: Er wäre ganz sicherlich nach Auschwitz gebracht worden.

W.: Und Sie wußten damals im Lager schon, was in Auschwitz geschah?

Bleicher: Ja, nicht aber das Ausmaß. Ein anderer Häftling hatte mir erzählt, daß dort die Kinder vergast bzw. mit dem Kopf an die Wand geschlagen würden.

W.: Und wo im Lager konnten sie ihn verstecken?

Bleicher: Ja, das ist eigenartig. Zu uns kamen ja auch die russischen Gefangenen, die waren meistens verlaust. Und dieses Fleckfieber, das ja durch die Läuse übertragen wird, das war das Gefährlichste. Davor hatte die SS mächtig Angst, und deshalb mieden sie diesen Raum wie die Sünde – wenn man das bei denen so sagen kann. Sie hatten immer Angst, angesteckt zu werden. Wir Gefangenen, die dort arbeiteten, schliefen in diesem Raum, wo die Desinfektion war. Und dort haben wir dann dem Jungen ein Bettchen gemacht. Wir haben ihn in der Schneiderei eingekleidet, haben ihn gefüttert und sogar an die Sonne gebracht, dorthin, wo die SS ihn von den Wachtürmen her nicht entdecken konnte. Und das ging auch alles ganz gut, bis zu dem Tag, als wir verpfiffen wurden. Und zwar von einem »Grünen«, einem Berufsverbrecher, der bei uns im Kommando war. Mit dem hatte ich vorher eine Auseinandersetzung gehabt, und aus Wut wahrscheinlich hat er diese Geschichte verraten.

W.: Das hätte für Sie mit dem Todesurteil enden können?

Bleicher: Ja, damit haben wir alle gerechnet. Ich wurde also mit einer Reihe anderer Kameraden nach Weimar wegtransportiert. Wir hatten zwar auch im Lager eine Gestapo, aber die eine Gestapo traute der anderen nicht, und so kam ich nach Weimar. Dort wurde ich von der Gestapo vernommen. Sie ließen mich Kniebeugen machen, Dutzende, Hunderte von Kniebeugen, mit einem Kohlenkasten in den Händen vor einem Kachelofen. Dann fiel es auch wieder einem Mädchen ein, einer Stenotypistin, daß ich doch mal die Hosen herunterlassen und mich über den Schreibtisch legen solle. Und dann hat der Gestapo-Beamte seine Zigarre auf meinem Hintern ausgedrückt.

Am 11. April 1945 kam Willi Bleicher ins Gefängnis Ichtershausen. Da die alliierten Truppen sich bereits näherten, evakuierte der Gefängnisdirektor die politischen Häftlinge, die dann nach Bad Elster, in ein Außenkommando von Buchenwald, gebracht wurden. Doch auch dieses Lager wurde unmittelbar darauf geräumt. Wie fast überall wurden auch hier die Gefangenen bei Kriegsende aus dem Lager hinausgetrieben, denn Heinrich Himmler, der Reichsführer der SS, hatte den Befehl ausgegeben, beim Anrücken des Feindes die Konzentrationslager zu räumen.

Auch Willi Bleicher wurde mit anderen Gefangenen auf einen wochenlangen Elendsmarsch gesetzt. Unter Aufsicht der SS ging es in Richtung Tschechei. Mit 600 Gefangenen, – so erzählt er – zogen sie los, 50 hätten diesen Marsch überlebt. Alle anderen starben an Hunger, Kälte, Entkräftung.

In der Nähe von Eger erlebte er dann die Kapitulation und damit seine Befreiung. Im Juni war er wieder in Stuttgart.

W.: Haben Sie später erfahren können, was aus dem jüdischen Jungen und seinem Vater geworden war?

Bleicher: Ich habe jahrelang nichts gehört. An seinem 21. Geburtstag traf ich den Jungen am Stuttgarter Bahnhof. Er hatte meine Adresse erfahren und mir geschrieben, und wir haben ihn dann abgeholt. Nachdem er einige Wochen in Stuttgart war, ging er in die DDR. Er wollte Buchenwald besichtigen. Er ist einige Jahre geblieben und hat in Babelsberg eine Ausbildung zum Kameramann absolviert. Er hat da geheiratet, durfte aber wieder mit seiner Frau und seinen Kindern ausreisen. Er ist nach Österreich gegangen, wo er eine Stelle beim Rundfunk bekommen hat.

W.: Hat sein Vater auch überlebt?

Bleicher: Ja, den Vater habe ich getroffen, als ich mit einer Delegation des IG-Metallvorstands in Israel war. Vor ein paar Jahren ist er gestorben.

W.: Ich möchte noch etwas über die Zeit im Lager wissen. Haben Sie sich eigentlich schon im KZ irgendwelche Vorstellungen vom politischen Neuaufbau in Deutschland gemacht oder hat man damals darüber noch nicht nachgedacht?

Bleicher: Doch, wir hatten uns bereits in Buchenwald Vorstellungen vom Nachkriegsdeutschland erarbeitet.
Es gab verschiedene Auffassungen: Wir waren aber in der Überzahl der Meinung, daß es jetzt gelte, eine Demokratie aufzubauen und den Nationalsozialismus, das heißt die Ursachen des Nationalsozialismus mit Stumpf und Stiel auszurotten.
Wir hatten keine Rachegefühle. Aber wir waren der Ansicht, daß jeder, der sich im Faschismus schuldig gemacht hatte, zur Rechenschaft gezogen werden müsse und einer gerechten

Strafe zuzuführen sei. Das waren unsere Vorstellungen. Als ich aber im Juni nach Stuttgart zurückkam und diese zerbombten Städte sah, insbesondere auch Stuttgart, meinen Heimatort Untertürkheim und den zerbombten Daimlerbetrieb, da ist mir ein bißchen von der Vorstellungswelt, die wir uns im Lager erarbeitet hatten, geschwunden.
Ich wußte: Jetzt gilt es zunächst einmal, die größte Not zu lindern, die Straßen zu räumen, die Trümmer zu beseitigen. Ich weiß es noch wie heute, wie ungern ich zu meinem elterlichen Haus hinaufging. Ich hatte lange nichts von ihnen gehört. Die Bombenangriffe in der letzten Zeit beunruhigten mich stark. Ich wußte nicht, lebt noch jemand, und wer ist tot? Ich erschrak einfach über so viel grenzenloses Leid, das da über uns gekommen war.
Da war nun bei allen das große Fragen: Was wird werden? Da waren die Kriegsgefangenen, und es kamen die Flüchtlinge aus dem Osten. Und selbst die einheimische Bevölkerung hatte Tote zu beklagen. Und dann war da dieser Hunger. Dieser Hunger war grenzenlos. Es war eine schlimme Situation.
Ich ging dann also in den Arbeitsausschuß. Wir gründeten sogenannte Arbeitsausschüsse, die auf der kommunalen Ebene die Dinge wieder etwas regelten, nach den Anweisungen der Besatzungsmächte.
Wir gingen in die Wälder von Stuttgart, um Holz zu schlagen und es zu verteilen. Auch die Wohnungsnot war grenzenlos. Wir vermittelten also Wohnungen, das heißt, wir veranlaßten Wohnungsinhaber, die große Räume zur Verfügung hatten, Ausgebombte aufzunehmen. Und dann kamen die Flüchtlingszüge, die über Untertürkheim fuhren. Die mußten verpflegt werden. Die Amerikaner stellten dafür Lebensmittel zur Verfügung.
So begannen wir dann, den kommunalen Betrieb wieder ein bißchen in Gang zu bringen.

W.: Und in dieser Situation mußten die Menschen erst einmal mit ihren eigenen Erlebnissen fertig werden und waren wahrscheinlich wenig bereit, sich mit den Geschehnissen in den Konzentrationslagern auseinanderzusetzen?
Eugen Kogon, der auch in Buchenwald war, beklagt ja in seinem Buch »Der SS-Staat«, das er 1945 und 1946 geschrieben hat, daß die Deutschen nichts vom KZ wissen wollten. Haben Sie das damals auch so erlebt?

Bleicher: Ja, sicher. Wir haben nie unsere Vergangenheit bewältigt. Immer hieß es: »Das ist alles übertrieben und nicht wahr.« Ich habe nie gern in der Öffentlichkeit über meine Erlebnisse im KZ gesprochen, ganz einfach deshalb, weil die meisten es nicht geglaubt haben. Ich erinnere mich noch, wie ich bald nach Kriegsende das erstemal auf einer verhältnismäßig großen Versammlung über meine Erlebnisse im KZ Buchenwald sprach. Es war in Stuttgart-Degerloch. Ich kann Versammlungen ganz gut beurteilen und weiß ganz genau, ob ich »ankomme«, wie man so sagt. Das war eine der wenigen Versammlungen, wo ich nicht angekommen bin. Ich sah bei meinen Zuhörern teils ungläubige, teils spöttische Gesichter. Sie zogen die Mundwinkel herunter und rümpften die Nase. Ich spürte, daß ich unglaubhaft wirke; und ich habe danach zehn, nein zwanzig Jahre nicht mehr in der Öffentlichkeit über meine Erlebnisse gesprochen. Die Leute haben es nicht geglaubt. Sie konnten gar nicht fassen, was ein Mensch alles auszuhalten imstande ist. Meine Zuhörer damals waren ja fast alles ehemalige Soldaten, die im Feld gestanden hatten und in der Kriegsgefangenschaft waren. Sie verglichen nun ihr Schicksal mit dem meinen und sagten, wenn das alles wahr wäre, was ich erzählte, könne ich nicht mehr leben. Denn die Kriegsgefangenen hätten unter solchen Umständen auch nicht überlebt. Sie sahen nicht die Unterschiede. Sie konnten nicht begreifen, daß Solidarität etwas Herrliches ist. Wir sprachen in Buchenwald

ja nicht von Genossen, sondern von Kumpeln. Der Kumpel im Bergwerk steht ja ständig mit dem Tod auf Du und Du, und so sagt dieser Begriff viel mehr als das Wort Genosse. Der einfache Arbeiter, der wußte im Lager, worauf es ankommt, er wußte, daß Verrat das schlimmste war, was einem Kumpel passieren konnte. Ihm war klar, daß er Kraft brauchte, und diese Kraft zog er aus seiner humanistischen Weltanschauung. Er stand ganz anders da als der Landser im Feld, wo doch mehr oder weniger jeder sich selbst der Nächste war. Bei uns war das anders. Wir brachen das Stückchen Brot mit dem ganz Hungrigen, und wir versuchten, dem Schwankenden Halt zu geben.
Bei uns herrschte ideologische Klarheit. Wir hofften, daß der Faschismus eines Tages untergehen werde, und das hielt uns aufrecht. Unsere Hoffnung ging in Erfüllung, während die des Landsers, nämlich den Krieg zu gewinnen, zuschanden wurde. Der stand bei Kriegsende vor einem Scheiterhaufen und mußte begreifen, daß alle Opfer und sein Einsatz an Leben sinnlos waren, daß seine Heimat zerstört und seine Familie zerrissen war.

W.: Nun gab es aber sicherlich auch viele Gefangene, die wohl humanistisch eingestellt waren, die aber trotzdem im Lager zugrunde gingen. Ich könnte mir vorstellen, daß es bei Ihnen vor allem die politische Einstellung war, die Ihnen geholfen hat.

Bleicher: Natürlich. Das eine ergibt das andere. Hinzu kommt, daß ich noch verhältnismäßig jung war. Ich war 31 Jahre alt, als ich nach Buchenwald kam. Wenn ich das heute durchstehen müßte, wäre ich in fünf Tagen weg vom Fenster.

W.: Wenn Sie über die Vergangenheit berichten, dann scheint es so, als ob Sie Ihre Erlebnisse im KZ ganz gut verkraften konnten. Aber kann man das wirklich? Leben die Erinnerungen nicht weiter? Im Traum? Im Schlaf?

Bleicher: Es kommt vor, aber selten. Das wurde einfach überlagert durch meine Tätigkeit in der Gewerkschaftsbewegung. Ich war Tag und Nacht auf den Beinen, »immer am Ball«, wie man so sagt. Es war eine Arbeit, die mich befriedigte, mit der ich auch heute noch lebe – und draußen komme ich eben mit dieser Geschichte nicht an. Ich muß es also mit mir selbst ausmachen. Ab und zu komme ich noch mit einigen Kumpels zusammen, die mit mir in Buchenwald waren, die dann wieder nachvollziehen, was sich in all diesen Jahren dort abgespielt hat.

W.: Haben Sie nach 1945 eigentlich jemals in einem Prozeß gegen Naziverbrecher als Zeuge ausgesagt?

Bleicher: Ja, einmal, und dann habe ich mir geschworen: nie wieder. Das war so in der Zeit 1948/49. In diesem Prozeß ging es um einen Oberscharführer aus Buchenwald, der zu den wüstesten Schlägern gehörte. Er hatte dutzendfach angeordnet, daß Häftlinge über den Bock geschnallt würden, damit sie ihre 25 Hiebe – das war das mindeste – bekämen. Viele Häftlinge starben an den Nierenschlägen, die ihnen verabreicht wurden. Dann wurden Gefangene an den Bäumen aufgehängt. An den Händen, damit ihre Arme auskugelten. Das war ungeheuer schmerzhaft.
Bei diesem Prozeß fragte mich der Richter nun, ob ich den kenne. »Ja«, sagte ich, »ich habe auf der Effektenkammer mit ihm zu tun gehabt, und er ist einer der wüstesten gewesen.« Und dann fragten sie mich: »Wann hat der angeordnet, daß die Häftlinge über den Bock geschnallt werden? Wer war das, der über den Bock kommen sollte? Wann hat der angeordnet, daß Häftlinge an die Bäume gehängt werden sollen? Wann hat er befohlen, daß der eine oder der andere im Steinbruch erschossen werden soll?« Ja, ich konnte weder Tag noch Stunde nennen, auch nicht die Namen der Häftlinge, die über den Bock ge-

kommen waren. Die wurden ja namentlich nicht bekannt gegeben, sondern es wurde nur gerufen: »Der Häftling 11 62 ans Tor.« Wer das war, das wußte bei 20 000 oder 30 000 Gefangenen niemand, außer man hatte unmittelbar mit ihm zu tun und kannte ihn.
Ich kam mir also vor, wie der größte Lügner, der da aus Rache irgendetwas aufbauscht und diesem Oberscharführer an den Kragen will. »Nein«, habe ich dann gesagt, »so mit mir nicht. Ich mache keine Aussagen mehr. Das ist vollkommen sinnlos.«

W.: Wurde dieser SS-Mann verurteilt?

Bleicher: Ja, aber nur ganz minimal. Ich habe diese Dinge gar nicht weiter verfolgt, weil mir das zuwider war. Ich habe das doch zuletzt wieder beim Maidanek-Prozeß gesehen, wo diese drei KZ-Aufseherinnen und der Arzt freigesprochen wurden. Dabei weiß doch jeder, der auch nur in etwa das Milieu eines Konzentrationslagers kennt, daß da keiner von den Aufsehern schuldlos blieb, sondern sich alle irgendwie blutig machten, ja, zuweilen mit eigenen Händen Gefangene erwürgten. Das ist ein Rechtsstaat, sagt man, man könne den Angeklagten ihre Schuld nicht mehr eindeutig nachweisen und sie deshalb auch nicht verurteilen. Natürlich ist es für die Zeugen heute unheimlich schwer, sich genau zu erinnern, und es fällt den Juristen dann leicht, ihnen Widersprüche nachzuweisen. Aber es kommt auf die Tendenz an und die war, so wenig wie möglich zu bestrafen und so wenig wie möglich dieser Verbrecher habhaft zu werden.
Die Staatsanwaltschaften ließen sich ja nach dem Kriege viel Zeit. Wir hören ja jetzt die Ausreden. Da waren es einmal die Polen, die die Unterlagen nicht zur Verfügung gestellt haben, dann waren es wieder die Russen.

Enttäuscht waren die Verfolgten des Naziregimes nicht nur über Verlauf und Ergebnis vieler NS-Prozesse, sondern auch über die »Entnazifizierung«, wie die politische Säuberung und Umerziehung nach dem Kriege genannt wurde.

Unmittelbar nach dem Krieg machten sich die Alliierten daran, alle nationalsozialistischen Einflüsse aus dem öffentlichen, »dem kulturellen und wirtschaftlichen Leben des deutschen Volkes auszuschalten«, wie es in einer gemeinsamen Erklärung der vier Siegermächte hieß. Doch trotz dieser gemeinsamen Deklaration sah die Entnazifizierung in der sowjetischen Besatzungszone dann anders aus als in den westlichen Zonen, und auch unter den westlichen Alliierten gab es bald Meinungsunterschiede über die Ziele, vor allem aber über die Methoden der politischen Säuberung.

Die Entnazifizierung erwies sich als schwierige Aufgabe; sie verlief nicht einheitlich und nicht immer nach denselben Kriterien. Sie kann deshalb hier nicht in Einzelheiten, sondern nur in großen Zügen dargestellt werden.

Schon gleich nach ihrem Einmarsch in Deutschland verhafteten die Besatzungstruppen nach vorbereiteten schwarzen Listen Regierungsmitglieder, hohe Beamte und hohe Funktionäre von Partei, SA und SS sowie führende Persönlichkeiten der Wirtschaft, die Hitler zur Macht verholfen und später mit ihm zusammengearbeitet hatten.

Doch die Amerikaner – und sie bestimmten im Westen weitgehend die Richtlinien der Entnazifizierung – wollten nicht nur gegen führende, sondern gegen alle überzeugten Nazis vorgehen. Kein Deutscher, der überzeugter Nazi gewesen war, sollte im öffentlichen Dienst oder in einer verantwortungsvollen Stellung in der Wirtschaft tätig sein.

Doch wer war ein überzeugter Nazi? Die Amerikaner versuchten, mit Fragebögen alle Deutschen zu durchleuchten. Jeder, der sich um eine Stelle bewarb oder in seine alte Stellung zurück wollte, mußte lange Fragebögen beantworten und darin Rechenschaft ablegen, was er in der Nazizeit gemacht hatte und wo er organisiert war. Aber war die Mitgliedschaft in einer NS-Organisation schon ein Indiz dafür, daß jemand überzeugter Nazi war? Viele versuchten nun – zu Recht oder zu

Unrecht –, ihre Mitgliedschaft damit zu entschuldigen, daß sie unter dem Druck der politischen Verhältnisse gezwungen waren, in die Partei oder eine andere NS-Organisation einzutreten.
Die Amerikaner merkten bald, wie schwer es war, überzeugte Nazis von Mitläufern zu trennen und übergaben diese Aufgabe den Deutschen. In allen Städten und Landkreisen wurden nun Spruchkammern eingerichtet, die allerdings nach Vorgabe der Alliierten handeln sollten. Mitglieder sollten unbelastete Deutsche sein. Sie sollten anhand von Melde- und Fragebögen über die anderen zu Gericht sitzen und sie in eine von fünf Kategorien, zwischen »hauptschuldig« und »entlastet« einstufen. Je nach Schwere der Belastung fiel die Strafe aus; das konnte Einweisung in ein Arbeitslager, Berufsverbot oder eine Geldstrafe sein.
Bald aber kam es zwischen Amerikanern und Deutschen zu Differenzen. Die Amerikaner wollten, daß man zuerst die schweren Fällen erledigte, die Spruchkammern bearbeiteten aber zuerst die leichteren Fälle, da hier das Be- und Entlastungsmaterial leichter zu beschaffen war.
1948 änderte sich aber die Politik der Amerikaner. Nun gewannen diejenigen die Oberhand, die der Meinung waren, eine zu gründliche Entnazifizierung hemme den wirtschaftlichen Aufschwung der Westzonen, weil sie zu viele Leute mit Berufsverbot bestrafe und sie so aus der Wirtschaft heraushalte. Die Amerikaner waren nur daran interessiert, die Westzonen möglichst schnell wirtschaftlich auf eigene Füße zu stellen und wollten die Entnazifizierung abrupt beenden. Dagegen protestierten jetzt viele Deutsche, weil sie befürchteten, daß nun zahlreiche, große Nazis ungeschoren davonkommen würden. Doch die vielen Diskussionen, das Hin und Her in der Entnazifizierungspolitik führten dazu, daß sie nur noch halbherzig weitergeführt und 1950 schließlich offiziell beendet wurde. Auch Willi Bleicher war vier Wochen Beisitzer in einer Spruchkammer.

Bleicher: Wir haben damals die Entnazifizierung des Daimlerbetriebs vorgenommen. Dabei habe ich bald gemerkt, daß die Entnazifizierung nicht mit Fragebögen zu erledigen sei. In diesen Fragebögen wurde ja nach Zeugen gefragt, die bekunden

sollten, daß der Antragsteller trotz seiner Zugehörigkeit zur NSDAP oder zur SA oder SS doch ein anständiger Kerl war. Ich habe bald gespürt, daß offensichtlich die Tendenz war, die Großen laufen zu lassen und die Kleinen, wenn es irgendwie geht, zu hängen. Ganz abgesehen davon, daß die Großen zu diesem Zeitpunkt gar nicht da waren. Entweder hatten sie sich draußen auf dem Lande versteckt oder galten als verschollen, oder sie waren irgendwo im Ausland.
In diesen vier Wochen sind mindestens zehn oder fünfzehn Leute bei mir gewesen, einschließlich einiger Direktoren von Daimler-Benz, die bescheinigt wissen wollten, daß sie im Grunde doch anständige Leute gewesen sind und daß sie unter dem Druck der Partei so und nicht anders handeln konnten. Nein, ich habe das nicht mitgemacht. Und das Ergebnis der Entnazifizierung hat mir recht gegeben. Die als unbelastet eingestuft wurden, die konnten gleich weiterarbeiten oder wieder arbeiten, und diejenigen, die als mehr oder weniger belastet angesehen worden waren, die bekamen eine Geldstrafe und wurden für ein paar Monate von der Arbeit ferngehalten. Aber da die Arbeitskräfte zur damaligen Zeit rar waren – die Kriegsgefangenen waren noch nicht alle zurück – da hat man dann schnell vier Augen zugedrückt, wenn man sie gehabt hätte. Man wollte also möglichst viele Arbeitskräfte bald wieder dem Betrieb dienstbar machen.
Natürlich war der überwiegende Teil belastet. Die meisten waren bei der NSDAP oder bei der SA oder bei der Deutschen Arbeitsfront gewesen. Darüber hinaus war ihnen schwer eine Schuld nachzuweisen. Nachträglich habe ich aber über viele erfahren, daß sie doch erheblich belastet hätten werden können. Viele hatten sich gegenüber den Kriegsgefangenen und den Fremdarbeitern barsch verhalten, d.h. nicht nur barsch. Sie waren auch mit Schlägen nicht zurückhaltend gewesen.

W.: Also hat die Spruchkammer da eher etwas lax entschieden. Gab es denn innerhalb der Kammer Meinungsunterschiede?

Bleicher: Oh ja, die gab es sicher, das ist ganz klar.

W.: Wenn man heute in alten Zeitungen aus den Nachkriegsjahren blättert, kann man viel von politischen Skandalen lesen. Im Bundestag saßen bald zahlreiche ehemalige Nazis. 1953 machte Bundeskanzler Adenauer Hans Globke zum Staatssekretär im Bundeskanzleramt, einen Mann also, der unter Hitler am Kommentar zu den »Nürnberger Gesetzen« mitgewirkt hatte. Und auch in der Wirtschaft saßen bald wieder alte Nazis in wichtigen Stellungen. Wie haben Sie damals darauf reagiert? Mit Wut, Enttäuschung, Resignation?

Bleicher: Nein, ich war immer ein politischer Mensch. Das Kräfteverhältnis in Deutschland veränderte sich, als die Einheit der Alliierten auseinanderbrach. Es kam die Währungsreform, die Teilung Deutschlands. In den fünfziger Jahren kam der Korea-Krieg dazu. Und die Wirtschaft fing wieder an zu florieren. Da wurden diese Leute eben wieder geholt. Der Krupp von Bohlen und Halbach und andere Industriegrößen, die man bei den Nürnberger Prozessen noch zu 10, 20 oder 30 Jahren verurteilt hatte, die wurden nun nach wenigen Jahren aus der Haft entlassen und alsbald wieder um Rat gefragt.
Ich sah diese Dinge auf uns zukommen, »sehenden Auges« sozusagen.

Bald nach dem Krieg schloß sich Willi Bleicher wieder der Gewerkschaft an und arbeitete für die IG Metall. Er wurde Mitglied der SPD. Von 1958 bis 1972 war er Bezirksleiter der IG Metall Nordwürttemberg-Nordbaden und vertrat in dieser Position 400 000 organisierte Metallarbeiter.

W.: Haben Ihre politischen Erfahrungen vor und in der Nazizeit Sie in Ihrer gewerkschaftlichen Tätigkeit geprägt? Sie galten ja als »harter« Gewerkschaftler.

Bleicher: Ich weiß nicht, ob ich der »Harte« war, man müßte wohl eher sagen, konsequent. Wir hatten uns ja nach dem Kriege die politische Entwicklung ganz anders vorgestellt. Hans Böckler sagte ja auf dem Vereinigungsgewerkschaftstag, die Mitbestimmung auf allen gesellschaftlichen Ebenen sei die erste Voraussetzung zur Vergesellschaftung der Schlüsselindustrien und der Banken. Und was ist daraus geworden? Sie reden von »Gewerkschaftsstaat«. Dabei stehen die Gewerkschaften mehr an der Wand als je zuvor. Nein, nein, ich bin mit der politischen Entwicklung nicht zufrieden, und das bedingte auch meine Konsequenz in den Lohnbewegungen und in meiner gewerkschaftlichen Tätigkeit.

W.: Sie erzählten vorhin, daß Sie nach Ihren Erfahrungen in der Zeit unmittelbar nach dem Krieg ungern in der Öffentlichkeit über Ihre Erlebnisse in Buchenwald berichtet haben. Aber in den letzten Jahren haben Sie doch wieder vor vielen Gruppen gesprochen, die Sie eingeladen haben. Welche Erfahrungen haben Sie jetzt dabei gemacht?

Bleicher: Es kommen fast immer nur junge Leute, viele junge Leute. Die mittlere Generation fällt fast ganz aus; das ist für sie uninteressant. »Das ist übertrieben«, sagen sie, »laßt es doch nun gut sein, warum immer diese Wunden aufreißen?« Da unterscheidet sich die junge Generation grundlegend von der älteren. Sie will wissen.

Ich habe versucht, dem Wort Gottes gehorsam zu sein

Interview mit Alfred Leikam

Alfred Leikam ist 1915 geboren; 1933 lebte er in Korb, einem kleinen Ort im Remstal, und hatte gerade mit seinem Vorbereitungsdienst beim Notariat angefangen. Er absolvierte eine Ausbildung zum Notar, wie sie es nur in Württemberg gibt. Sie besteht nicht aus einem juristischen Studium an einer Universität, sondern aus einem fünfjährigen, vorwiegend praktisch orientierten Vorbereitungsdienst beim Notariat, beim Amtsgericht und in der Verwaltung und einem sich anschließenden Lehrgang auf einer Notariatsschule. Ehrenamtlich hat sich Alfred Leikam in der Kirche engagiert, von 1930 bis 38 war er Leiter der CVJM-Jugendgruppe in Korb. Er bereitete Bibel-, Gesangs- und Spielabende vor.

Wenke: War der 30. Januar 1933 damals eigentlich ein besonderer Tag für Sie?

Leikam: Nein. Ich habe mich damals zwar auch schon für Politik interessiert, aber ich kann mich heute nicht daran erinnern, daß dieser Tag einen besonderen Eindruck auf mich hinterlassen hat. Offenbar ist er an mir vorbeigegangen wie andere Tage auch.

W.: Und wie ging es weiter? Haben Sie in Korb etwas von dem Terror, von den willkürlichen Verhaftungen politischer Gegner mitbekommen?

Leikam: Es war bekannt, daß einige Kommunisten und Sozialdemokraten verhaftet worden waren.

W.: Sie wußten nicht, wohin die kamen?

Leikam: Doch, man wußte schon, daß es ein Lager in Württemberg und eines in Dachau gab.

W.: Wußten Sie, was dort geschah?

Leikam: Man wußte nur, wenn man politisch unbequem ist, kommt man dahin. Nach der offiziellen Aussage, zur Umerziehung. Was im einzelnen dort geschah, war nicht bekannt.

W.: Wie haben Sie die Tatsache, daß Leute aus politischen Gründen so einfach verhaftet wurden, aufgenommen?

Leikam: Ich muß ehrlich sagen, daß ich damals noch kein Interesse an diesem Unrecht gezeigt habe.

W.: Und wann kamen die ersten Zweifel?

Leikam: Das dürfte so im Spätsommer 1933 gewesen sein. Da wurde ich auf die kritische Haltung eines Teils der Evangelischen Kirche aufmerksam. Ich hatte ja Kontakt zu unserem damaligen Pfarrverweser Karl Dipper und vor allem ab 1934 zu Pfarrverweser Helmut Goes, der ein sehr guter Prediger war. Dieser machte mich mit der Theologie Karl Barths bekannt. Zunächst hatte ich weniger politisches als theologisches Interesse, aber durch das Interesse an der Theologie bin ich dann in die Gegnerschaft zum Nationalsozialismus hineingewachsen. Karl Barth fordert ja – im Einklang mit der Bibel –, daß man das, was man das kleine ABC des Glaubens nennt, also die Zehn Gebote und den Kleinen Katechismus, ernst nimmt und nicht nur als Phrasen deklariert. Und wenn man jetzt Interesse am Glauben zeigt, sucht man das Glaubensbekenntnis und die Gebote zur Wirklichkeit in Beziehung zu setzen. Und als ich dieses tat, wurde mir bewußt, daß das Regime der Nazis ein Unrechtsregime war, das sich grundsätzlich über die Zehn Gebote hinwegsetzte. Für mich hatte das dann die Konsequenz, daß ich mich der Bekennenden Kirche um Pfarrer Martin Niemöller anschloß.

Im September 1933 gründete Martin Niemöller in Berlin den »Pfarrer-Notbund«, aus dem später die Bekennende Kirche hervorging. Sie trat dem Machtanspruch des Nationalsozialismus und der Glaubensbewegung der »Deutschen Christen« entgegen. Diese traten für ein Christentum im Sinne des Nationalsozialismus ein. Sie lehnten unter anderem das Alte Testament als »Judenbuch« ab und setzten sich dafür ein, daß Pfarrer jüdischer Herkunft entlassen wurden.
Die Bekennende Kirche, der sich Anfang 1934 bereits 7000 Pfarrer aus ganz Deutschland angeschlossen hatten, war aber keine einheitliche Gruppe, sie bestand vielmehr aus mehreren Gruppierungen, deren Widerstand gegen den Nationalsozialismus unterschiedlich stark war. Viele Pfarrer lehnten den Nationalsozialismus nicht prinzipiell ab, sie wehrten sich nur gegen bestimmte Auswüchse von Hitlers Politik und gegen seine Haltung in Kirchenfragen. Zwischen den einzelnen Gruppen gab es zeitweise starke Spannungen und Auseinandersetzungen. In Württemberg verhielt sich die Leitung der Landeskirche gegenüber der nationalsozialistischen Regierung vorsichtig und kompromißbereit, während die »Bekenntnisgemeinschaft«, und die »Kirchlich-theologische Sozietät« dem Regime viel kritischer und entschiedener entgegentraten. Als beispielsweise die Hitlerregierung im November 1938 überall in Deutschland Synagogen in Brand stecken und Tausende von Ju-

den einsperren ließ, protestierte Landesbischof Wurm nicht, nur einzelne Pfarrer hatten den Mut, den Terror öffentlich anzuprangern.

Leikam: Helmut Goes, der mich in seiner Haltung entscheidend beeinflußt hat, gehörte der »Kirchlich-theologischen Sozietät« an, der Gruppe also, die innerhalb der evangelischen Kirche und auch innerhalb der Bekennenden Kirche am entschiedensten gegen das Dritte Reich in Opposition ging.
Die offizielle Kirche hat ja damals unterschieden zwischen dem christlichen Glauben, der angeblich nur das sogenannte Seelenheil betreffe, und dem Bereich der Politik, wo dem Staat praktisch eine unbeschränkte Eigengesetzlichkeit zugesprochen wurde. Es wurde zwischen staatlichen und kirchlichen Belangen streng unterschieden. Auch die württembergische Landeskirche unter Bischof Wurm hat so gehandelt: Wenn es um ihre Interessen ging, hat sie für sich gekämpft; ging es aber um politische oder menschliche Angelegenheiten, hat sie im Grunde genommen die kalte Schulter gezeigt und deshalb nie zu staatlichen Maßnahmen öffentlich Stellung genommen, die sie nicht unmittelbar betrafen.

W.: 1934 wurde die Evangelische Jugend offiziell in die Hitler-Jugend eingegliedert. Wie ging denn das vor sich?

Leikam: Da fand in Korb eine Kundgebung statt, in der Turnhalle, mit Ansprachen, Liedern, Musik und einem Chor. Alles sollte ganz feierlich sein. Und in einem quasi symbolischen Akt sollten dann die CVJM-Mitglieder in die Gruppe der Hitler-Jugend übertreten. Aber zwei Mitglieder, ein Bauernknecht und ich, sind ausgeschert und stehengeblieben.

W.: Hat das im Dorf Aufsehen erregt oder Diskussionen ausgelöst?

Leikam: Bei den Jugendlichen sicher. Auch beim CVJM wurde die Sache noch lange diskutiert, aber die meisten Erwachsenen haben das nicht zur Kenntnis genommen. Zu dieser Zeit herrschte ja eine gewisse Euphorie zugunsten des Nationalsozialismus.

W.: Offiziell war nun also der CVJM eingegliedert. Konnten Sie trotzdem ihre kirchlich-religiöse Arbeit weiterführen?

Leikam: Ja, aber wir konnten uns nur noch in kirchlichen Gebäuden treffen und mußten uns auf die kirchlich-religiöse Arbeit beschränken, also auf Bibelauslegung, Jugendspiele, Jugendgesang und ähnliche Dinge.

W.: Sie sagten vorhin, Sie hätten sich der »Kirchlich-theologischen Sozietät« angeschlossen. War Ihnen damals klar, daß Sie damit ein Regierungsgegner waren und sich auch in Gefahr befanden?

Leikam: Mein politischer Weg kann etwa so beschrieben werden: Ich war zwar dem Nationalsozialismus gegenüber kritisch eingestellt, war aber doch zunächst der Ansicht, daß der Staat von seinen Bürgern zu Recht Unterordnung verlangen könne. Deshalb bin ich dann doch 1935 oder 1936 in die Hitler-Jugend eingetreten, um zu zeigen, daß ich – in bestimmten Grenzen – bereit war, dem Staat gegenüber gehorsam zu sein. Aber als ich dann in der HJ war, ist meine politische Gegnerschaft immer mehr gewachsen und zutage getreten. Denn ich erkannte, daß das, was der Staat tat, im direkten Gegensatz zu dem stand, was der christliche Glaube verlangte. Meine Kritik habe ich dann offen gezeigt, indem ich zum Beispiel bei dem HJ-Lied »Unsere Fahne flattert uns voran« in aller Öffentlichkeit den Hitler-Gruß verweigert, den Arm also nicht in die Höhe gestreckt habe. Das hat natürlich heftige Diskussionen bei den HJ-Führern ausgelöst, und das Ergebnis war, daß ich ausgeschlossen wurde.

W.: Wie haben Sie das begründet, daß Sie den Hitlergruß verweigert haben?

Leikam: Dieses HJ-Lied hat einen Refrain: »Unsere Fahne führt uns in die Ewigkeit, unsere Fahne ist mehr als der Tod.« Und da habe ich gesagt: »Dieser Inhalt ist strikt gegen den christlichen Glauben, so eine Fahne hat doch nichts mit Gott und dem Tod und der Ewigkeit zu tun, das ist doch heidnischer Götzendienst.«

W.: Hat der Ausschluß aus der HJ Nachteile für Sie gebracht? Hat man Ihnen zum Beispiel angedroht, daß Sie Ihre Ausbildung nicht beenden dürfen?

Leikam: Zunächst nicht, weil ich nirgendwo organisiert sein mußte. Ich kann mich noch erinnern, daß ich an dem Tag, an dem ich verhaftet wurde, eine Beitrittserklärung zum »Nationalsozialistischen Rechtswahrerbund« unterschrieben habe. Ich brauchte hierzu einen Zeugen. Ein Kollege, der später im Krieg gefallen ist, hat darum für mich mitunterschrieben; ich habe dabei zu ihm gesagt: »Paß auf, das ist bei mir gefährlich!« Aber er hat es trotzdem getan. Sonst war ich in keiner Parteigliederung organisiert, das ist klar. Aber direkte Nachteile in der Berufsausbildung hatte ich deshalb nicht.

W.: Was ging Ihrer Verhaftung voraus?

Leikam: Ich möchte mal so sagen: Als junger Mann, der alle Dinge, die die Bekennende Kirche nach außen hin vertrat, mitgemacht und der an ihren Veranstaltungen teilgenommen hat, war ich natürlich als Gegner der Nationalsozialisten bekannt.

Ich habe ja auch Rundschreiben und Flugblätter für die Bekennende Kirche verteilt, und wenn Pfarrer Niemöller da war, dann bin ich zu diesen Veranstaltungen hingegangen.
Der äußere Anlaß zu meiner Verhaftung war dann folgender: Ich war im Oktober 1937 wegen einer familiären Angelegenheit auf dem Bürgermeisteramt in Korb. Und als ich im Rathaus war, fragte mich der Bürgermeister Schick, ein alter Nationalsozialist, wie es denn der Kirche erginge. Und ich erwiderte, unter dem Nationalsozialismus könne es der Kirche ja gar nicht gut, sondern nur schlecht gehen. Und daraus entstand ein Streitgespräch, in dessen Verlauf die ganze Rathausbelegschaft zusammenkam. Und ich habe dann Dinge gesagt, die sie vorher noch nie zu hören bekommen hatten. Ich habe auch erzählt, was Pfarrer Niemöller in Berlin und in Stuttgart noch vor seiner Verhaftung öffentlich berichtet hatte: 1936 hatte die Bekennende Kirche von Deutschland eine Denkschrift an Hitler verfaßt, die zum erstenmal alle Schand- und Greueltaten der Nationalsozialisten beim Namen nannte. Man wollte Hitler ersuchen, von diesen Unrechtstaten abzulassen. Diese Denkschrift ist dann aus dem Büro Niemöller durch einen seiner Mitarbeiter, den Juristen Dr. Weissler, nach England gelangt. Die Engländer haben sehr bestürzt und empört reagiert. Mir hat später in Buchenwald Martin Gauger – ein Kamerad, der 1936 in London war – erzählt: Wenn England damals schon gerüstet gewesen wäre, hätte es Deutschland – im Zusammenhang mit außenpolitischen Rechtsbrüchen – den Krieg erklärt. So jedenfalls war sein Eindruck. Und weil die Reaktion in England so heftig war, hat die Gestapo Dr. Weissler verhaftet. Nach 14 Tagen war er tot, wahrscheinlich wurde er zu Tode geprügelt.
An das Büro Niemöller kam dann die übliche Todesnachricht. Niemöller ging daraufhin zum Polizeipräsidenten und sagte zu ihm: »Ich glaube Ihnen nicht, daß Dr. Weissler eines natürlichen Todes gestorben ist, sondern Sie haben ihn ermordet.«

Worauf der Polizeipräsident antwortete: »Wenn ich Ihnen das als Polizeipräsident sage, dann müssen Sie mir das schon glauben.« Und Niemöller erwiderte: »Ich will Ihnen mal sagen, was Glauben ist: Wenn ich runter auf den Alexanderplatz gehe und sage: ich bin Martin Niemöller, dann glaubt mir jedermann jedes Wort. Wenn Sie aber runtergehen und sagen, Sie seien der Polizeipräsident, dann glaubt Ihnen kein einziger Mensch nur ein Wort, das Sie sagen!« Dies habe ich nun unter anderem in diesem Streitgespräch weitergegeben. Typischerweise wurde das dann nicht in die Anklageschrift gegen mich aufgenommen. Die Nazis haben offenbar gezögert, so etwas allgemein bekannt werden zu lassen. Die anderen Streitpunkte wurden dagegen ausführlich aufgenommen. Ich hatte unter anderem auch gesagt: »Ich werde den Nationalsozialismus bekämpfen bis aufs Messer!« Man muß sich vorstellen, damals – 1937/1938 – war die Regierung ja innen- und außenpolitisch auf ihrem Höhepunkt angelangt.

W.: Wer war denn noch Zeuge dieser Diskussion?

Leikam: Im Laufe der Diskussion kam die ganze Rathausbelegschaft dazu, auch ein ehemaliger Schulkamerad von mir, der SS-Mitglied war. – Im Krieg ist er gefallen. – Der dürfte die Anzeige gegen mich bei der Gestapo veranlaßt haben, denn bei diesem Streitgespräch hat er sich kurz eingemischt und darauf hingewiesen, daß ich vor Jahren schon einmal die SS verleumdet hätte, und er habe sich damals schon gefragt, ob er mich nicht zur Anzeige bringen solle.
Damals hatte ich bei einem Klassentreffen erfahren, daß ein Schulkamerad zur SS gegangen war. Und da hatte ich gesagt: »Ja, ja, die SS ist die Tscheka der Deutschen.« Die Tscheka war der erste Geheimdienst im kommunistischen Rußland.

W.: Der Bürgermeister selbst, meinen Sie, hat Sie nicht angezeigt?

Leikam: Ich weiß nicht. Es könnte auch sein, daß mein Schulkamerad ihn unter Druck gesetzt hat und er als Bürgermeister sich dann veranlaßt sah, mich anzuzeigen.

W.: Wußten Sie denn, als Sie sich in dieses Gespräch einließen, in welche Gefahr Sie sich begaben?

Leikam: Ach ja, ich war damals noch jung, und als Junger nimmt man das Leben nicht so ernst. Der Bürgermeister hat mich noch ausdrücklich darauf hingewiesen, daß ich, wenn ich solch einen Standpunkt einnehme, Gefahr laufe, verhaftet zu werden. Daraufhin habe ich erwidert: »Darauf warte ich schon lange. Denn außer Verhaften können die Nazis gar nichts.«

W.: Wußten Sie zu dieser Zeit schon einiges über die Konzentrationslager, oder letzten Endes doch wenig?

Leikam: Einzelheiten habe ich nicht gewußt. Aber ich konnte mir schon vorstellen, daß solche Lager nicht das Beste waren.

W.: Und wann wurden Sie verhaftet?

Leikam: Es gab eine polizeiliche Voruntersuchung am 30. Januar 1938 in Korb. Am 5. Februar wurde ich dann in Stuttgart verhaftet. Die Gestapo hat mich aus dem Notariatshauptlehrgang, an dem ich zu dieser Zeit gerade teilnahm, herausgeholt und direkt in den Polizeigewahrsam in die Büchsenstraße gebracht. Nach etwa 14 Tagen kam ich ins KZ Welzheim.
Dort war ich bis zum Sommer 1938. Dann fand ein Prozeß gegen mich statt, wegen »Vergehens gegen das Heimtückege-

setz«. Ich wurde aus Welzheim zu der Verhandlung in Korb geführt, der Prozeß fand sozusagen am Tatort statt. Ich bekam zehn Monate auf Bewährung, wurde aber sofort nach der Verhandlung wieder in Haft genommen. Der Landjäger, der mich in Korb vorführte, hatte entsprechende Anweisungen. Ich kam also nicht in Freiheit, sondern sofort zurück nach Welzheim und blieb dort bis Ende Oktober, bis zu meiner Überführung nach Buchenwald, wo ich am 5. November eintraf.

W.: Waren Sie enttäuscht, entsetzt, fassungslos, als Sie nach der glimpflichen Strafe wieder nach Welzheim gebracht wurden?

Leikam: Keineswegs. Ich wußte ja bereits von Mithäftlingen, daß auch sie nach ihrer Gefängnisstrafe gleich in ein KZ weitertransportiert worden waren. Ich wußte, daß mir das gleiche Los beschieden war, und ich habe dem Landjäger auch sofort gesagt: »Sie werden Anweisungen haben, mich wieder mitzunehmen.« Er hat das verwundert bestätigt.

W.: Haben Sie in Welzheim arbeiten müssen?

Leikam: Ja, ich habe während der ganzen Zeit gearbeitet. In der Regel bei Kanalisationsarbeiten, Waldarbeiten, bei Privatfirmen und bei der Stadtverwaltung. Wir sind da regelmäßig in wüster Gefangenenkleidung durch Welzheim zur Arbeitsstelle gegangen. Es gab aber auch im Lager selbst eine Schreinerei. Da haben die Häftlinge gearbeitet, die dauernd in Welzheim verblieben, vornehmlich altgediente Kommunisten. Die mußten für die Gestapo arbeiten.

W.: War die Arbeit hart?

Leikam: Ach nein, es war ein normales Arbeitsklima. Es hat nur an Essen gefehlt; wir haben dauernd Hunger gehabt. Ich würde Welzheim als Schikanelager bezeichnen: Man mußte wie beim Militär die Schuhe blitzblank putzen. Nachts hatte man für den Abort einen Kübel, den mußte man morgens reinigen und vorzeigen. Und dann war da so ein Ölboden, da mußte jeder Schmutz beseitigt werden. Natürlich haben die Wachleute immer etwas gefunden, und dann haben sie einen angebrüllt. Man hat die Gefangenen in Welzheim nicht vernichtet, aber schikaniert. Gelegentlich hat auch mal einer Prügel bekommen.

W.: Haben Sie in Welzheim gehofft, daß Sie irgendwann entlassen werden? Was haben Sie über Ihre Zukunft gedacht?

Leikam: Ich wurde ja am Tag meiner Verhaftung, am 5. Februar 1938, durch Erlaß meiner Dienststelle, des Justizministeriums, aus meinem Beamtenverhältnis entlassen. Ich hatte also kein Recht mehr, meine Ausbildung fortzusetzen, wenn ich je in Freiheit kommen sollte. Ich habe mir aber darüber keine Sorgen gemacht, denn wenn man etwas kann, dann kommt man schon irgendwie weiter. Ich war mir allerdings darüber im klaren, daß es sehr fraglich war, ob ich die Freiheit überhaupt noch einmal erleben würde.
Denn inzwischen hatte ich die Verhältnisse durch das Schicksal meiner Kameraden noch genauer kennengelernt, und die Nazis mußten auch in mir einen hartnäckigen Gegner sehen, vor allem nach folgender Episode: Welzheim war ja eigentlich – von einigen Ausnahmen abgesehen – für kurzfristig Inhaftierte eingerichtet, die ein Viertel oder ein halbes Jahr dablieben. Nach etwa einem halben Jahr hat mich der stellvertretende Lagerleiter Eberle nach meinem Bekenntnis zum Nationalsozialismus befragt. Ich habe eine ausweichende Antwort gegeben und die Achseln gezuckt. Eberle hat mich dann ange-

brüllt, ich möge meine Sache aufschreiben, damit er wisse, was los sei. Ich habe dann etwa folgenden Revers geschrieben: »Ich werde dem nationalsozialistischen Staat in allen Dingen gehorsam sein und alles tun, was er verlangt, soweit sein Verlangen nicht gegen den christlichen Glauben gerichtet ist, wie dieser im Glaubensbekenntnis und in den Zehn Geboten zum Ausdruck kommt.« Daraus wurde ersichtlich, daß ich die Forderung der Nationalsozialisten, ihre Weltanschauung und ihre Politik an erster Stelle anzuerkennen und daß alles andere zweitrangig sei, nicht akzeptierte. Das war für die Nazis natürlich ein rotes Tuch und auch der Grund, warum sie mich dann nach Buchenwald brachten.
In meinen Akten, die ich dort später mal durch Zufall einsehen konnte, stand zu lesen: »Aus dem geht hervor, Leikam ist ein uneinsichtiger Gegner des Nationalsozialismus. Er ist nie mehr zu entlassen.«

W.: Wenn Sie sich anders verhalten hätten, wären Sie wahrscheinlich entlassen worden?

Leikam: Das ist anzunehmen. Wenn ich gesagt hätte: »Ja, Ihr Nationalsozialisten habt Recht!«, hätten sie mich wahrscheinlich gehen lassen.

W.: Und woher hatten Sie die Kraft, zu Ihrer Überzeugung zu stehen?

Leikam: Ja, im Grund genommen bin ich kein Held; ich bin eher etwas schüchtern und zurückhaltend. Ich wollte nicht besonders mutig sein. Es war einfach die Frucht meines Studiums der Theologie und der Versuch, dieser Theologie und dem Wort Gottes gehorsam zu sein.

W.: Wie waren die ersten Tage in Buchenwald im Vergleich zu Welzheim? Ein Schock?

Leikam: Das kann man sagen. Wir sind am 5. November, das war Samstagmittag, angekommen. Es war diesiges, nebliges Wetter, es fiel ein leichter Nieselregen. Das Lager war damals erst im Aufbau. Die sogenannten Lagerstraßen, also die Wege zwischen den einzelnen Baracken, waren Morast, etwa einen halben Meter tief. Der erste Eindruck war: Hunderte von Häftlingen, völlig verdreckt, völlig heruntergekommen. Und das erste, was uns dann bei der Begrüßung gesagt wurde, war: »Sehen Sie den Strauch da draußen, diesen kleinen Baum? Wenn der mal 50 Meter hoch ist, dann haben Sie Aussicht, hier wieder herauszukommen.« Sie haben uns also ganz unverblümt gesagt, daß wir wahrscheinlich nie mehr das Lager verlassen würden. Das war der erste schockierende Eindruck, und dann gab es auch den berühmten Empfang mit Prügel. Wir mußten durch die SS-Gasse laufen, wo jeder mit einem Prügel dastand. Wir haben also sehen müssen, daß wir da irgendwie durchgekommen sind.

W.: Sie haben ja dann am 10. November wahrscheinlich die Einlieferung der Juden mitbekommen, nach der »Reichskristallnacht«.

Leikam: Ja, richtig, dieses Ereignis ist mir noch genau in Erinnerung, weil es äußerst eindrücklich war. Nach der Kristallnacht wurden in Buchenwald etwa 10 000 Juden eingeliefert und in den sogenannten Baracken 1 A bis 5 A, die kurz vorher in einer Nacht rasch errichtet worden waren, untergebracht.
Es wurden also in jede Baracke 2000 Juden hineingepfercht, ohne Bett, ohne Zudecke. Viele sind schon allein an den äußeren Verhältnissen zugrunde gegangen. Es war ja kalt, Buchenwald liegt auf dem Ettersberg bei Weimar, und das ist ein be-

rüchtigter Schlechtwetterberg. Abgesehen davon wurden viele Juden von der SS erschlagen und erschossen.

W.: Wo haben Sie gearbeitet? Draußen oder in einer Baracke?

Leikam: Es war ein glücklicher Umstand, daß ich in Welzheim einige württembergische Kommunisten kennengelernt hatte, die dann auch in Buchenwald waren. Die sogenannten »Politischen«, in der Mehrheit Kommunisten, hatten in der Selbstverwaltung schon einige wichtige Posten und haben die anderen Häftlinge zur Arbeit eingeteilt oder vorgeschlagen. Und deshalb war es für mich sehr günstig, daß ich schon einige gekannt habe. Die haben mich immer wieder an ordentliche Arbeitsstellen gebracht.
Die neu eingelieferten Häftlinge wurden alle erst einmal auf Anweisung der SS in das sogenannte Schachtkommando eingegliedert: Da wurde einfach festgestellt, er ist angekommen, also kommt er dahin. Ich kam in das Schachtkommando 3, damals nach dem Steinbruch das schlechteste Kommando im Lager. Dieses Schachtkommando war einem Häftlingskapo unterstellt, einem Politischen von der Naziseite. Er war früher Zuhälter in Berlin und hatte der SA angehört. Offenbar hatte er es in Freiheit so toll getrieben, daß die Gestapo ihren eigenen Mann ins Lager gebracht hat. Er war also im Grunde ein übler Berufsverbrecher. Ich bin ihm glücklicherweise nicht aufgefallen, denn er hat sicher einige Menschen auf seinem Gewissen; das heißt, er hat sie selbst totgeschlagen.

W.: Und was mußten Sie in diesem Kommando tun?

Leikam: Wir haben damals den Exerzierplatz, der vor den Truppenunterkünften der SS lag, in Handarbeit abgetragen. Der Platz hatte vielleicht einen Umfang von 200 × 300 oder sogar auf 500 Meter; da mußte die Erde in einer Höhe von zwei bis drei Metern abgetragen und dann mit Loren weggefahren werden. Die Erde war mit Steinplatten durchsetzt, wir mußten die Platten mit einem Stickel zerkleinern, weil die Erde ja an einer anderen Stelle, bei den SS-Neubauten, den Kasernen und den SS-Garagen, wieder verwendet wurde. Dieser Exerzierplatz ist jetzt übrigens in einen Parkplatz umgewandelt worden. Als ich vor einiger Zeit bei einer Gedenkfeier für den in Buchenwald ermordeten Pfarrer Paul Schneider war, habe ich auf diesem Platz geparkt.

W.: Diese Arbeit war für Sie, der wahrscheinlich nur Büroarbeit gewohnt war, sicher sehr hart, nicht wahr?

Leikam: Ich habe die Sache deshalb durchgestanden, weil ich von zu Hause etwas körperliche Arbeit gewöhnt war. Wir hatten eine kleine Landwirtschaft.
In dem Schachtkommando war ich drei oder vier Monate. Anschließend haben mich die Kommunisten von der Arbeitsverwaltung in die Innenkommandos gebracht; eine Zeitlang in die Wäscherei, dann in den sogenannten Stubendienst, wo ich unter anderem für die Gefangenen die Essensportionen ranschaffen mußte. Von dort aus bin ich dann etwa im Sommer 1939 in die Schreibstube des Revierkommandos, in den Häftlingskrankenbau, gekommen. Das ganze Personal im Revier bestand aus Häftlingen, auch die Pfleger. Ich habe dort als Revierschreiber von unten angefangen, und nach einiger Zeit rückte ich dann in eine sogenannte Exklusivstellung auf; durch die war ich von den täglichen Zählappellen unter freiem Himmel befreit.

W.: Auch diese Schreibstube war unter der Selbstverwaltung der Gefangenen?

Leikam: Es war so: Jede Verwaltung der Häftlinge unterstand nominell einem SS-Mann. Das Krankenrevier stand unter der Verwaltung eines SS-Arztes, dem wieder zwei andere Ärzte untergeordnet waren. Die haben die Sache allerdings nur von außen beobachtet. Sie sind jeden Tag gekommen, aber sie haben nicht als Arzt gearbeitet. Im Gegenteil, sie haben Gefangene umgebracht oder mit ihnen Experimente angestellt. Die Häftlinge konnten deshalb relativ selbständig die ganze Revierverwaltung aufbauen und ablaufen lassen. Als Beispiel: Der Häftlingsselbstverwaltung im Revier, also dem Kapo und seinen Mitarbeitern, war es möglich, illegal eine ganze Operationsbaracke aufzubauen, ohne daß dafür von der SS-Führung in Berlin und von der Hauptverwaltung in Buchenwald eine entsprechende Genehmigung vorlag. Der Bau wurde aber vom SS-Lagerarzt stillschweigend gebilligt. Die Einrichtung für den Operationssaal wurde teilweise über das SS-Revier bestellt und abgerechnet. Das gleiche geschah mit den Medikamenten, die vom Häftlingssanitäter dann vom SS-Bereich heimlich in den Lagerbereich gebracht wurden, damit die Häftlinge ein wenig medizinisch versorgt werden konnten.

W.: Und wer hat operiert? Waren das auch Gefangene?

Leikam: Ja, die kleine Chirurgie – also einfachere Operationen – und die Ambulanz lagen in Händen der Häftlinge. Die haben auch Operationen durchgeführt. Hier haben sich allerdings auch die SS-Ärzte an die Kranken herangemacht. Es war bekannt, daß viele Operationen, die von SS-Ärzten vorgenommen wurden, tödlich endeten, weil sie nicht die nötige Sorgfalt aufbrachten.

W.: Wenn ich Sie richtig verstanden habe, waren die Kapos im Krankenrevier keine ausgebildeten Ärzte?

Leikam: Nein, eigentlich nicht. Die ersten Kapos der chirurgischen und der inneren Abteilung waren zwei frühere Reichstagsabgeordnete der Kommunistischen Partei. Krämer war der erste Kapo und Peix der zweite. Krämer war Chirurg und Peix Internist. Beide waren keine ausgebildeten Ärzte, sie haben sich ihre Kenntnisse vielmehr selbst durch Abendstudium und durch die Praxis im Revier angeeignet. Wir hatten dort eine sehr gute medizinische Bibliothek, die auch ich sorgfältig studiert habe. In den letzten Jahren mußte ich die ärztlichen Totenberichte fertigen, die den Angehörigen der gestorbenen Häftlinge geschickt wurden. Die mußten nach außen hin der ärztlichen Wissenschaft entsprechen, deshalb mußte auch ich mir einige medizinische Kenntnisse aneignen, um solche Berichte abfassen zu können.
In der Schreibstube des Krankenreviers waren wir vier bis sechs Gefangene. Die einen machten die weniger wichtigen, die Karteiarbeiten, die auch ich zu Anfang gemacht habe, die anderen die qualifizierteren Arbeiten, d.h. den Schreibdienst für den Lagerarzt, die Krankenblätter und eben diese Totenberichte, die nach außen gingen.

W.: Und was stand in dieser Kartei?

Leikam: Im Revier bestand eine Häftlingskartei über den Gesundheitszustand und die Krankheiten der Häftlinge. Wenn ein Gefangener neu ins Lager eingeliefert wurde, dann wurde über ihn vom Revierschreiber eine Karte angelegt. In dieser Kartei wurden dann später ambulante und stationäre Behandlungen festgehalten.

W.: Und diese privilegierte Stellung im Krankenrevier hatten Sie aufgrund Ihrer Kontakte zu den politischen, d.h. den kommunistischen Häftlingen?

Leikam: Ja, einerseits durch meine Kenntnisse, weil sie natürlich qualifizierte Leute brauchten und – das ist richtig – durch meine Bekanntschaft mit den württembergischen Kommunisten, unter anderem mit Fritz Rieckert aus Esslingen.

W.: Es war Ihnen ja sicherlich damals bewußt, daß Sie eine Elitestellung hatten und dadurch wahrscheinlich Ihr Leben retten konnten. Hatten Sie deshalb manchmal ein schlechtes Gewissen anderen Gefangenen gegenüber?

Leikam: Ich habe auf ähnliche Fragen immer geantwortet: Es soll sich kein ehemaliger KZ-Gefangener einbilden, daß er ein Held war. Es hat mich vom ersten bis zum letzten Tag fast kaputtgemacht, zusehen zu müssen, wie um einen herum ständig Unrecht geschah und man nichts tun konnte, sondern irgendwie mitmachen mußte. Ich habe es immer als einen großen Glücksfall betrachtet, daß ich diese Arbeit im Revier verrichten durfte. Andererseits war es auch so, daß, wenn man in exponierter Stellung stand, man immer in Gefahr war, bei der SS rasch in Ungnade zu fallen und dann »zum Abschuß« zu kommen, was durchaus wörtlich zu verstehen ist. Beispielsweise ist fast kein Lagerältester lebend aus dem Lager herausgekommen. Die beiden Revierkapos Krämer und Peix wurden Opfer einer Kampagne der Berufsverbrecher gegen die Kommunisten und von der SS 1941 erschossen.

W.: Sie wurden am 9. November 1943 entlassen, wie Sie mir erzählt haben. Aus heiterem Himmel? Das war doch eigentlich ein Wunder, nicht wahr?

Leikam: Ja, bei der SS-Führung in Berlin muß jemand geschlafen haben, denn mir war ja bekannt, daß ich eigentlich keine Aussicht hatte, das Lager jemals wieder zu verlassen. Warum ich doch rauskam, weiß ich nicht. Ich hatte ja schon ein paar

Jahre vorher die große Amnestie miterlebt, am 20. April 1939, also zu Hitlers 50. Geburtstag. Damals war das Lager etwa mit 11000 bis 12000 Gefangenen besetzt, und innerhalb von vier Wochen wurden Tausende entlassen, wir waren nachher nur noch 5000. Ich muß noch ergänzen, daß damals, von April bis September 1939, in Buchenwald die beste Zeit war. Die ganzen Strafen wurden in dieser Zeit etwas lässiger gehandhabt.

W.: Was haben Sie bei dieser Amnestie gedacht? Daß Sie bis ans Lebensende in Buchenwald bleiben? Oder haben Sie gehofft, daß das Dritte Reich irgendwann zusammenbricht und Sie dann wieder frei sind?

Leikam: Zu dieser Zeit mußte man ja noch damit rechnen, daß sich dieses Reich halten würde. Ich dachte, daß ich verdammt bin, immer im Lager zu bleiben.

W.: Und als Sie doch entlassen wurden, haben Sie das erst am selben Tag erfahren oder schon vorher?

Leikam: Nein, erst am Tag selbst. Morgens wurden immer einzelne Häftlinge mit Nummern durchgerufen, sie mögen am Tor erscheinen. Da wurde ihnen dann irgendetwas mitgeteilt. Als mein Name durchgerufen wurde, habe ich zu dem SS-Mann im Revier, einem Sanitäter, gesagt, er möge bei der Kommandantur oben anrufen und fragen, was los sei. Wenn es eine schlechte Sache sei, dann solle er sagen, ich sei krank und könne nicht kommen. Und dann erwiderte er: »Nein, nein, Sie sollen entlassen werden!« Da habe ich gesagt: »Lügen Sie mich auch nicht an?« »Nein, Sie können sich darauf verlassen!« Und tatsächlich, es war richtig. Gegen Nachmittag kam ich raus, mit entsprechenden Belehrungen natürlich. Ich bekam einen Entlassungsschein, also die Bescheinigung, wie lange ich in Buchenwald war, und eine Fahrkarte nach Stutt-

STANDRECHT
in
LUXEMBURG

Nachdem auch in Luxemburg-Stadt Fälle von Streiks und Arbeitsverweigerung eingetreten sind, wird der zivile Ausnahmezustand für den Gesamtbereich des Chefs der Zivilverwaltung in Luxemburg verhängt.

Die Zuständigkeit des Standgerichts wird entsprechend erweitert.

Todesurteile gegen Streikende werden sofort durch Erschiessen vollstreckt

Luxemburg, den 31. August 1942.

Der Chef der Zivilverwaltung in Luxemburg:
gez. Gustav SIMON

Nº 60

Abb. 5 Standrecht im besetzten Luxemburg
Abb. 6 (umseitig) Überblick über die Konzentrationslager im damaligen Deutschen Reich, Ausschnitt (Röderberg-Verlag Frankfurt)

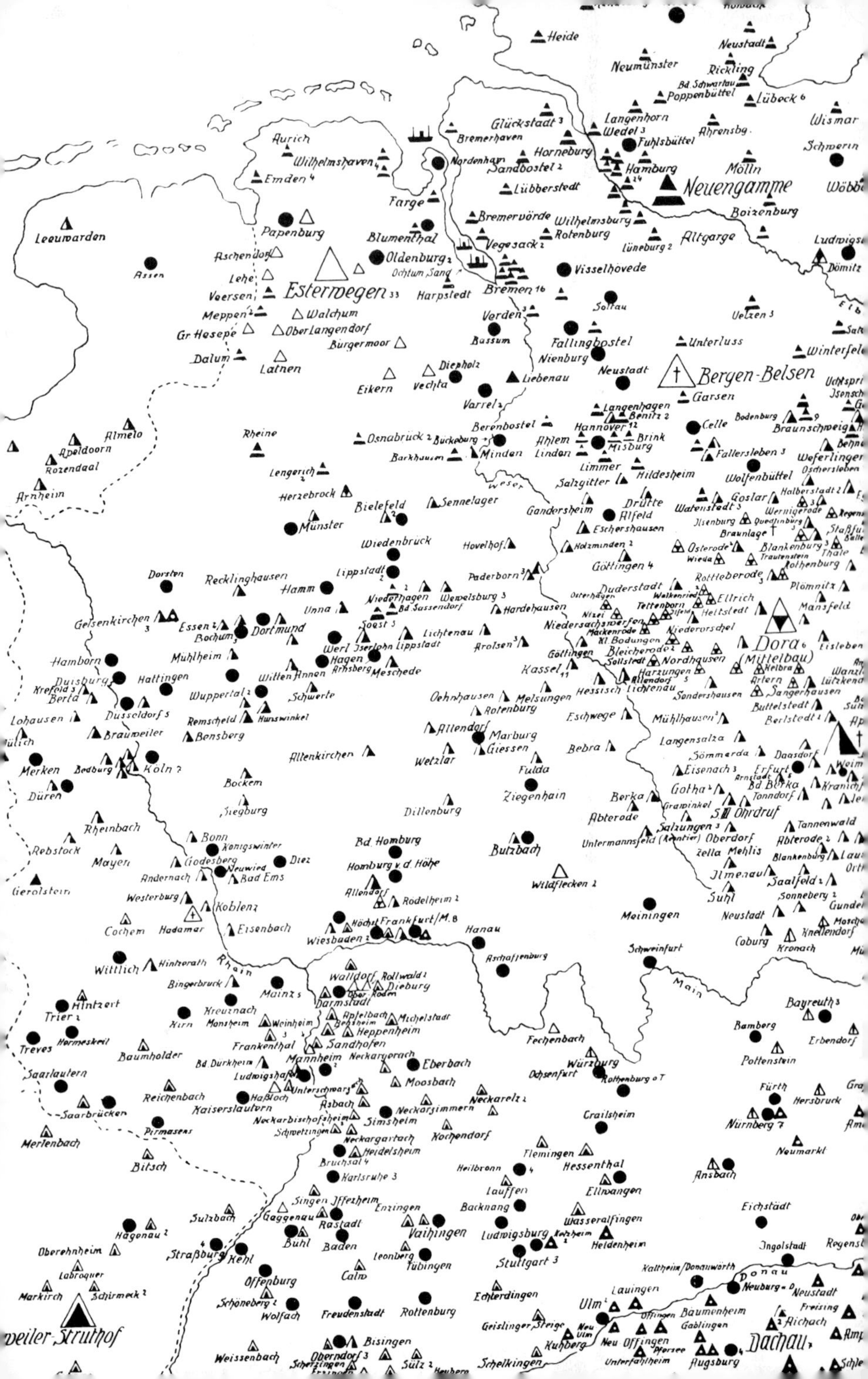

Heide
Neumünster
Neustadt
Rickling
Bd. Schwartau
Poppenbüttel
Lübeck 6
Wismar
Glückstadt 3
Langenhorn
Wedel 3
Fuhlsbüttel
Ahrensbg.
Schwerin
Bremerhaven
Aurich
Wilhelmshaven 4
Nordenham
Horneburg
Sandbostel 2
Hamburg
Mölln
Emden 4
Lübberstedt
Neuengamme
Farge
Boizenburg
Leeuwarden
Papenburg
Bremervörde
Wilhelmsburg
Blumenthal
Rotenburg
Altgarge
Aschendorf
Vegesack 2
Lüneburg 2
Ludwigslust
Oldenburg 2
Assen
Ochtum Sand
Visselhövede
Dömitz
Lehe
Veersen
Esterwegen 33
Harpstedt
Bremen 16
Meppen 2
Walchum
Verden 3
Soltau
Uelzen 3
Gr. Hesepe
Ober Langendorf
Bassum
Fallingbostel
Bürgermoor
Unterluss
Dalum
Latnen
Nienburg
Wintersfeld
Diepholz
Eikern
Vechta
Liebenau
Neustadt
Bergen-Belsen
Varrel 2
Garsen
Langenhagen
Benitz 2
Bodenburg
Almelo
Berenbostel
Hannover 12
Celle
Braunschweig
Apeldoorn
Rheine
Osnabrück 2
Bückeburg
Ahlem
Brink
Minden
Linden
Misburg
Fallersleben 3
Weferlingen
Rozendaal
Barkhausen
Limmer
Lengerich 2
Hildesheim
Wolfenbüttel
Arnheim
Salzgitter
Weser
Halberstadt 2
Herzebrock
Sennelager
Drütte
Goslar
Watenstedt 3
Wernigerode
Gandersheim
Alfeld
Bielefeld 2
Ilsenburg
Quedlinburg
Münster
Eschershausen
Braunlage
Blankenburg 3
Wiedenbrück
Hovelhof
Holzminden 2
Osterode 2
Thale
Wieda
Trautenstein
Göttingen 4
Rothenburg
Lippstadt 2
Paderborn 3
Rottleberode 3
Dorsten
Recklinghausen
Hamm
Duderstadt
Plömnitz
Niederhagen 2
Wewelsburg 3
Walkenried
Ellrich
Mansfeld
Gelsenkirchen 3
Bd. Sassendorf
Unna
Hardehausen
Tettenborn
Heltstedt
Essen 2
Niedersachswerfen
Bochum 3
Dortmund
Soest 3
Mackenrode
Niederorschel
Kl. Bodungen
Lichtenau
Dora 6
Eisleben
Werl
Iserlohn
Lippstadt
Mühlheim
Arolsen 3
Göttingen
Bleicherode 2
(Mittelbau)
Nordhausen
Hamborn
Hagen
Arnsberg
Meschede
Sollstedt
Kelbra
Kassel 11
Harzungen
Duisburg
Hattingen
Witten
Annen
Allendorf
Artern
Krefeld 3
Berta
Hessisch Lichtenau
Sangerhausen
Schwerte
Oehnhausen
Melsungen
Sondershausen
Buttelstedt
Wuppertal 2
Düsseldorf 5
Rotenburg
Eschwege
Mühlhausen 2
Berlstedt
Lohausen
Remscheid
Hunswinkel
Braunweiler
Bensberg
Allendorf
Marburg
Langensalza
Giessen
Bebra
Sömmerda
Daasdorf
Altenkirchen
Wetzlar
Fulda
Eisenach 3
Erfurt
Merken
Bedburg
Köln 7
Arnstadt
Weimar
Bockem
Gotha 2
Bd. Berka
Kranichfeld
Düren
Ziegenhain
Berka
Tonndorf
Gräfinkel
Ohrdruf
Rheinbach
Siegburg
Dillenburg
Abterode
Salzungen 3
Tannenwald
Bonn
Bd. Homburg
Untermannsfeld (Rentier)
Oberdorf
Abterode 2
Rebstock
Königswinter
Butzbach
Zella Mehlis
Mayen
Godesberg
Diez
Homburg v. d. Höhe
Blankenburg
Neuwied
Bad Ems
Ilmenau
Saalfeld 2
Gerolstein
Andernach
Wildflecken 2
Allendorf
Suhl
Sonneberg 2
Westerburg
Rödelheim 2
Koblenz
Meiningen
Neustadt
Hadamar
Frankfurt/M. 8
Knellendorf
Cochem
Eisenbach
Höchst
Wiesbaden 2
Hanau
Coburg
Kronach
Schweinfurt
Rhein
Wittlich
Hinzerath
Aschaffenburg
Walldorf
Rollwald
Bingerbrück
Dieburg
Mainz 5
Ober-Roden
Main
Hintzert
Kreuznach
Darmstadt
Bayreuth 3
Trier 2
Apfelbach
Michelstadt
Kirn
Monsheim
Weinheim
Bensheim
Bamberg
Heppenheim
Erbendorf
Treves
Hermeskeil
Frankenthal
Sandhofen
Fechenbach
Baumholder
Pottenstein
Mannheim 2
Neckargerach
Würzburg
Bd. Durkheim
Eberbach
Ochsenfurt
Saarlautern
Ludwigshafen
Rothenburg o. T.
Unterschwarzach
Moosbach
Fürth
Reichenbach
Haßloch
Hersbruck
Kaiserslautern
Asbach
Neckarelz 2
Saarbrücken
Neckarzimmern
Neckarbischofsheim
Sinsheim
Crailsheim
Nürnberg 7
Pirmasens
Schwetzingen
Kochendorf
Merlenbach
Neckargartach
Heidelsheim
Neumarkt
Flemingen
Bitsch
Hessenthal
Bruchsal 4
Heilbronn 4
Ansbach
Karlsruhe 3
Lauffen
Ellwangen
Singen
Iffezheim
Eichstädt
Enzingen
Sulzbach
Gaggenau
Rastadt
Backnang
Wasseralfingen
Vaihingen
Hagenau 2
Bühl
Ludwigsburg
Kelzheim 2
Oberehnheim
Baden
Heidenheim
Ingolstadt
Regensburg
Straßburg 4
Kehl
Leonberg
Stuttgart 3
Labroquer
Tübingen
Calw
Kaltheim/Donauwörth
Donau
Offenburg
Neuburg a. D.
Neustadt
Markirch
Schirmeck 2
Lauingen
Echterdingen
Freising
Schöneberg 2
Ulm 2
Freudenstadt
Rottenburg
Offingen
Bäumenheim
Wolfach
Aichach
Gablingen
Natzweiler-Struthof
Geislingen/Steige
Neu Ulm
Kuhberg
Neu Offingen
Dachau 7
Bisingen
Pfersee
Weissenbach
Oberndorf 3
Unterfahlheim
Augsburg 4
Schelklingen
Scherzingen
Sülz 2

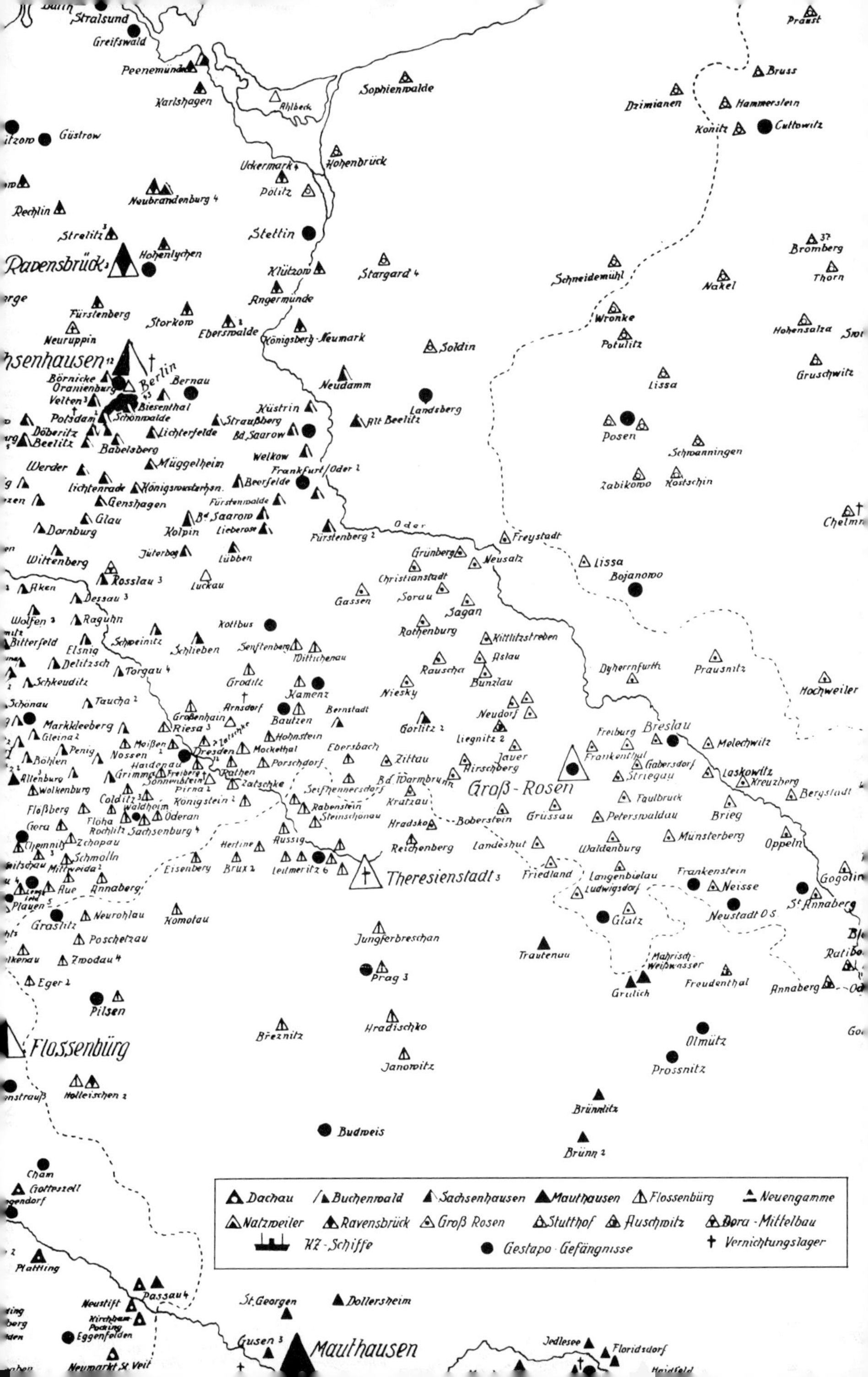

Stralsund
Greifswald
Praust
Peenemünde
Karlshagen
Ahlbeck
Sophienwalde
Bruss
Dzimianen
Hammerstein
Konitz
Cultowitz
Güstrow
Hohenbrück
Uckermark
Pölitz
Neubrandenburg 4
Rechlin
Stettin
Strelitz
Hohenlychen
Ravensbrück
Klützow
Stargard 4
Schneidemühl
Nakel
Bromberg
Thorn
Angermünde
Fürstenberg
Storkow
Eberswalde
Königsberg-Neumark
Neuruppin
Soldin
Wronke
Potulitz
Hohensalza
Sachsenhausen
Berlin
Bernau
Börnicke
Oranienburg
Velten
Biesenthal
Potsdam
Schönwalde
Neudamm
Landsberg
Lissa
Gruschwitz
Küstrin
Strausberg
Alt Beelitz
Posen
Döberitz
Beelitz
Lichterfelde
Bd. Saarow
Babelsberg
Welkow
Schwanningen
Werder
Müggelheim
Frankfurt/Oder 2
Lichtenrade
Königswusterhsn.
Beerfelde
Zabikowo
Kostschin
Genshagen
Fürstenwalde
Chelmno
Glau
Bd. Saarow
Dornburg
Kolpin
Lieberose
Oder
Fürstenberg 2
Freystadt
Jüterbog
Lübben
Grünberg
Neusalz
Wittenberg
Lissa
Bojanowo
Rosslau 3
Luckau
Christianstadt
Aken
Dessau 3
Gassen
Sorau
Sagan
Wolfen 3
Raguhn
Kottbus
Rothenburg
Bitterfeld
Schweinitz
Schlieben
Senftenberg
Mitticheuau
Kittlitztreben
Elsnig
Aslau
Delitzsch
Torgau 4
Rauscha
Dyhernfurth
Prausnitz
Grodlitz
Bunzlau
Schkeuditz
Kamenz
Niesky
Hochweiler
Schönau
Taucha 2
Arnsdorf
Bernstadt
Neudorf
Großenhain
Bautzen
Görlitz 2
Markkleeberg
Riesa 3
Hohnstein
Freiburg
Breslau
Gleina 2
Liegnitz 2
Penig
Meißen
Dresden
Mockethal
Ebersbach
Jauer
Frankenthal
Gabersdorf
Molechwitz
Nossen
Laskowitz
Böhlen
Haidenau
Porschdorf
Zittau
Hirschberg
Striegau
Kreuzberg
Altenburg
Grimma
Sonnenstein
Rathen
Bd. Warmbrunn
Groß-Rosen
Bergstadt
Wolkenburg
Pirna 2
Zatschke
Seifhennersdorf
Faulbrück
Colditz
Königstein 2
Kratzau
Flößberg
Waldheim
Oderan
Rabenstein
Grüssau
Peterswaldau
Brieg
Flöha
Steinschönau
Rochlitz
Sachsenburg 4
Hradsko
Boberstein
Münsterberg
Gera
Zschopau
Aussig
Landeshut
Waldenburg
Oppeln
Chemnitz
Schmolln
Hertine
Reichenberg
Mittweida 2
Eisenberg
Brux 2
Leitmeritz 6
Theresienstadt 3
Friedland
Langenbielau
Frankenstein
Gogolin
Aue
Annaberg
Ludwigsdorf
Neisse
St. Annaberg
Plauen 5
Neustadt O.S.
Graslitz
Neurohlau
Komotau
Glatz
Poschetzau
Jungferbreschan
Trautenau
Ratibor
Zwodau 4
Mährisch-Weißwasser
Prag 3
Freudenthal
Annaberg
Eger 2
Grulich
Pilsen
Hradischko
Breznitz
Olmütz
Flossenbürg
Janowitz
Prossnitz
Holleischen 2
Brünnlitz
Budweis
Brünn 2
Cham
Gotteszell
Dachau
Buchenwald
Sachsenhausen
Mauthausen
Flossenbürg
Neuengamme
Natzweiler
Ravensbrück
Groß Rosen
Stutthof
Auschwitz
Dora-Mittelbau
KZ-Schiffe
Gestapo-Gefängnisse
Vernichtungslager
Plattling
Passau 4
St. Georgen
Dollersheim
Neustift
Kirchham-Pocking
Eggenfelden
Gusen 3
Mauthausen
Jedlesee
Floridsdorf
Neumarkt St. Veit
Haidfeld

Erläuterung: ● *Außenkommando von* Natzweiler, ○ *Außenkommando von* Dachau, ◑ *Außenkommando von* Schirmeck, ⊕ *Außenkommando von* Buchenwald, ▽ *Außenkommando von* Sachsenhausen.

▼ KZ-*Heuberg-Kuhberg-Welzheim-Kislau-Ankenbuk.* Ⓐ *Arbeitserziehungslager,* ⊕ *SS-Abfertigungslager*

Ⓢ *Strafanstalten.*

Abb. 7 Konzentrationslager in Baden und Württemberg (aus Julius Schätzle, Stationen zur Hölle, Röderberg-Verlag Frankfurt)

gart. Dort angekommen, habe ich mich wie vorgeschrieben bei der Gestapo gemeldet.

W.: Wie hat denn Ihre Umgebung in Korb reagiert, als Sie zurückgekommen sind? Hat man Ihnen Fragen gestellt? Sie durften eigentlich nichts sagen, aber es war ja nicht alltäglich, daß jemand aus dem KZ zurückkehrte?

Leikam: Ach, die Korber waren betroffen, als sie mich wieder unter den Lebenden entdeckt haben. Ich habe gemerkt, sie hatten allesamt ein schlechtes Gewissen. Aber nach außen hin hat sich niemand zu mir bekannt, nur ein paar alte Freunde. Die meisten Korber standen im Grunde genommen noch auf der Gegenseite. Sie haben nicht gezeigt, daß sie irgendwelche Zweifel an diesem Regime hatten; das kam erst zum Ende des Krieges.
Ich habe mich dann sehr rasch nach Waiblingen verzogen und habe nur noch mit früheren Freunden aus der Bekennenden Kirche Kontakt gehabt und sie fast jeden Sonntag besucht. Ich wußte aber, daß ich von Parteileuten überwacht wurde. Ich mußte also bei Personalkontrollen immer eine passable Ausrede zur Hand haben, vor allem dann, wenn ich Angehörige von Häftlingen in Buchenwald besuchte.

W.: Warum sind Sie nach Waiblingen gegangen?

Leikam: Das hatte auch berufliche Gründe. Ich war ja als Beamter entlassen worden und wurde deshalb in einen Rüstungsbetrieb vermittelt. Ursprünglich sollte ich dort Hilfsarbeiter sein. Nachdem jedoch das Lohnbüro des Betriebs sich in völligem Chaos befand, wurde ich beauftragt, das wieder in Ordnung zu bringen.

W.: Eingezogen wurden Sie dann nicht mehr?

Leikam: Das ist wieder eine Sache, die zu erzählen wert ist. Ich wurde – ich glaube, es war im Dezember 1943 – noch einmal nachgemustert. Ich muß ergänzen, daß ich bereits 1935 zum erstenmal zur Musterung erscheinen mußte, damals aber ausgemustert wurde. Ich habe rechts einen kleinen Klumpfuß. Als ich jetzt 1943 wieder vorgeladen wurde, fragte mich der Arzt: »Sie kommen – scheint es – von Buchenwald?« Und er fragte, wie lange ich dagewesen sei. Ich antwortete: »Welzheim eingerechnet, war ich fünfdreiviertel Jahre im KZ.« Er fragte noch zweimal nach: »Wie lange?« und ich antwortete zweimal: »Fünfdreiviertel Jahre«. Da hat er nichts weiter gesagt und mich als »völlig untauglich für den Militärdienst« ausgemustert. Das war zweifellos ein großes Entgegenkommen, denn der Arzt hätte mich ohne weiteres wehrtauglich schreiben können. Es wurden damals auch Männer eingezogen, die gesundheitlich viel schlimmer dran waren als ich. So konnte ich also bis Kriegsende im Büro dieser Rüstungsfirma weiterarbeiten.

W.: Und was geschah nach Kriegsende? Da kamen die Widerstandskämpfer von einst erst mal in besondere Stellungen, nicht wahr?

Leikam: Ich wurde sofort nach der Besetzung durch die Alliierten, mit Genehmigung der amerikanischen Verwaltung, Bürgermeister in Korb. Nach einem Jahr habe ich übergewechselt und wurde Vorsitzender der Spruchkammer in Waiblingen, um bei der sogenannten Entnazifizierung mitzuwirken. Bei dieser Sache habe ich ebenfalls etwa ein Jahr mitgemacht. Dann bin ich zurückgetreten, weil ich mit den Methoden, mit denen dort gearbeitet wurde, nicht einverstanden war. Ich habe mich dann in meinem Notarsberuf privat weitergebildet. In der Zwischenzeit hatte mir meine frühere Dienststelle, die Landesjustizverwaltung, die Rechte verliehen, die ich gehabt hätte, wenn ich die Prüfung als Notar gemacht hätte. Ich bin wahrscheinlich in Deutschland der einzige Notar, der ohne Prüfung in seinen Beruf gekommen ist. Ich habe dann aber doch noch 1947 und 1948 einen Nachholkurs besucht und wurde am 1. Februar 1948 Notarverweser in Esslingen, 1949 ging ich nach Waiblingen, und seit 1961 bin ich Notar in Schwäbisch Hall.

W.: Haben Sie später einmal Nachteile gehabt, weil Sie bei der Entnazifizierung mitgewirkt haben? Es gab ja viele, denen man ihre Arbeit in einer Spruchkammer zum Vorwurf gemacht hat.

Leikam: Sicher wurde mir meine Beteiligung schon während meiner Tätigkeit mehr oder weniger zum Vorwurf gemacht. Ich hatte deswegen allerdings keine persönlichen oder beruflichen Nachteile. Nur habe ich später von meiner Frau erfahren, die in Waiblingen sehr gut bekannt war, daß sie großen Antipathien begegnet ist. Sie wurde von alten Nazis angefeindet; manche haben sogar vor ihr ausgespuckt. Als mir das zu Ohren kam, habe ich meine Versetzung nach Schwäbisch Hall betrieben.

In Schwäbisch Hall war Alfred Leikam Notar bis zu seiner Pensionierung 1980.

Auschwitz – das war die Hölle

Interview mit Ernst Michel

Die Nationalsozialisten sprachen nicht nur ihren politischen Gegnern jede Existenzberechtigung ab, sondern sie wollten auch Bürger jüdischen Glaubens an den Rand der Gesellschaft drängen, ja sie schließlich ganz »entfernen«. Schon 1920 forderte Hitler in einer schriftlichen Aufzeichnung: »Der Antisemitismus muß führen zur planmäßigen gesetzlichen Bekämpfung und Beseitigung der Vorrechte des Juden, die er zum Unterschied der anderen zwischen uns lebenden Fremden besitzt. Des Antisemitismus letztes Ziel muß aber unverrückbar die Entfernung der Juden überhaupt sein.«
Für Hitler waren die Juden nicht nur Menschen, die einem anderen Glauben, einem fremden Volk angehören, sondern für ihn waren sie eine minderwertige Rasse. Die Juden – so verkündete er schon vor 1933 – seien das Böse schlechthin, ihr Ziel sei es, die hochwertige nordische Rasse – verkörpert im deutschen Volk – zu »zersetzen«, wirtschaftlich und politisch zu ruinieren. Die Juden – so Hitler – seien Schurken, Parasiten, die es »auszumerzen« gelte.
Mit seinem Machtantritt machte Hitler den Antisemitismus zur offiziellen Politik. Schritt für Schritt ging er daran, jüdischen Bürgern ihre Existenz zu nehmen. Am 1. April ordnete die NSDAP einen landesweiten Boykott gegen jüdische Geschäfte, Rechtsanwälte und Ärzte an. Überall wurden Läden und Kaufhäuser, deren Besitzer Juden waren, besonders gekennzeichnet, SA-Männer verwehrten Kunden den Zutritt.

Dem deutschen Volk stellte man diese Aktionen als Vergeltungsmaßnahme dar; die Regierung behauptete, die jüdische Presse im Ausland habe Greuelnachrichten über Deutschland verbreitet, der Boykott sei nun die gerechte Antwort.
Es folgten eine Reihe von Gesetzen, mit denen jüdischen Mitbürgern das Recht der freien Berufswahl genommen wurde. Jüdische Beamte wurden – bis auf wenige Ausnahmen – in den Ruhestand versetzt; Wissenschaftler und Hochschullehrer wurden aus ihren Stellungen vertrieben. In den nächsten Wochen und Monaten wurden Juden auch aus anderen Berufen weitgehend verdrängt, so erst aus der freien Berufsausübung als Ärzte, Rechtsanwälte, Patentanwälte, dann auch aus journalistischen und künstlerischen Tätigkeiten.
Im September 1935 wurde das »Gesetz zum Schutz des deutschen Blutes und der deutschen Ehre« erlassen. Es verbot Ehen und auch außereheliche Beziehungen zwischen »Juden und Staatsangehörigen deutschen oder artverwandten Blutes«.
In den Jahren 1937 und 1938 begann die Regierung, auch gegen jüdische Geschäftsleute und Firmeninhaber offen vorzugehen. Fernziel war es, die Juden ganz aus dem Geschäfts- und Wirtschaftsleben zu vertreiben und ihnen nun auch ihre letzte Existenzgrundlage zu nehmen. Mit Schikanen wie Boykottaufrufen und beschränkten Rohstofflieferungen setzte man jüdische Unternehmer mehr und mehr unter Druck, für direkte Drohungen, Gewalt und Terror fehlte zunächst noch ein Vorwand. Doch bald fand man ihn. Am 7. November 1938 verübte Herschel Grünspan, ein junger polnischer Jude, in der deutschen Botschaft in Paris ein Attentat auf den Gesandtschaftsrat Ernst vom Rath, der schwer verletzt wurde und zwei Tage später starb.
Herschel Grünspan gab nach seiner Verhaftung an, er habe mit seinen Schüssen einen Repräsentanten der verhaßten deutschen Regierung treffen wollen. Seine Tat wurde nun von den Nationalsozialisten zu einem Anschlag des »Weltjudentums« auf das ganze deutsche Volk hochstilisiert und als eigentlicher Grund für die schon lange geplanten Terrormaßnahmen vorgegeben. In der Nacht vom 9. zum 10. November fand in ganz Deutschland die sogenannte »Reichskristallnacht« statt,

überall steckten SA- und SS-Männer Synagogen in Brand, zerstörten jüdische Geschäfte und Wohnungen. 30 000 jüdische Männer wurden verhaftet und für kürzere oder längere Zeit ins KZ gesperrt.
Diese Terrormaßnahmen waren der Auftakt zur »Endlösung«. In den kommenden Monaten mußten jüdische Bürger alles abgeben, was sie noch besaßen, ihre Geschäfte, Wertgegenstände, Autos, Radios, Telefone. Nach Kriegsanfang begann man dann, Juden aus Deutschland zu deportieren.
Einer der wenigen Juden, die dem Massenmord entkommen sind, ist Ernst Michel. Er ist 1916 geboren. Als die Nationalsozialisten an die Macht kamen, war er also 17 Jahre alt.

Wenke: Haben Sie eigentlich schon vor 1933, während Ihrer Schulzeit, Antisemitismus erlebt?

Michel: Ja, man hat mich da schon ein bißchen als Außenseiter behandelt, hat mir »Jude, auf nach Palästina« und andere Parolen nachgerufen. Ich bin öfters mal beleidigt worden, aber ich hatte auch meine Freunde. Im Prinzip hat man sich vertragen. So kraß wie später war der Antisemitismus noch nicht.

W.: Haben Sie schon vor 1933 Hitler-Reden gehört oder gelesen, und haben Sie seine brutalen antisemitischen Äußerungen ernstgenommen?

Michel: Ja, ich habe sie gehört und gelesen. Aber so ganz ernst hat sie damals wohl niemand genommen, oder kaum jemand. Und dann hat man die üblichen Worte gebraucht: »Es wird nichts so heiß gegessen, wie es gekocht wird.«

W.: Wo waren Sie am 1. April, als der Judenboykott stattfand?

Michel: Da war ich Lehrling in Horn, einer Kleinstadt in der Nähe von Detmold, in einem jüdischen Geschäft. Wir haben da alles mögliche verkauft: Getreide, Drogerieartikel, Lebensmittel, Textilien, Farben, praktisch alles für den täglichen Bedarf. Als der Boykott stattfand, haben sich SA-Männer vor dem Geschäft aufgestellt und den Kunden den Zutritt verwehrt.

W.: Hat danach das Geschäft nachgelassen?

Michel: Ja, zunächst stark, dann hat es sich wieder ein bißchen eingespielt. Aber grundsätzlich hat die Nazi-Partei durch ihre Propaganda schon mehr und mehr an Einfluß gewonnen, und einige Leute haben dann nicht mehr beim Juden eingekauft. Manche sind noch heimlich oder abends in der Dunkelheit gekommen, weil sie fürchteten, daß sie Schwierigkeiten bekommen oder ihre Stellung verlieren. Im großen und ganzen hat der Boykott also schon seine Wirkung gehabt.

W.: Und wie lange waren Sie in diesem Geschäft?

Michel: Bis Oktober 1933, dann bin ich nach Straßburg gegangen. Das war bereits als Emigration gedacht. In Horn fühlte ich mich schon verfolgt. In der Gewerbeschule hatten mich Mitschüler schon angefeindet und mir gedroht, ich solle mich nicht mehr sehen lassen. Da bin ich dann nicht mehr hingegangen. Bald hat man mir auch auf der Straße »Wir kriegen Dich noch!« und andere Drohungen nachgerufen. Also ich habe schon gemerkt, man paßt auf mich auf, man will mich schlagen oder einsperren. Jedenfalls habe ich wochenlang nicht mehr das Haus verlassen können. Das war natürlich ein unhaltbarer Zustand, und da meine Lehre sowieso kurz vor ihrem Abschluß war und ich mich ohnehin verändern wollte, bin ich dann nach Straßburg gegangen. Dort habe ich zunächst keine Arbeit gefunden. Nach einigen Wochen habe ich mal bei einer Lagerhausgesellschaft für einen Stundenlohn von 50 Pfennigen gearbeitet oder habe woanders etwas Geld verdient. Aber das waren alles Gelegenheitsarbeiten. Ich hatte zwar für Straßburg eine Aufenthaltsgenehmigung, aber ich habe nie eine Arbeitsgenehmigung bekommen. Ich nehme an, daß es damals auch in Frankreich Arbeitslose gab und daß man deshalb Ausländern, die nicht schon Arbeit hatten, keine neue Arbeitserlaubnis erteilte, zumindest nicht im Grenzgebiet. Und das hat mich dann dazu veranlaßt, nach Deutschland zurückzukehren. Ich bin also 1934 nach Karlsruhe gegangen. Da habe ich erst bei Verwandten, und dann zur Untermiete bei Juden gewohnt. Meine Eltern lebten zu dieser Zeit nicht mehr.

W.: Wie konnten Sie dort als Jude leben?

Michel: Ich bin der Meinung, daß die Bevölkerung in Karlsruhe nicht besonders antisemitisch war, aber wir haben trotzdem gespürt, daß sich die Leute von den Juden zurückzogen. 1935 wurden die Nürnberger Gesetze erlassen, und damit wurde die Kluft dann noch größer. Die Juden waren nun zwar noch nicht im Getto, aber sie waren doch schon sehr eingeengt. Man durfte kaum jemanden etwas fragen. Wenn es eine christliche Frau war, dann wurde einem das gleich falsch ausgelegt. Es war praktisch schon strafbar.
Es ist mir zum Beispiel einmal passiert – das war wohl 1936, daß ich mit einer blonden Jüdin in Karlsruhe auf der Kaiserstraße ging. Da klopfte mir plötzlich jemand auf die Schulter und sagte: »Wären Sie bitte so freundlich, mir zu folgen.« Wir mußten aufs Polizeipräsidium. Da mußte sie sich ausweisen, und aufgrund ihres Namens hat die Polizei festgestellt, daß sie Jüdin war. Man hat sich dann entschuldigt und uns wieder gehen lassen.
Man mußte also immer damit rechnen, daß man wegen irgendeiner Sache verhaftet oder eingesperrt wurde, unter irgendeinem Vorwand. Man mußte sich immer vorsichtig verhalten.

W.: Wie haben Sie die »Reichskristallnacht« erlebt?

Michel: Ich war am 9. November in einem Lokal, einem jüdischen Lokal, bin aber schon gegen acht Uhr nach Hause gegangen. Am anderen Morgen bin ich mit dem Fahrrad nach Durlach gefahren, in das Geschäft einer Eisenhandlung, wo ich damals arbeitete. Als ich ankam, wurde ich von SA-Männern und Polizisten empfangen und mir wurde befohlen, aufs Polizeipräsidium zu gehen. Ich konnte ja nicht viel machen. Ich bin also dahin, und dann merkte ich erst, daß eine Aktion gegen Juden im Gange war. Ich wurde mit anderen zusammen in eine Gefängniszelle gesperrt. Am Abend bekamen wir ein Stück Brot und etwas Suppe. Etwas später wurden wir gesammelt und mit dem Gefängnistransporter in eine große Halle in Karlsruhe gebracht. Noch während der Nacht wurden wir sortiert. Es gab wenige Privilegierte, die christlich verheiratet oder älter als sechzig Jahre waren. Die wurden herausgesucht, und wie sich später herausstellte, durften die dableiben. Wir anderen wurden noch in der Nacht mit einem Personenzug nach Dachau transportiert, wo wir am nächsten Morgen ankamen.

W.: Und was geschah in Dachau?

Michel: Nun will ich Ihnen mal so einen Tag schildern: Wenn wir Glück hatten, begann der Tag erst um fünf Uhr morgens. Wenn wir aber Pech hatten, konnte er schon nachts um zwölf oder um ein Uhr beginnen. Dann wurden wir aus den Baracken gejagt, auf die Lagerstraße, wurden um die Blocks gehetzt, mußten Kniebeugen machen, bei Wind und Wetter. Nach einer Stunde mußten wir wieder antreten, dann hat man uns eine Weile stehen lassen, und anschließend wurden wir wieder für zwei Stunden in die Baracken gelassen, um uns morgens wieder aufzujagen. Dann gab es Kaffee, danach kam der Appell. Der konnte eine Viertelstunde dauern, er konnte aber auch drei Stunden lang dauern. Anschließend mußten wir Sport treiben – Arbeit gab es ja für uns keine, auf Außenkommandos waren wir nicht. Und so hat man uns über den Hof gejagt. Wir mußten Dauerlauf und Kniebeugen machen, alles mögliche, was den Herrschaften gerade eingefallen ist. Und wenn sie gar nichts anderes wußten, dann haben sie uns eben mal eine Stunde strammstehen lassen. Mittags gab es etwas zu essen; jeweils zwei Leute bekamen eine Terrine Suppe. Abends war wieder Appell. Da war wieder dasselbe: Da konnte man, wenn man Glück hatte, eine halbe oder dreiviertel Stunde stehen, und wenn man Pech hatte, konnte man wieder drei Stunden stehen. Am schlimmsten war es, wenn jemand ausgerissen war. Bis der gefunden wurde, mußten wir stehen. So war es am Tag, als ich entlassen werden sollte. Wir standen schon vor dem Kommandoturm und wollten gerade zum Bahnhof marschieren. Es war nachmittags gegen halb fünf, es war schon fast dunkel, da rückten die anderen Häftlinge in Kolonnen ein. Man stellte fest, daß zwei Leute fehlten. Da hat man uns stehen lassen, bei Regen, den ganzen Abend, die ganze Nacht. Am nächsten Morgen kam jemand und führte uns zur Toilette, aber ich konnte schon gar nichts mehr von mir lassen, weil alles so verkrampft war. Nachmittags hat man uns dann in die Kantine geführt und uns den Kaffee vom Tag zuvor serviert, kalt natürlich. Anschließend wurden wir zum Bahnhof gebracht. In München hat uns ein Komitee der jüdischen Gemeinde in Empfang genommen. Wir bekamen etwas zu essen, und nachts bin ich noch mit dem Zug nach Karlsruhe gefahren. Am nächsten Morgen habe ich mich bei der Gestapo gemeldet. Das mußte jeder, der aus dem KZ zurückkam. Das war Ende Januar 1939.

W.: Können Sie sich erinnern, was Sie damals gedacht haben? Haben Sie geglaubt, das wars? Oder hatten Sie Angst, daß die Verfolgung der Juden noch schlimmer wird?

Michel: Zum Denken hatte man damals nicht mehr viel Zeit, weil sich ja die Ereignisse bald überstürzten. Unsere Erwartungen an die Zukunft waren natürlich düster. Als dann der Krieg ausbrach, waren wir uns darüber im klaren, daß damit für uns eine Lebensgefahr verbunden war. Jetzt waren die Grenzen aber geschlossen, man konnte nicht mehr hoffen, aus Deutschland irgendwie hinauszukommen.

W.: Haben Sie eigentlich vor Dachau oder danach an Auswanderung gedacht?

Michel: Ja, ich habe mich schon vor dem November 1938 um eine Auswanderung bemüht. Ich hatte in USA eine Tante, eine Schwester meiner Mutter, die mit Mann und Tochter Anfang 1938 ausgewandert war. Und die hatte mir versprochen, sich um ein Visum für mich zu bemühen. Das hat sie auch getan. Etwa eineinhalb Jahre nach ihrer Ankunft in USA habe ich vom amerikanischen Konsulat eine Mitteilung bekommen, daß ich – wie andere auch – auf einer Warteliste stünde. Nach der Registriernummer, die man mir nannte, konnte ich mir ausrechnen, daß meine Auswanderung wahrscheinlich erst 1942 spruchreif geworden wäre. Unterdessen wurde ich aber im Oktober 1940 deportiert.

W.: Bis zur Kristallnacht haben Sie in einer jüdischen Firma gearbeitet. 1939 wurden aber alle Juden enteignet, das hieß damals, ihre Betriebe wurden »arisiert«, also von Nicht-Juden übernommen. Wo haben Sie denn gearbeitet, als Sie aus Dachau zurückkamen?

Michel: Ich bin im Frühjahr 1939 aus dem Geschäft ausgeschieden, habe mich beim Arbeitsamt als arbeitslos gemeldet, und Gelegenheitsarbeiten übernommen. Später war ich dann für zwei Monate beim Arbeitseinsatz bei einem Bauern in

Frankfurt/Oder und habe bei der Ernte geholfen. Ab März 1940 war ich wieder in Karlsruhe und bin dort zu Arbeiten beim Tiefbauamt zwangsverpflichtet worden, am Weinweg war das. Wir Juden mußten da im Freien arbeiten und Loren mit Erde beladen und an anderer Stelle wieder ausladen, unter Aufsicht eines Vorarbeiters. Das war ein fanatischer Nationalsozialist; er hat uns nicht gerade schikaniert, aber doch sehr zur Arbeit angetrieben. Aber sein unmittelbarer Vorgesetzter, der hat sich für uns eingesetzt: Wir bekamen eine zusätzliche Lebensmittelkarte, eine Schwerarbeiterzulage, und wir konnten auch Freitag nachmittag mit der Arbeit aufhören und mußten nicht – wie sonst – bis in die Nacht hinein arbeiten. Samstags war die Arbeit freigestellt.

W.: 1939 wurden die wenigen Rechte, die Juden noch hatten, noch einmal eingeschränkt. Sie mußten den Führerschein abgeben, Radios abmelden und durften abends nach 20 Uhr nicht mehr ausgehen. Wie hat sich das denn auf Ihren Alltag ausgewirkt?

Michel: Ich habe mich nicht immer daran gehalten. Ich habe es riskiert, nicht jeden Abend rechtzeitig zu Hause zu sein. Werktags habe ich nach der Arbeit sowieso keine Kraft mehr gehabt, abends auszugehen; aber freitags oder samstags, wenn ich am nächsten Tag ausschlafen konnte, habe ich mich nicht ans Ausgehverbot gehalten. Aber man mußte natürlich aufpassen. Ich konnte nicht mehr in die Stadt in ein Lokal gehen, ich konnte mich nur noch mit anderen Juden in deren Wohnung verabreden. Wir haben uns zu mehreren getroffen, und manche haben dort übernachtet. Ich selbst bin aber abends immer noch nach Hause gegangen. Es war ja dann schon dunkel. Ich bin auch niemals angehalten worden.

W.: Hatten Sie zu dieser Zeit eigentlich noch Kontakt zu nichtjüdischen Bekannten?

Michel: Nein, zu dieser Zeit waren es fast nur noch jüdische Bekannte. Ich hatte zwar noch lange Zeit Kontakt zu Christen, mit denen ich auch ab und zu im Lokal noch Karten gespielt habe. Aber um diese Zeit, als der Krieg losging, hat das vollkommen aufgehört. Es gab verschiedene Versionen: Der eine hat sich zurückgezogen, weil er mittlerweile von der nationalsozialistischen Idee so eingenommen war, daß er wirklich glaubte, die Juden seien so, wie sie die Propaganda immer darstellte. Und dann gab es natürlich viele, die um ihre Stellung oder um ihre Position im Gesellschaftsleben gebangt haben und sagten: »Ich kann mir das nicht mehr leisten, sei nicht böse, aber es geht einfach nicht mehr.« Man konnte von ihnen nicht sagen, sie seien Judenfeinde geworden; sie mußten sich so verhalten, sie hatten keine andere Wahl.
Aber es gab auch immer wieder Leute, die geholfen haben. Ich bin zum Beispiel in ein Lokal in der Hebelstraße gegangen, wo draußen ein Schild stand »Juden unerwünscht«. Ich bin hineingegangen, obwohl die Leute wußten, wer ich war. Man hat zu mir gesagt: »Geh eine Treppe höher, setz dich da hin.« Und dann hat man mir das Essen nach oben gebracht. Oder ich bin zu einem SA-Mann, der ein Lebensmittelgeschäft hatte und mich kannte, gegangen und habe gesagt: »Ich hätte gern Butter.« Und dann hat der mir auf meine Lebensmittelkarte mehr Butter gegeben, als er eigentlich durfte, also statt 100 Gramm 250 Gramm.

W.: Ein Jahr nach Kriegsbeginn, am 22. Oktober 1940, wurden Sie dann deportiert. Haben Sie das vorher gewußt?

Michel: Nein. Wir waren gerade bei der Arbeit beim Tiefbauamt, da wurde auf einmal der ganze Platz von Polizisten umstellt, und dann sagte uns der Vorarbeiter, wir sollten mit der Arbeit aufhören und die Geräte in die Bauhütte bringen. Dann sind wir angetreten, und man hat uns aufgefordert, uns oben an der Straßenbahnhaltestelle aufzustellen. Wir sind alle in die Straßenbahn gestiegen und zum Polizeipräsidium gefahren. Dort bekam jeder seinen eigenen Polizisten oder Hilfspolizisten zugeteilt, der ihn nach Hause begleitete. Wir mußten uns innerhalb von zwei Stunden fertigmachen und durften nur unser notwendigstes Gepäck – gerade so viel wie man tragen konnte – mitnehmen. Das war mittags, und bald darauf war schon der Abmarsch. Man gab uns keine Erklärungen. Wir wußten nur: Wir kamen weg. Wohin, das wußten wir zunächst nicht. Wir saßen schon längst im Zug und wußten immer noch nicht, wohin die Reise geht. Nun, später haben wir gemerkt, es kommt Mühlhausen, wir sind im Elsaß, es geht nach Frankreich.

Man durfte hundert Mark mitnehmen. Unterwegs wurde uns mehrmals gesagt: »Wer mehr als hundert Mark bei sich hat, wird sofort erschossen!« In Mühlhausen wurde zum letztenmal ausgegeben, daß jetzt Kontrollen vorgenommen würden. Und dann haben diejenigen, die noch Geld hatten, es in die Toilette geworfen. Aber ein paar haben es riskiert und ihr Geld bei sich behalten. Die Kontrolle fand dann auch nicht statt, und so hatten sie nachher Tausende von Mark im Lager und konnten sich vieles kaufen und sich ihr Leben dort etwas erleichtern. Es ging dann also bis nach Südfrankreich, bis an die spanische Grenze, nach Gurs.

Insgesamt 6500 Juden aus Baden, dem Saargebiet und der Pfalz wurden am 22. und 23. Oktober 1940 – allem Anschein nach auf Veranlassung von Hitler selbst – deportiert. Für alle kam die Verschleppung völlig überraschend, unter ihnen waren Säuglinge, Kinder und Greise.

Sie wurden völkerrechtswidrig in den noch unbesetzten Teil Frankreichs

abgeschoben; die französische Vichy-Regierung war davon vorher nicht einmal informiert worden.
Diesem Transport sollten wahrscheinlich noch weitere hinterhergeschickt werden, denn damals verfolgte man in der SS noch Pläne, die Juden aus Westeuropa nach Madagaskar umzusiedeln und auf der Insel eine Art Groß-Getto zu errichten. Die deutsche Regierung erwartete offenbar, daß die Franzosen die deutschen Juden auf die Insel weitertransportierten. Die Vichy-Regierung protestierte aber gegen diese Aktion, was zur Folge hatte, daß weitere Deportationen jüdischer Bürger nach Frankreich unterblieben.
Doch die überraschend verschleppten Juden mußten erst einmal untergebracht werden, da die deutsche Regierung sich weigerte, sie zurückzubefördern. Nach langem Hin und Her brachten die französischen Behörden sie in das Internierungslager Gurs, das 1939 für Flüchtlinge des Spanischen Bürgerkriegs errichtet worden war. Dort mußten die Juden aus Südwestdeutschland bleiben. Viele starben an Hunger, Kälte, ansteckenden Krankheiten; einigen wenigen gelang es, ins Ausland zu entkommen.
Die Überlebenden wurden 1942 wieder von den Deutschen geholt und – ohne daß die französische Regierung es verhinderte – nach Polen in ein Vernichtungslager verschleppt. Inzwischen hatte die deutsche Regierung unwiderruflich beschlossen, Juden nicht nur zu vertreiben, sondern zu ermorden.

Michel: In den Holzbaracken war nichts, kein Stroh, kein Ofen, keine Heizung, gar nichts. Und da wurden wir Juden jetzt neben den ehemaligen Spanienkämpfern gefangengehalten.

W.: Was haben Sie eigentlich gedacht, wie es weitergeht?

Michel: Darüber haben wir zunächst nicht nachgedacht. Wir mußten uns ja erst einmal mit dem Lager vertraut machen und versuchen, nicht zu verhungern, nicht an dem Dreck und der mangelnden Hygiene zugrunde zu gehen.

Es gab meistens kein Wasser. Wenn es Wasser gab, dann nur tropfenweise. Toiletten – das waren Latrinen. Man mußte erst durch den Schlamm waten, bis man überhaupt zu einer Latrine kam. Und zu essen gab es zunächst nur diese von Würmern aufgewühlten Kullererbsen, tagelang nur diese Erbsensuppe. Da durfte man nicht empfindlich sein.
Nach einiger Zeit haben viele an einem Darmkatarrh gelitten, der kam über uns wie die Pest. Da sind 15, 20 Leute täglich gestorben, und interessanterweise sind die kräftigsten, die gutgenährten schneller zugrunde gegangen als die anderen.
Unsere Bewacher waren Franzosen, die waren erträglich. Sie waren zwar mit Revolvern bewaffnet, aber wenn jemand einen Fluchtversuch gemacht hat, dann haben sie nur in die Luft geschossen. Sie haben also niemanden erschossen oder erschlagen. Im Gegenteil, sie haben mit uns noch Geschäfte gemacht, haben uns Lebensmittel gegen Geld gebracht oder haben getauscht.

W.: Und wann wurden Sie von den Deutschen wieder geholt?

Michel: Ab August 1942 wurden Transporte zusammengestellt und zwar jeden Montagmorgen. Am 1. September wurde ich auch aufgerufen. Wir kamen nach Drancy, ins Übergangslager. Am nächsten Morgen wurden uns alle Haare abgeschnitten, wir wurden am ganzen Körper rasiert, damit wir ja kein Ungeziefer mitbringen. Bewacht wurden wir von Franzosen, und ich habe da schon einen ersten Vorgeschmack von dem bekommen, was uns erwartete. Ich wußte jedenfalls, wir gehen in ein Lager, in dem alle, die nicht mehr arbeiten können, sofort vernichtet werden.

W.: Das wußten Sie?

Michel: Ja. Das habe ich in Frankreich von einem Bewachungsfranzosen erfahren. Der trug eine schwarze Uniform und einen Stahlhelm. Wir waren gerade auf dem Abtransport, der Zug stand schon da, und ich fragte ihn: »Wo fahren wir hin?« Da sagte er: »Ihr kommt nach Polen, da werden alle vernichtet. Du brauchst aber keine Angst zu haben, Du bist noch jung, Dich nehmen sie zur Arbeit. Du wirst nicht vergast. Alle anderen werden vergast.«
Und dann ging die lange Reise wirklich über verschiedene Stationen, über mehrere Lager, wo ich jeweils einige Zeit war, nach Auschwitz-Birkenau.

Das Konzentrationslager in der Nähe von Krakau war im Mai 1940 auf dem Gelände einer ehemaligen Kaserne errichtet worden. Es war zunächst als KZ für politische Häftlinge – Hitlergegner aus Polen – gedacht, doch 1941 und 1942 wurde es zu einem riesigen Arbeits- und Vernichtungslager erweitert, in das vor allem Juden deportiert wurden. Die Anzahl der Häftlinge fluktuierte stark, zeitweise waren hier 150 000 Menschen zusammengepfercht. Auschwitz war das größte nationalsozialistische Konzentrationslager. Es war das einzige KZ, in dem die Gefangenen ihre Häftlingsnummer in den Unterarm eintätowiert bekamen. Die Gefangenen, die noch arbeiten konnten, wurden in einen der vielen Betriebe abkommandiert, in landwirtschaftliche Versuchsstationen, Rüstungsbetriebe oder in die chemische Industrie. Viele mußten auch beim Ausbau des Lagers helfen.
1942, nach der Konferenz in Berlin-Wannsee, begann in den Gaskammern von Auschwitz der organisierte Massenmord an Juden aus ganz Europa.

Michel: Und dort war die Hölle. Dort sah man, hörte man, roch man, was sich tat. Tag und Nacht brannten die Krematorien. Man roch den süßen Geruch des verbrannten Menschenfleisches. Das ist man nie mehr losgeworden. Der größte Teil meines Transports ist gleich nach der Ankunft vergast worden.

W.: Man kam an, und dann wurde selektiert?

Michel: Sofort selektiert, ja, sofort selektiert. Man mußte laufen, und dann hat es nur geheißen, links oder rechts. Ich kam zu den wenigen, die übriggelassen wurden, um zu arbeiten. Wir mußten am Bahnhof arbeiten und Steine schleppen. Ich war erst in Birkenau und kam dann nach Auschwitz. Nach drei Wochen habe ich mich nach Warschau gemeldet. Das war ein reiner Glückstreffer, wie sich später herausstellte, denn in Auschwitz hätte ich sicherlich nicht lange überlebt.
In Warschau hatte man das vernichtete Getto, wo vorher Hunderttausende von Juden gelebt hatten und später umgebracht worden waren, zu einem Arbeitslager umgebaut. Wir mußten Steine putzen, die man irgendwo anders für Bauarbeiten brauchte.

W.: Und als die russische Armee nach Westen vordrang und die Deutschen sich aus Polen zurückzogen, wurden die Gefangenen evakuiert und nach Deutschland gebracht?

Michel: Ich kam am 25. November 1943 nach Warschau und bin da bis zum 1. August 1944 geblieben. Dann sind wir auf Fußmarsch gesetzt worden. Wir sind tagelang gelaufen, bis nach Kutno. Wer nicht mithalten konnte, wurde einfach erschossen und an den Grabenrand gelegt. In Kutno haben wir zwei oder drei Tage bei strömendem Regen gelegen, dann wurden wir in Waggons reingepfercht, und die Fahrt ging nach Dachau. Als wir in Warschau losmarschierten, waren wir etwa 5600 Mann. In Dachau waren wir noch knapp die Hälfte, alle anderen waren auf dem Weg dahin umgekommen.
Ich bin dann noch von Dachau in mehrere Außenlager, nach Landsberg, Kaufering, Landshut, Mühldorf gekommen. In Feldafing habe ich dann endlich die Befreiung erlebt.

Im Lager Dachau wurden 30 000 Gefangene am 29. April von amerikanischen Truppen befreit. Die Außenlager wurden teils in den Tagen davor, teils unmittelbar danach befreit.

W.: Herr Michel, wenn ich Berichte wie Ihren höre, dann frage ich mich immer: Wie kann man solchen Erlebnissen, dem Hunger, dem Sadismus der SS, der ständigen Bedrohung überhaupt standhalten? Woher kommt der Überlebenswille?

Michel: Ich würde sagen, es gehört sehr viel Glück dazu. Es gibt so viele Aspekte, die ich im einzelnen gar nicht aufzählen kann. Zum Beispiel betrachte ich es heute als einen glücklichen Zufall, daß ich nach der »Kristallnacht« 1938 nach Dachau gekommen bin. Ich hätte dem ja vielleicht entkommen können, wenn ich ganz einfach nicht zur Polizei gegangen wäre und mich niemand dabei beobachtet hätte.
Nach 24 Stunden wurde die Verhaftungsaktion ja abgeblasen. Wer bis dahin nicht gefaßt war, der ist eben nicht ins KZ gekommen. Das habe ich mir später überlegt. Aber heute bin ich davon überzeugt, daß ich in Dachau schon Erfahrungen gesammelt habe, die mir später von großem Nutzen waren.
Eine Verhaltensregel im KZ war zum Beispiel: nicht aufzufallen. Eine andere: rechtzeitig, wenn man einen SS-Mann nur von weitem gesehen hat, die Mütze vom Kopf zu reißen; rechtzeitig, das heißt nicht erst zwei, drei Meter, sondern schon zehn Meter vor ihm stramm stehen und die Hände an die Hosennaht zu legen. In Dachau wußte ich, wenn es »Antreten« hieß, mußte man, egal was man gerade tat, alles fallen lassen und sofort antreten.
Denn wenn man später kam und bei den letzten war, hat man immer Schläge bekommen. Man mußte sich immer bemühen, möglichst nicht in den vorderen Reihen zu gehen und möglichst nicht hinten zu stehen. Wenn Kolonnen zusammengestellt wurden, mußte man alles von vornherein so arrangieren,

daß man möglichst immer in der Mitte stand. Die ersten und die letzten Reihen waren immer in Gefahr, zur Deportation, das heißt zur Vergasung geholt zu werden. Oder wenn die Gefangenen in einer Kolonne gingen, und sie waren der SS zu langsam, dann sind immer die ersten oder die letzten geschlagen worden, weil man zu ihnen am leichtesten Zugang hatte. In der Mitte war man immer geschützter.
Wenn ich mich heute frage, konnte man so leben, so muß ich – so widersprüchlich es auch klingen mag – antworten: nein. Der Beweis ist einfach der, daß von 100 Deportierten 99 gestorben sind. Warum mir das Schicksal beschieden war, weiterzuleben, kann ich nicht erklären. Ich war weder ein besonders kräftiger junger Mann, noch habe ich immer genügend zu essen gehabt. Im Gegenteil: Ich habe viel gehungert, viel entbehrt. Es war wohl reine Glückssache. Man hat mal gesagt: »Menschen sind stärker als Eisen.« Ich möchte sagen, auf manche trifft das zu.

W.: Hat sich durch Ihre Erlebnisse im KZ Ihre Einstellung zu den Menschen verändert? Sind Sie durch die Erfahrungen in den Lagern anders geworden?

Michel: Ich bin vielleicht unmittelbar nach der Befreiung radikaler in meinen politischen Ansichten gewesen.
Ich wäre damals wahrscheinlich fähig gewesen, wenn man es von mir verlangt hätte, an den Leuten, die uns gepeinigt haben, mit denselben Mitteln Rache zu üben. Und später hätte ich wahrscheinlich keinem Huhn mehr den Kopf herumdrehen können. Aber unmittelbar nach der Befreiung war man aufgebracht und rachsüchtig. Das hat sich natürlich im Laufe der Jahre gelegt. Man hat sich normalisiert. Aber 1945 war man ja kein richtiger Mensch mehr. Ich erinnere mich: Ich bin nach Karlsruhe zurückgekommen, da lag auf der Straße Ham und Eggs, das hatte wohl ein Amerikaner fallengelassen, das habe

ich von der Straße gegessen wie ein Tier. Man war ja gar kein Mensch mehr.

W.: Simon Wiesenthal, der auch lange Zeit im Konzentrationslager war, der viele Naziverbrecher gesucht und sie der Justiz übergeben hat, sagte einmal in einem Interview: »Meine Seele ist verwundet, und diese Wunden werden nie heilen.«

Michel: Im Grunde muß ich ihm zustimmen. Man kann das alles nie vergessen. Aber man muß natürlich der Vergangenheit gegenüber etwas gleichgültiger werden, sonst kann man hier nicht leben. Ich bin aber noch älteren Leuten gegenüber sehr skeptisch. Oft denke ich mir: Jetzt spricht er mit dir ganz freundlich, aber in Wirklichkeit war er vielleicht ein Judenmörder.

W.: Lebt das KZ in Träumen, in Erinnerungen weiter?

Michel: Ja, bis heute. Als ich zurückkam, habe ich in der ersten Zeit nach der Befreiung 1945 mindestens einmal in der Woche nachts geschrien, weil ich grauenhafte Träume hatte. Das hat sich gemildert. Später war es einmal im Monat. Aber seit Jahren und Jahrzehnten verfolgt mich das. Auch heute kommt es noch manchmal vor, aber in Abständen von – sagen wir – einem halben Jahr, so daß auch das nachläßt.

W.: Hat sich die KZ-Haft auch auf Ihre Gesundheit ausgewirkt, und haben Sie für die Gesundheitsschäden eine finanzielle Entschädigung bekommen?

Michel: Ja, aber erst viel später. 1959 habe ich mich ein paar Tage lang in der Universitätsklinik untersuchen lassen und habe daraufhin für eine 25prozentige Minderung der Erwerbsfähigkeit die Mindestrente von damals 110 Mark zugebilligt bekommen. Inzwischen ist die natürlich laufend erhöht worden wie alle Renten.

W.: Was haben die Ärzte bei Ihnen festgestellt?

Michel: Die Schäden, die durch den Flecktyphus entstanden sind wie Gehörschaden, Haarausfall, Zahnausfall, die haben sie so gut wie gar nicht bewertet.
Sie haben nur einen Leberschaden bewertet, ein vernarbtes Magengeschwür und Rippenbrüche. Und aufgrund dieser organischen Leiden habe ich dann damals die Mindestrente bekommen.

W.: Und Sie haben keinen Einspruch dagegen erhoben?

Michel: Nein, zunächst nicht, weil ich grundsätzlich froh war, überhaupt eine Rente zu bekommen, und auch noch eine Nachzahlung für sechs Jahre. Vor kurzem habe ich mich aber noch einmal nachuntersuchen lassen, wieder in Heidelberg, und jetzt hat man mir eine etwas höhere Minderung der Erwerbsfähigkeit anerkannt.

W.: Wie haben Sie denn die »Entnazifizierung« erlebt? Sind nach dem Krieg auch Leute zu Ihnen gekommen, die bescheinigt haben wollten, daß sie trotz ihrer Mitgliedschaft in der NSDAP im Grunde eine weiße Weste behalten hatten?

Michel: Ja, es kamen mehrere zu mir. Einige kamen persönlich. Einige schrieben mir, und dann gab es auch welche, die durch Dritte anfragen ließen, ob sie gegen eine entsprechende Entschädigung von mir einen »Persilschein« bekommen könnten.

W.: Das heißt also auf gut deutsch, gegen ein Bestechungsgeld.

Michel: Ja. Unter anderem kam auch der damalige Bauaufseher, dem wir Juden beim Tiefbauamt unterstellt waren, zu mir. Er wollte von mir eine Bescheinigung, daß er kein Nazi gewesen war. Und da habe ich zu ihm gesagt: »Aber Sie waren doch so begeistert, wenn die Flugzeuge über uns flogen. Sie haben ein großes Parteiabzeichen mit Hakenkreuz getragen und waren glücklich und zufrieden über die militärischen Anfangserfolge der deutschen Wehrmacht. Dafür kann ich Ihnen doch jetzt keine anderslautende Bescheinigung ausstellen.«

W.: Haben Sie mal in einem Prozeß gegen Naziverbrecher als Zeuge ausgesagt?

Michel: Ja, 1948 oder 49 war ich Zeuge bei einem Prozeß in Kaiserslautern. Es ging dabei um die Verbrechen in dem Zwangsarbeitslager Schopinicz im polnischen Oberschlesien.
Dort wurde der Haupttäter aufgrund meiner Aussagen verurteilt. Aber auch da hat man zuerst versucht, mich zu beeinflussen.

W.: Wer war das?

Michel: Der Sohn und noch andere Angehörige haben versucht, mich zu bestechen.

W.: Was haben Sie über den Angeklagten ausgesagt?

Michel: Daß er sich während der Arbeit wie wild gebärdet und mit einer Schottergabel auf uns eingeschlagen hat. Das war aber kein SS-Mann, kein politischer Funktionär, sondern er war Vorarbeiter einer Firma, für die wir arbeiten mußten. Er ist dann – glaube ich – zu zehn Monaten verurteilt worden. Und die wurden noch zur Bewährung ausgesetzt, weil er sich inzwischen ein körperliches Leiden zugezogen hatte.

W.: Und wie haben Sie damals auf dieses Urteil reagiert?

Michel: Ich war erschüttert. Aber was sollte ich tun? Ich bin dann zur Kasse gegangen und habe meine Spesen abgeholt.

W.: Der Antisemitismus scheint in Deutschland immer noch oder wieder lebendig zu sein, er äußert sich in Judenwitzen, antisemitischen Parolen auf Grabsteinen und Wänden von Synagogen. Welche Gefühle haben Sie dabei?

Michel: Ich finde, daß man extreme Gruppen zu wenig ernst nimmt. Die Erfahrung lehrt, daß man auch Mörder wie Hitler und seine Helfer zu lange mit Samthandschuhen angefaßt hat, zu einer Zeit, wo man noch alle Möglichkeiten gehabt hätte, sie vom politischen Leben fernzuhalten.
Man versucht heute auch, SS-Treffen zu verharmlosen. Es ist ja auch schon vorgekommen, daß Jugendliche gegen solche Treffen ehemaliger SS-Leute demonstriert haben, und dann haben die Behörden Polizisten gegen die Demonstranten eingesetzt, während sie die SS-Leute geschützt haben. Ich finde das falsch. Man sollte diese SS-Treffen nicht genehmigen.
Es müssen ja nicht alles Mörder gewesen sein, aber einige sind sicher darunter. Und was verfolgen sie für Ziele? Sie sagen zwar, es seien bloß Kameradschaftstreffen, aber sie gebrauchen doch die alten Parolen und die maßgebenden Herren, die diese Treffen genehmigen, werden eines Tages selbst merken, daß sie Fehler gemacht haben.

Seit 1946 ist Ernst Michel als selbständiger Kaufmann in Karlsruhe tätig.

Warum haben wir überlebt und die anderen nicht?

Interview mit Heinrich und Alice Rosenrauch

Heinrich Rosenrauch ist 1906 geboren, seine Schulzeit hat er in der mecklenburgischen Kleinstadt Waren an der Müritz verbracht. Später zog er nach Reutlingen, wo er bis zum Judenpogrom im November 1938 ein Schuhgeschäft hatte. Seine Frau Alice ist 1913 geboren und in Stuttgart aufgewachsen.
Auch Heinrich Rosenrauch erzählt, er habe bereits in der Schulzeit unter der antisemitischen Haltung mancher Lehrer und Schüler zu leiden gehabt. Schon in der Grundschule, mehr aber noch auf dem Gymnasium sei er provoziert und auch geschlagen worden.

Rosenrauch: Wir waren nur zwei Juden und ein Katholik. Jeder, der sich irgendetwas herausnehmen wollte, der machte das mit uns. Ich schloß mich aber trotzdem meinen Schulkameraden an, spielte mit ihnen Fußball, machte jeden Sport mit und war dadurch meinem jüdischen Mitschüler gegenüber im Vorteil. Denn der war ganz das Gegenteil: Er sonderte sich ab, so daß die Schüler dann zu mir sagten: »Heini, Du bist kein Jude, aber Dein Glaubensgenosse ist einer.«

Wenke: Ich könnte mir aber vorstellen, daß man sich von Kindern, die einen bewußt ärgern, eher zurückzieht und nicht mit ihnen spielt?

Rosenrauch: Nein, das habe ich nicht getan. Ich konnte es als Kind ja gar nicht verstehen, daß man seines Glaubens wegen verfolgt werden konnte. Erst später dann, als ich in der Untertertia war, habe ich gemerkt, wie groß doch die seelische Belastung für mich war. Denn solche Episoden wie die folgende sind immer wieder passiert: Im Gymnasium war es so, daß alle drei Monate die Schüler jeweils versetzt wurden. Einer wurde in seinen Leistungen schlechter, der mußte sich dann nach hinten setzen, dafür durfte ein anderer in die vorderen Bänke aufrücken. Einmal kam der Sohn eines Amtsgerichtsrats auf meinen Platz und ich auf seinen: Dann ging er in der Pause hinunter zum Schuldiener, holte sich einen Eimer Wasser, Seife und Bürste, und begann nun, den Platz, wo ich gesessen hatte, abzuseifen, und er hörte nicht auf, als die Stunde begann. Wir hatten Latein. Der Lehrer kam herein und fragte ihn: »Was machst Du da?« Da sagte dieser Junge: »Herr Professor, ich mache den Platz sauber, da hat ein Jude gesessen.« Der Lehrer war nun nicht antisemitisch eingestellt, und so verbot er das.

W.: Frau Rosenrauch, Sie sind in Süddeutschland zur Schule gegangen. Haben Sie ähnliche Dinge erlebt?

Alice Rosenrauch: Nein, ich habe in der Schule nie so etwas erlebt, auch als Kind nie. Ich bin wirklich davon verschont geblieben. Ich glaube, in Stuttgart war es nicht so schlimm wie im Norden, wo mein Mann wohnte.

W.: Herr Rosenrauch, wann sind Sie dann nach Süddeutschland gegangen?

Rosenrauch: 1925 starb mein Vater, 1929 gaben meine Mutter und ich unser Geschäft auf und gingen nach Stuttgart; etwas später dann nach Reutlingen. Dort übernahmen wir ein Schuhgeschäft, das vorher meiner Tante gehört hatte. Als ich hierher kam, sagte ich zu meinen Bekannten und Freunden: »Ihr lebt ja hier wie im Paradies!« Denn das, was ich in Mecklenburg schon erleben mußte, daß ich als Jude von den anderen gemieden und vom gesellschaftlichen Leben ausgeschlossen wurde, das gab es hier nicht.

W.: Woher wußten denn alle, daß Sie Jude sind? Aufgrund Ihres Namens?

Rosenrauch: Ja, auch, aber das war allgemein bekannt, es war ja eine kleine Stadt.

W.: Was haben Sie gedacht, als Hitler an die Macht kam? Haben Sie geahnt, was auf die Juden zukommen würde? Haben Sie Hitlers antisemitische Äußerungen ernst genommen?

Rosenrauch: Wir haben das gar nicht ernst genommen. Wir haben nur alle gesagt: »Wir werden sehen, was er kann.« Daß auf uns so etwas Furchtbares zukommen könnte, daran hat kein Mensch gedacht. Auch ich nicht, obwohl ich in Mecklenburg ja schon unter Antisemitismus zu leiden gehabt hatte. Aber im Prinzip haben wir das nicht für möglich gehalten. Niemand. Und ich möchte vorausschicken: Ich hätte nie geglaubt, daß Menschen zu solchen Grausamkeiten imstande sind, und auf der anderen Seite sage ich ganz ehrlich: Wenn ich nicht selbst dabeigewesen wäre, könnte ich so etwas Furchtbares heute fast noch nicht glauben. Daß man uns alle – fast alle – umbringen würde, daran habe ich nie gedacht. Niemals. Meine Mutter sagte immer, als wir schon in Reutlingen lebten: »Ich gehe nicht fort. Man wird mir hier nie etwas tun.«

Alice Rosenrauch: Ich kann mich noch gut an diese Zeit erinnern. Als am 1. April 1933 die jüdischen Geschäfte boykottiert wurden, war man natürlich entsetzt. Aber dann hat sich das erst mal wieder gegeben, und so konnten wir nicht voraussehen, daß der Terror doch eines Tages wieder schlimmer werden würde.

W.: Vielleicht können Sie kurz über Ihre Familie etwas sagen. Ihr Vater war auch Geschäftsmann?

Alice Rosenrauch: Ja, er hatte einen Viehhandel in Gärtringen bei Herrenberg. Gewohnt haben wir aber in Cannstatt, und wir konnten auch bis zum Krieg bleiben. Der Hauswirt hat uns vorher also nicht gekündigt, weil wir Juden waren, wie es ja viele andere Hausbesitzer taten.

W.: Herr Rosenrauch, wie haben Sie den 1. April 1933 erlebt?

Rosenrauch: Das war der erste Schock, den ich bekam. Morgens standen plötzlich zwei SA-Männer vor unserer Tür und ließen die Kunden nicht herein. Ich bin dann hergegangen und habe den Laden geschlossen und die Fenster vergittert, so daß die Funktion dieser Herren beendet war. Sie konnten gehen. Aber ich blieb stark beunruhigt, und ich sagte zu meiner Mutter: »Ich glaube, die Zeit ist gekommen, daß wir hier verschwinden.«
Denn ich war immer dafür, in dem Moment, wo man uns persönlich angreift, dieses Land zu verlassen. Das habe ich dann auch 1935 wahrgemacht. Schon 1933, im Mai, hatten wir von unserer ganzen Verwandtschaft, die seinerzeit in Berlin lebte, ein Telegramm bekommen: »Wir gehen geschlossen nach Tel Aviv.« Alle sind damals gegangen, bis auf meine Mutter und ich. Meine Mutter fühlte sich bis zu ihrem Tode immer als eine Deutsche, und sie war nicht zu bewegen, wegzugehen. Ich ging 1935 nach Tel Aviv, mit der Absicht, nicht wieder zurückzugehen. Aber ich bekam dauernd Telegramme und Briefe von

meiner Mutter, ich solle doch wieder zurückkommen. Ich blieb fast ein Jahr dort und bin dann wieder zurückgegangen. Diese Rückkehr nach Deutschland war furchtbar.

W.: Ich könnte mir vorstellen, daß das Ihre Beziehung zur Mutter belastet hat?

Rosenrauch: Ja, denn ich habe nicht verstehen können, wie man so fanatisch denken kann. Auf der anderen Seite war sie meine Mutter, und ich war ihr einziger Sohn, ich fühlte mich ihr gegenüber verpflichtet. Verstehen Sie? Ich hatte schon ein kleines Geschäft in Tel Aviv, und es ging mir verhältnismäßig gut. Ich habe dann alles verkauft, nur meiner Mutter zuliebe, und bin wieder zurückgegangen, um all das Furchtbare dann miterleben zu müssen.

W.: Der Judenboykott war ja eigentlich nur der Auftakt zu mehreren Gesetzen, mit deren Hilfe die Rechte der Juden nach und nach eingeschränkt wurden. 1935 wurden die »Nürnberger Gesetze« erlassen. Ich habe gelesen, daß zu dieser Zeit immer mehr Bäder, Kurorte und Geschäfte Juden den Zutritt verweigerten? Wie haben Sie das erlebt?

Rosenrauch: Nachdem wir von den anderen ausgeschlossen worden waren, haben wir fast nur noch in unserem Kreis, unter Bekannten und Freunden, gelebt. Wir waren nicht unbedingt unglücklich, das kann ich nicht sagen.

Alice Rosenrauch: Wir sind dann nicht mehr so oft hinausgefahren. Wir haben die meiste Zeit in Stuttgart verbracht oder sind zu Freunden gefahren. Aber eines weiß ich noch: Eines Tages kam mein Vater nach Hause, da hatte der Friseur, zu dem er immer gegangen war, auf einmal ein Schild im Fenster hängen »Juden unerwünscht!« Aber der Friseur sagte dann zu meinem

Vater: »Sie können hinten hereinkommen. Sie sind damit nicht gemeint. Ich mußte das Schild anbringen!« Mein Vater hatte schon vorher gesagt, wir sollten doch emigrieren, aber es hat leider nicht geklappt.

Rosenrauch: Ich hatte meine Wäsche und Kleidung immer in einem ziemlich großen und bekannten Geschäft gekauft, und eines Tages hatte das auch – als eines der ersten – dieses Schild im Schaufenster hängen. Ich habe dieses Geschäft bis zum heutigen Tag nicht mehr betreten; das ist selbstverständlich, nicht?
Überall, wo ich dann hingesehen habe, war dieses Schild »Juden unerwünscht!« Manchmal stand es ganz klein dran, weil die Leute sich wohl geniert haben, es hinzuhängen, aber sie haben es doch mehr oder weniger freiwillig mitgemacht. Und das hat mich schockiert.
Und jetzt möchte ich Ihnen eine kleine Episode erzählen, die meiner Frau und mir Silvester 1937 passierte. Ich war zufällig – ich lebte ja damals noch in Reutlingen – in Stuttgart und sah im Schaufenster eines Reisebüros eine Anzeige: »Wir machen Silvester eine Fahrt ins Blaue!« Ich ging hinein und fragte: »Nehmen Sie auch Juden mit?« Da sagte die Dame in dem Laden: »Selbstverständlich nehmen wir Sie mit!« Ich kaufte also zwei Karten, und wir fuhren weg. Ich war natürlich schon vorsichtig, ich habe mir die Leute, die in den Bus stiegen, genau angeschaut, aber mir fiel niemand weiter unangenehm auf. Die Fahrt ging dann nach Bad Wimpfen am Neckar, und zwar stiegen wir in einem sehr hübschen Hotel ab, das auf der Höhe lag. Dort feierten wir dann; wir saßen an einem Tisch, an dem noch ein Arzt aus Stuttgart und ein Ehepaar saßen. Um Mitternacht gratulierte man dann, stieß an usw. Um zwei Uhr ging ich auf die Toilette. Dort stand auf einmal ein Mann hinter mir und sagte: »Du, mit deinem frechen Judengesicht, wenn Du nicht augenblicklich den Saal verläßt, passiert Dir was!« Ich bin

hinausgegangen, ohne ihm eine Antwort zu geben, und sah zufällig den Arzt, der in der Nähe stand. Ich ging zu ihm und erzählte ihm das. Daraufhin sagte er zu mir: »Sie brauchen den Saal nicht zu verlassen, man hat Ihnen die Erlaubnis gegeben, mitzufahren, und Sie bleiben!« Worauf ich ihm geantwortet habe: »Herr Doktor, das ist sehr nett von Ihnen, daß Sie meine Partei ergreifen, aber ich werde doch lieber den Saal verlassen!« Wir sind auf unser Zimmer schlafen gegangen. Am nächsten Tag bin ich zur Reiseleiterin gegangen und habe ihr gesagt: »Wir fahren mit dem Zug zurück«, was wir auch gemacht haben. Aber ich habe dann gesagt: »Jetzt ist Schluß! Das ist das Zeichen, daß wir schnellstens verschwinden müssen!«

W.: Haben Sie daraufhin noch einmal versucht, zu emigrieren?

Rosenrauch: Ja, aber erst später, nach der »Kristallnacht«. Dieser 9. November 1938 war etwas ganz Furchtbares. In der Nacht vom 9. zum 10. November, um zwei Uhr etwa, läutete es bei mir. Aufgemacht habe ich nicht, sondern eine Mitbewohnerin des Hauses. Und dann kamen zu mir herauf: der Herr Schumacher, ein Obersturmbannführer der SA und lauter Geschäftsleute. Das hat mich außerordentlich verwundert, daß sich Reutlinger Geschäftsherren dazu hergegeben haben, mich unter Druck zu setzen und mein Geschäft zu zerstören. Der Obersturmbannführer sagte dann zu mir und meiner Mutter: »Ziehen Sie sich an, machen Sie Ihr Geschäft auf und schmeißen Sie alles, was im Laden ist, auf die Straße.« Das haben wir auch gemacht. Wir sind hinuntergegangen und haben alles hinausgeschmissen. Und mich nahmen sie mit in das Gefängnis im Rathaus.

W.: Wurden Sie dabei geschlagen oder mißhandelt?

Rosenrauch: Nein, man hat mich nicht angefaßt. Man hat mir nur alle Sachen aus der Tasche genommen und davon eine Bestandsaufnahme gemacht. Um sieben Uhr kam dieser SA-Mann wieder, hielt mir die Pistole vor die Brust und sagte wörtlich zu mir: »Sie gehen jetzt auf den ›Reutlinger Generalanzeiger‹ und geben folgende Annonce auf: ›Hiermit schließe ich mein Geschäft für alle Zeiten.‹ Und wenn Sie das nicht tun, werden Sie erschossen und Ihre Mutter kommt ins Konzentrationslager.«
Ich bin auf den »Generalanzeiger« gegangen und habe die Annonce aufgegeben. Die ist aber nie erschienen, merkwürdigerweise. Und dann ging ich nach Hause, und da erzählte mir meine Mutter, daß die Straßenbahn nicht fahren konnte, weil überall die Schuhe herumlagen. Die Straße war ja sehr schmal. Die Passanten haben dann die Schuhe wieder in den Laden geworfen. Während wir frühstückten, kam noch einmal ein Polizist zu uns. Er sagte, ich müsse noch einmal mitkommen. Er brachte mich jetzt in das richtige Gefängnis. Dort verbrachte ich eine Nacht, und am nächsten Tag kam ich nach Tübingen. Dort war ich wieder eine Nacht, und dann kam ich mit dem Bus mit vielen anderen Juden, die alle in Tübingen gesammelt worden waren, nach Dachau. Bevor ich abfuhr, bekam ich noch Besuch von meiner Frau, damals war sie noch meine Verlobte, und meiner Mutter. Beide durften mich sehen.
Unsere Ankunft in Dachau war fürchterlich. Wir standen den ganzen Nachmittag bis spät in die Nacht. Dann trieb man uns in eine Baracke. Da hatten normalerweise vielleicht 200 Menschen Platz, aber wir waren 800. Und zwar saßen wir da folgendermaßen: Wir mußten uns hinsetzen, die Beine auseinander, und der Nächste mußte sich da hineinsetzen. Und so saßen wir. Wenn jemand auf die Toilette gehen wollte, war das kaum möglich. So saßen wir die ganze Nacht. Am nächsten Morgen bekamen wir die Sträflingsuniform.
Ich bekam – im November 38! – ein Paar Socken, eine Hose, ei-

ne Baumwolljacke und ein Paar feste Schuhe. Die waren noch das Beste. Bevor wir das erhielten, wurden wir in eine Halle geführt und mit einem Schlauch abgespritzt. Erst ganz heiß und dann ganz kalt. Mir hat das nichts ausgemacht, aber ich sah Menschen, die kamen aus Wien, die waren total zusammengeschlagen worden, und ich sah, wie der SS-Mann in diese Wunden hineinspritzte, um die Männer noch mehr zu quälen. Und dann bekamen wir diese »wunderbare« Kleidung und wurden einer Baracke zugeteilt.

W.: Waren die jüdischen Gefangenen von den anderen getrennt?

Rosenrauch: Ja, wir waren in speziellen Judenblocks. Wir schliefen so eng beieinander, daß, wenn einer auf die Toilette gegangen ist und dann wieder an seinen Platz wollte, das unmöglich war. Ich erinnere mich, daß ich während einer Nacht zweimal rausgehen mußte. Als ich wieder reinkam, habe ich mich auf den Fußboden gelegt – wir lagen ja sowieso auf Stroh – und habe dort weitergeschlafen.
Arbeiten konnten wir nicht, dazu waren wir zu viele. Wir haben nur herumgesessen und hatten Hunger. Das wars. Einmal hat einer von uns einem Kameraden Brot gestohlen. Das war ein Aufruhr. Der mußte dann ein Schild tragen: »Ich habe meinem Kameraden das letzte Stückchen Brot gestohlen.« Also wir waren natürlich auch durch die eigenen Leute gefährdet, denn jeder wollte so gut wie möglich sein Leben verteidigen. Statt zu arbeiten, mußten wir oft Freiübungen machen.
Furchtbar waren die Appelle. Einmal wurde beim Abzählen festgestellt, daß zwei Gefangene verschwunden waren. Dann mußten wir sage und schreibe 16 Stunden draußen stehen, im November. Es war kalt. Ich war ja Gott sei Dank noch ein junger Mann, aber die älteren sind alle umgefallen, viele waren tot. Auf jeden Fall war das wohl mit das Schlimmste, was ich in

Dachau mitgemacht habe. Ich selbst bin nur einmal geschlagen worden. Ich hatte bei einem Appell die Hände in den Taschen. Ein hoher SS-Offizier ging vorbei, sah das – ich stand außen – und er trat mir mit seinem Stiefel in den Hintern. Zu essen konnte man sich kaufen, wenn man Geld hatte. Ich hatte nun Gott sei Dank noch etwas Geld bei mir und habe mir Sachen gekauft. Und dann kam ich mit christlichen Gefangenen zusammen und freundete mich mit einigen von ihnen an. Das war ein großer Vorteil für mich, denn diese Männer waren schon länger da und haben mir gute Ratschläge gegeben, die ich auch prompt befolgt habe. Zum Beispiel sagten sie zu mir: »Du darfst niemals aufschauen. Du darfst nie der erste und nie der letzte sein.« Und verschiedenes andere.

W.: In Dachau hatten die politischen Gefangenen ja zeitweise die guten Stellungen. Konnte man sagen, daß die politischen mit den jüdischen Gefangenen solidarisch waren?

Rosenrauch: Solidarisch – das wäre übertrieben, ich würde eher sagen: Sie hatten Mitleid. Und sie haben uns diese Ratschläge gegeben, die ich auch befolgte. Ich habe diese sechs Wochen also einigermaßen überstanden.
Dann, am 22. Dezember morgens um sechs Uhr, kam der Blockschreiber unserer Baracke zu mir und sagte: »Du wirst entlassen.« Darauf antwortete ich: »Ich glaube das nicht. Wer könnte das veranlaßt haben?« Ich konnte mir das gar nicht vorstellen, aber es stimmte.
Dann sind wir auf den Appellplatz. Da standen wir vielleicht eine Stunde, wir mußten uns nackt ausziehen. Man hat uns angeschaut, ob wir irgendwelche Verletzungen hatten. Ich hatte aber nichts. Dann bekam ich endlich wieder meine eigenen Kleider und konnte mich anziehen. Danach fühlte ich mich unwillkürlich etwas besser. Wir wurden zum Zug gebracht und fuhren nach München. Dort erwartete uns ein jüdisches Ko-

mitee. Viele der Menschen, die mit mir fuhren, hatten erfrorene Hände oder Füße. Ich hatte meine Hände immer in die Ärmel gesteckt, deshalb war mir nichts geschehen. Wir wurden von dem Komitee verpflegt; man hat uns untersucht und den Verletzten die Wunden verbunden. Dann hat man uns zu einem Zug geführt. Um zwei Uhr nachts kam ich in Stuttgart an. Meine Frau stand am Bahnsteig. Ich war ganz außer mir, daß sie wußte, wann ich zurückkam.

W.: Frau Rosenrauch, was haben Sie damals empfunden?

Alice Rosenrauch: Das war schrecklich. Ich war damals schon allein mit meinem Vater. Und der hat nun, während mein Mann in Dachau war, ständig gesagt: »Wärt Ihr doch gegangen! Ich habe Euch ja immer schon gesagt, geht.« Aber nun war es eben passiert.
Ich war in der Zwischenzeit immer zur Mittelstelle, zu einem jüdischen Komitee, gegangen; da war ein Herr Adler. Der hatte schon viel für uns getan und hatte bei der Gestapo stets Zutritt. Er sagte zu mir am 22. Dezember: »Ihr Mann kommt bestimmt bald heim!« Ich ging dann am selben Tag noch nachts zum Bahnhof, und wirklich – da kam mein Mann. Natürlich waren wir sehr glücklich und sind gleich zu seiner Mutter nach Esslingen gefahren, die dort bei Verwandten war.

Rosenrauch: Meine Mutter weinte und sagte, sie sei an allem schuld. Sehen Sie, da sprach sie das erste Mal von Schuld. Ich antwortete: »Mache Dir jetzt keine Sorgen. Jetzt ist alles schon vorbei. Wir haben das jetzt auszukosten, was wir uns eingebrockt haben.«

W.: Was war denn in der Zwischenzeit mit Ihrem Schuhgeschäft geschehen?

Rosenrauch: Das war ja in der »Kristallnacht« zerstört worden. Meine Mutter wurde dann gezwungen, den Rest abzugeben. Ein Nachbar – ein Nichtjude natürlich – wickelte den Verkauf ab, eine Frau aus Nürtingen hat den Laden übernommen.
Das Geld wurde auf eine Bank überwiesen, aber wir konnten darüber nicht frei verfügen. Der Nachbar, der die Funktion eines Treuhänders hatte, durfte uns jeweils nur eine Summe auszahlen – so war damals die gesetzliche Regelung.

W.: Haben Sie dann noch einmal versucht auszuwandern?

Rosenrauch: Ja, ich habe in Dachau unterschreiben müssen, daß ich innerhalb von sechs Wochen Deutschland verlasse. Und nun habe ich alles versucht, was möglich war. Ich bin zum jüdischen Auswanderungskomitee in Stuttgart gegangen, das auf Veranlassung der Nazis eingerichtet worden war. Ich habe gesagt: »Ich muß weg.« Worauf die antworteten: »Es gibt noch dringendere Fälle als Ihren, wir müssen erst anderen helfen.«
Und dann bin ich auf eigene Faust nach Berlin gefahren und habe mit dem letzten Geld, das ich hatte, ein Visum vom venezolanischen Botschafter für Venezuela gekauft. Der hätte das eigentlich gar nicht machen dürfen. Ich war – glaube ich – auch der einzige, der diese Idee hatte. Als ich wieder in Stuttgart war, haben wir uns gleich um ein Schiff gekümmert. Der Bruder meiner Frau, der bereits in Kolumbien war, hat uns 500 Dollar geschickt. Aber das reichte nicht für die Überfahrt. Dann bin ich wieder nach Berlin gefahren, da war auch ein jüdisches Komitee. Ich habe gebeten, man möchte uns die 200 Dollar geben, die uns noch für die Ausreise fehlten. Das wurde auch abgelehnt. Ich fuhr also unverrichteter Dinge nach Stuttgart zurück.

W.: Das war dann der letzte Versuch?

Rosenrauch: Ich hätte noch nach Shanghai gehen können, ich allein. Ich wollte mich aber von meiner Familie nicht trennen. Dann hieß es plötzlich, wir können nach Nigeria. Aber dafür hatten wir kein Geld mehr. Uns hat niemand mehr geholfen, wir waren den Nazis ausgeliefert.

W.: Kann ich das so zusammenfassen: Auf der einen Seite wurden die Juden von den Nazis unter Druck gesetzt auszuwandern. Auf der anderen Seite war das aber für die meisten Juden praktisch nicht mehr möglich, weil sie kein Geld mehr hatten, und weil das Ausland besitzlose Juden auch nicht hereinlassen wollte?

Rosenrauch: Was Sie sagen, ist richtig. Aber noch viel schlimmer war folgendes: Im Sommer 1938 war eine Konferenz in Evian, am Genfer See. Da waren sehr viele Länder vertreten, und alle – mit ganz wenigen Ausnahmen – haben beschlossen, keine Juden mehr hereinzulassen. Meinem Schwager war 1938 folgendes passiert: Er war mit einem Schiff nach Kolumbien unterwegs. Die Kolumbianer wollten ihn aber nicht aussteigen lassen. Und erst ein jüdisches Komitee hat es dann erreicht, daß er doch an Land durfte. Nach Amerika konnten Juden nur gehen, wenn sie dort Verwandte hatten und vor allen Dingen eine Auswanderungsnummer. Die Nummer bestimmte den Zeitpunkt, wann sie an die Reihe kamen. Also können Sie sich vorstellen, was sich auf den amerikanischen Konsulaten abspielte. Es war wahnsinnig schwer, noch hinauszukommen. Wir waren Freiwild für die Nazis.

W.: Wovon haben Sie eigentlich während dieser Zeit gelebt? Haben Sie gearbeitet?

Rosenrauch: Geld hatte ich ja bald keines mehr, das hatte ich inzwischen alles ausgegeben. Ich habe mich dann selbst um Arbeit bemüht. Ich erfuhr von einer Firma in Untertürkheim, einer Bakelitfabrik, daß dort Juden arbeiten könnten. Ich bin hingefahren, und man hat mich sofort eingestellt. Das war für mich aber eine große Umstellung. Als Geschäftsmann war ich körperliche Arbeit in der Fabrik nicht gewöhnt. Wir mußten in drei Schichten arbeiten. Die erste dauerte von morgens um sechs Uhr bis nachmittags um zwei, die zweite Schicht von zwei bis nachts um zehn Uhr, und die nächste von zehn bis sechs Uhr morgens. Ich erinnere mich noch an die erste Nachtschicht, die ich hatte. Als ich morgens hinauskam, bin ich ohnmächtig geworden. Inzwischen war ja der Krieg ausgebrochen, und wir mußten abgedunkelt in der Fabrik arbeiten, wo es natürlich stank. Die Luft war alles andere als gut.

W.: Waren da außer Ihnen noch andere Juden?

Rosenrauch: Ja, in jeder Schicht waren wir ungefähr zehn Juden, die für wenig Geld für Nichtjuden arbeiteten. Juden und Christen arbeiteten in voneinander getrennten Kolonnen.

W.: Wie wurden Sie von der Firma behandelt?

Rosenrauch: Die Firmenleitung verhielt sich einigermaßen anständig. Aber es gab natürlich Arbeiter und Angestellte, die gegen uns waren. Vor mir an der Maschine arbeitete eine christliche Kolonne, und da war einer dabei, der ein goldenes Parteiabzeichen trug. Als ich ungefähr sechs Wochen in der Firma war, rief mich eines Tages der Chef in sein Büro. Und da stand auch dieser Mann mit dem Parteiabzeichen. Dann sagte der Chef zu ihm, während er auf mich zeigte: »Schauen Sie sich diesen Mann an, der ist erst sechs Wochen hier und leistet das Doppelte wie Sie, an denselben Maschinen.«

Er stellte mich also als gutes Beispiel hin. Als der Mann herausgegangen war, habe ich zum Chef gesagt: »Wie können Sie so etwas tun? Dieser Mann hat doch das goldene Parteiabzeichen, er kann mir schaden.« Was dann auch bald passierte. Am 8. November 1939 war in München das Attentat auf Hitler, und anschließend wurde ich als einziger von den Juden im Betrieb verhaftet und nach Welzheim geschickt. Es fand ja nach diesem Attentat eine allgemeine Verhaftungsaktion statt. Ich nehme an, daß dieser Parteimann mich angeschwärzt und veranlaßt hatte, daß ich verhaftet wurde. Ich bin aber nach einigen Tagen wieder entlassen worden, weil ich heiraten wollte. Im Lager hat man mir noch das Haar abgeschnitten, und als ich ging, witzelte man: »Jetzt haben Sie für Ihre Hochzeit noch einen Gratishaarschnitt bekommen.«

W.: Frau Rosenrauch, was haben Sie zu dieser Zeit gemacht?

Alice Rosenrauch: Ich war zu Hause und habe für meinen Vater den Haushalt geführt. Und ich habe in Heimarbeit Schals rolliert, bis wir deportiert wurden.

W.: Mußten Sie vor Ihrer Deportation noch umziehen? Der Mieterschutz wurde ja 1939 für Juden aufgehoben?

Rosenrauch: Ja, ich wohnte erst mit meiner Frau in Cannstatt, in einer großen Wohnung. Dann bekamen wir die Auflage auszuziehen. Aber durch Zufall bekamen wir eine sehr schöne Wohnung in der Wielandstraße 17 im Stuttgarter Westen. Dort zogen wir hin und blieben bis 1941, bis wir dort auch rausmußten. Wir ließen unsere Möbel alle in der Wohnung und kamen in die Olgastraße, wo schon andere Bekannte wohnten.

W.: Das waren die sogenannten Judenhäuser, nicht wahr?

Rosenrauch: Ja, und von dort aus wurden wir deportiert. Am 30. November 1941 mußten wir in das Sammellager auf dem Killesberg.

W.: Etwas früher, im September 1941, wurde der Judenstern eingeführt; alle Juden mußten den gelben Stern tragen.

Rosenrauch: Ja, den haben wir auch alle getragen. Das bedeutete für mich, daß wir keine Menschen mehr waren, wissen Sie? Wir waren wirklich Ausgestoßene. Wie Aussätzige kamen wir uns vor. Ich hatte zum Glück noch einen Friseur, der mir die Haare schnitt, aber alles geschah nur im geheimen. Die Freunde, die ich noch hatte und die uns noch besuchten, kamen mitten in der Nacht zu uns, damit sie nicht auffielen. Alles war schrecklich, mit einem Wort: schrecklich. Und viele Menschen, die nicht eine gewisse Widerstandskraft hatten oder – sagen wir besser – die sich nicht auf solche Sachen einstellen konnten, die haben sich das Leben genommen. Sie sahen keinen Ausweg mehr. Wir waren so unglücklich und so fertig.

Alice Rosenrauch: Ich meine aber, man hat den gelben Stern mit Stolz getragen. Man hat gedacht, was sind das doch für Schweine, die uns zwingen, ihn zu tragen. Ich hatte da eine andere Auffassung als mein Mann. Ich habe mich nie versteckt. Meine Eltern waren brave, anständige Leute und besser als alle diejenigen, die mit einem Hakenkreuz herumliefen. Und wir hatten ja wirklich so gute Freunde, die bis zum letzten Abend zu uns nach Hause kamen, nichtjüdische Freunde. Am letzten Tag kam noch eine Freundin mit einem Korb voller Lebensmittel, den wir mitnehmen sollten. Denn wir wußten ja vorher, daß wir wegkamen. Wir sind dann auch mit dem Judenstern zum Bahnhof gegangen.

W.: Vielleicht können Sie noch kurz etwas zu den Tagen oder Wochen vor der Deportation sagen. Haben Sie geahnt, was auf Sie zukommt?

Rosenrauch: Ja, wir bekamen ja ein Schreiben, in dem es hieß: »Sie werden deportiert.« Und es wurde uns mitgeteilt, was wir alles mitnehmen dürften und daß wir in Riga arbeiten könnten.

W.: Als was wurde das angekündigt? Als Aussiedlung? Als Umsiedlung? Haben Sie das geglaubt?

Rosenrauch: Wir haben es geglaubt.

W.: Auch nach Ihren Dachauer Erfahrungen?

Rosenrauch: Auch nach meinen Dachauer Erfahrungen habe ich niemals geahnt, in was wir da hineingehen.

Alice Rosenrauch: Man hat uns gesagt: Sie kommen in ein jüdisches Getto. Man braucht dort alles. Manche werden auch ein Geschäft aufmachen können. Und wenn Sie nähen gelernt haben, dann werden Sie dort eben nähen. Sie können auch Ihre Nähmaschine mitnehmen. Und was die uns gesagt haben, haben wir auch geglaubt. Wir wurden dann Ende November auf den Killesberg gebracht, und von dort aus ging der Transport nach Riga.

Rosenrauch: Ich möchte noch etwas ergänzen: Zwei Tage, bevor wir deportiert worden sind, kam eine alte Frau in unsere Wohnung und verlangte, mich zu sprechen. Sie brachte mir einen Koffer mit Lebensmitteln und ein kleines Kuvert, in dem ein Brief und Geld waren. Ich habe diesen Brief noch, ich kann ihn Ihnen zeigen.

Und da stand drin: »Unser Herrgott weiß, was Ihr bedürft?« Etwas Kurioses: Nach dem Krieg, nachdem ich zurückgekommen war, kam diese Frau zu mir in die Reinsburgstraße 26 und verlangte, mich zu sprechen. Ich fragte sie: »Wer sind Sie? Ich kenne Sie nicht.« »Ich bin die Frau, die Ihnen damals Lebensmittel gebracht hat.« Da fragte ich sie: »Was kann ich für Sie tun?« Und sie antwortete: »Mein Sohn ist in französischer Kriegsgefangenschaft. Könnten Sie ihm helfen?« Ich habe mich dann bei den Franzosen für den Mann eingesetzt, und nach sechs Wochen war er zu Hause.

W.: Als Sie deportiert wurden, was geschah mit Ihrem Vater und Ihrer Mutter?

Rosenrauch: Sie kamen vorher nach Weißenstein, im Kreis Göppingen, in ein jüdisches Altersheim. Dort sollten sie bleiben. Nachdem aber meine Mutter hörte, daß wir nach Riga gehen sollten, hat sie sich freiwillig gemeldet, um mit uns zu gehen. So wurden wir gemeinsam nach Riga deportiert.

W.: Und Ihre Mutter hat das nicht überlebt?

Rosenrauch: Nein, sie wurde am 26. März 1942 umgebracht.

Alice Rosenrauch: Mein Vater blieb in Weißenstein und kam später ins KZ Theresienstadt. Er besuchte uns noch zwei Tage bevor wir deportiert wurden und sagte: »Macht nie etwas freiwillig.« Und: »Manche werden es überleben.« An diese Worte habe ich später immer gedacht. Und so haben wir es auch überstanden. Mein Vater hat ebenso überlebt. Nach dem Kriegsende sahen wir uns wieder.

Rosenrauch: Von Theresienstadt aus wurden etwa 1000 ältere Menschen in die Schweiz entlassen, auch ihr Vater. Er blieb bis

Kriegsende in der Schweiz. Da er Deutschland nie mehr wiedersehen wollte, fuhr er direkt über Holland und New York nach Kolumbien und kam dort glücklich an. Wir sind 1947 nachgereist, 1952 ist er gestorben. Also haben wir immerhin noch ein paar Jahre gemeinsam verbringen können.

Am 1. Dezember 1941 wurden 1050 Juden aus Württemberg von Stuttgart aus nach Riga deportiert, wo sie am 4. Dezember ankamen.
Zu dieser Zeit hatten Einsatzgruppen der deutschen Sicherheitspolizei bereits mit dem Massenmord an Juden begonnen; im besetzten Rußland wurden Juden zu Tausenden erschossen und in Gaswagen durch Auspuffgase umgebracht.
Wann Hitler die physische Ausrottung der Juden endgültig beschlossen hat, läßt sich nach den vorhandenen Zeugnissen nicht eindeutig bestimmen, spätestens wahrscheinlich im März 1941. Auf der Konferenz in Berlin-Wannsee am 20. Januar 1942 ging es dann vor allem um die Organisation der Deportation und der »Endlösung«. Im Protokoll dieser Konferenz, an der Regierungsmitglieder und hohe Funktionäre der SS teilnahmen, heißt es unter anderem: »Unter entsprechender Leitung sollen im Zuge der Endlösung die Juden in geeigneter Weise im Osten zur Arbeit kommen . . ., wobei zweifellos ein Großteil durch die natürliche Verminderung ausfallen wird.
Der allfällig endlich verbleibende Restbestand wird . . . entsprechend behandelt werden müssen.« Mit »entsprechender Behandlung« war Mord gemeint.
Der Massenmord in den Gaskammern der großen Vernichtungslager wie Auschwitz begann etwas später, im Frühjahr und Sommer 1942.

Alice Rosenrauch: Am 4. Dezember wurden wir in Riga ausgeladen. Nun mußten wir zu Fuß bis zum Jungfernhof laufen. Das Gepäck mußten wir tragen. Es gab Schnee und Eis, wir fielen hin. Eine Frau hat sich das Bein gebrochen, es war ein furchtbarer, schlimmer Marsch! Auf dem Jungfernhof hat man uns dann in Scheunen hineingetrieben.

W.: Der Jungfernhof war aber bis dahin kein KZ, nicht wahr?

Rosenrauch: Nein, das war ein total heruntergekommenes Gut. Das waren alles Scheunen, in denen wir untergebracht wurden. Nun waren wir aber mehr als 1000 Menschen, und wir hatten nichts. Ein großer Teil des Gepäcks war zunächst mal in den Waggons geblieben, und kam erst später nach. Und nun sah ich plötzlich einen Haufen Gepäck auf dem Gelände liegen. Ich ging hin und sah die Schilder. Das alles gehörte einem Transport, der aus Berlin gekommen war. Von denen lebte aber schon niemand mehr. Ich suchte dann dort Matratzen für meine Mutter und meine Frau heraus, was man eben so braucht.

W.: Was war mit den Juden aus Berlin geschehen?

Rosenrauch: Die hat man alle umgebracht.

W.: Erschossen? Und das haben Sie geahnt?

Rosenrauch: Ja. Und ich habe mich noch gewundert, daß man mit uns nicht dasselbe macht. Verstehen Sie? Was wollte man von uns, daß man uns leben ließ? Aber die Umstände, unter denen wir leben mußten, waren natürlich schrecklich. Das kann man sich als ganz normaler Mensch gar nicht vorstellen. Menschen lebten wie Tiere. Wir konnten uns praktisch nicht waschen. Es war furchtbar.

W.: War denn der Jungfernhof ein Arbeitslager, oder was?

Rosenrauch: Nein, damals wußte die SS wohl selbst noch nicht genau, was sie mit uns dort machen sollte. Zum Anfang bekamen nur wenige Gefangene Arbeit. Ich wurde zunächst einer Kolonne zugeteilt, die am Güterbahnhof Schnee schaufeln mußte. Dann wurde ich als Handwerker und Elektriker eingesetzt und legte Leitungen. Ich war von meiner Mutter und meiner Frau getrennt untergebracht, ich in einer Männer-, sie in einer Frauenbaracke, einer alten Scheune. Die war baufällig, da schneite es herein. Wenn ich abends von ihnen wegging, dann deckte ich beide mit einer Art Plastikfolie zu, und wenn ich morgens wieder zu ihnen kam, waren sie ganz eingeschneit. Es war ja der kalte Winter 1941/42. Einmal bin ich nachts an einer Frauenbaracke vorbeigekommen, da schrie eine Frau fürchterlich. Ich bin zu ihr hingegangen und habe sie gefragt, was sie hat.

Da sagte sie: »Ich habe heute nacht meine Hände erfroren.« Oder ich kam in die Männerbaracke, da lagen viele tot, das waren alles ältere Menschen. Unter ihnen war einer, der noch lebte. Er fragte mich: »Kannst Du mir nicht ein Paar Schuhe besorgen?« Da habe ich ihm ein Paar Schuhe gebracht und habe ihn auch gewaschen. Und da sagte er: »Du weißt ja gar nicht, was Du für mich getan hast.«

W.: Sind sehr viele erfroren?

Rosenrauch: Ja, sehr viele. Ich erinnere mich, wir hatten innerhalb weniger Wochen 600 Tote. Und dann kam zufällig eine Kommission von jungen SS-Offizieren, die uns zur Auflage machten, die Toten innerhalb von 24 Stunden zu begraben. Der Boden aber war tief gefroren. Da mußten wir mit Stemmeisen Löcher schlagen, und sie brachten uns dann Dynamit. Wir sprengten den Boden und haben die Toten beerdigt. Eigentlich ist es ein Wunder, daß wir bei allem, was wir erlebt haben, noch weiterleben wollten. Ich glaube, daß meine Frau und meine Mutter mich am Leben gehalten haben, denn sonst . . .? Ich war auch einmal schwer krank. Man hat mich in einer kleinen Hütte versteckt und so bin ich wieder gesund geworden.

W.: Wurden in Riga auch einzelne Gefangene mutwillig gequält, erschlagen, erschossen?

Rosenrauch: Ja, zum Beispiel, als wir ankamen. Da sagte ein SS-Mann zu einem Gefangenen etwas, worauf der erwiderte: »Du kannst mich mal!« Da hat der SS-Mann ihn sofort erschossen.
Und dann habe ich gesehen, wie derselbe SS-Mann fünf Frauen hinter einer Baracke erschossen hat, aus welchem Anlaß weiß ich nicht.

W.: Sie erzählten vorhin, daß Ihre Mutter umgebracht wurde?

Rosenrauch: Ja, sie wurde Opfer einer Massenerschießung. Am 1. Januar 1942 waren wir auf dem Jungfernhof fast 7000 Menschen, es waren ja immer neue Transporte angekommen – und nach dem 26. März waren wir noch 300. Alle anderen waren in Lastwagen verladen und mit Auspuffgasen getötet worden, oder man hatte sie in den Hochwald bei Riga gefahren und dort erschossen. Am 26. März 1942 hat die SS 1500 Menschen erschossen. Ich weiß noch: Kurz vorher kam der Lagerälteste, ein Häftling, zu uns in die Baracken und sagte, der größte Teil von uns komme nach Dünamünde in die Konservenfabrik, um dort zu arbeiten.
Wir hatten unter uns Gefangenen einen Rabbiner aus Hamburg; ein fantastischer Mann, der mit seiner Frau und seinen acht Kindern im Lager war. Er ist jeden Tag in den Baracken umhergegangen und hat die Leute getröstet. Ich habe oft mit ihm gesprochen. Am Tag, bevor die meisten von uns nach Dünamünde kamen, sagte ich zu ihm: »Heute werden Sie kein sehr aufmerksames Auditorium haben, denn die Leute sind aufgeregt, daß sie wegkommen.« Da sagte er zu mir: »Das stimmt nicht. Gerade heute muß ich mit ihnen sprechen.«
Meine Frau hat ja vorhin von der Jüdin erzählt, die sich auf

dem Weg vom Bahnhof zum Jungfernhof das Bein gebrochen hatte. Das war eine sehr fromme Familie. Ihr Mann gab mir noch vor dem Transport seinen Ehering und bat mich, für ihn Lebensmittel zu tauschen. Ich konnte bei einem Letten Brot und Butter besorgen, und er segnete mich dafür. Ich muß Ihnen sagen: Irgendwie glaube ich an solche Sachen, denn von irgendwoher muß es ja kommen, daß wir überlebt haben.

W.: Wie kam es, daß Sie bei dem Transport nicht dabei waren?

Alice Rosenrauch: Mein Mann hat ja gearbeitet, und ich war in der Nähstube beschäftigt. Erst hatte es ja geheißen, es dürfen 600 auf dem Jungfernhof bleiben, aber dann hat der SS-Mann den Befehl bekommen, noch einmal 300 wegzuschicken Daraufhin hat er wieder aussortiert: die einen auf die linke, und die anderen auf die rechte Seite. Ich habe aber gemerkt, daß er die etwas älteren alle auf die rechte Seite gestellt hat. Zu mir sagte er dann auch, ich solle nach rechts gehen. Ich hatte so ein rotes Mützchen und einen schweren Pelzmantel an. Und plötzlich hatte ich die Geistesgegenwart und habe den Mantel ausgezogen, die Mütze heruntergenommen und bin wieder auf die linke Seite, zu den anderen zurückgegangen. Ich dachte mir, die dürfen bleiben. Ich stellte mir vor: Mein Mann ist jetzt am Bahnhof, und wenn er wieder zurückkommt, dann ist die Mutter weg – und ich auch – und so habe ich mich einfach wieder zu den anderen gestellt.

W.: Sie wußten, daß es nicht in die Konservenfabrik sondern in den Tod ging?

Alice Rosenrauch: Man hat es nicht genau gewußt. Es hat ja geheißen: »Dort ist eine Konservenfabrik, dort können Sie arbeiten.« Aber es fiel doch auf, daß so viele Kinder für den Transport zusammengestellt wurden.

Rosenrauch: Ich habe es gewußt. Ich hatte vorher einen SS-Mann gebeten, meine Mutter dazulassen. Und dann kam der Lagerälteste und sagte: »Die ist zu alt, die muß auch weg.« Hingegen sagte er zu einer jungen hübschen Jüdin: »Gehe nicht mit nach Dünamünde, Du wirst es bereuen.« Und da konnte ich mir denken, daß die anderen in den Tod gingen. Meine Mutter gab mir noch ihren Ehering, bevor sie ging. Und sie sagte zu mir: »Das Schicksal will nicht, daß wir zusammenbleiben können.« Ich antwortete: »An diesem Schicksal, daß Du jetzt wegkommst, bist Du allein schuld.«
Das war der 26. März 1942. An diesem Tag hatte ich noch dunkle Haare. Am nächsten Tag habe ich mich gewaschen und guckte in den Spiegel und sah schmutzige Stellen. Da fragte ich den, der neben mir stand: »Sag mal, bin ich dahinten schmutzig?« Und der antwortete: »Nein, Du bist grau!« Ich hatte eine graue Stelle im Haar. Das war alles schrecklich.

W.: Im KZ waren Sie also ständig in einer Situation, wo Sie total der SS ausgeliefert waren und wo Sie nicht wußten, ob Sie die nächste Minute, ja Sekunde überleben.

Rosenrauch: Ja, wir waren fast vier Jahre in dieser Situation. Diese seelische Belastung, immer mit einem Bein im Grabe zu stehen, ist etwas ganz Furchtbares. Und ich muß Ihnen sagen, ich wundere mich, daß ich heute in der Lage bin, mich mit Ihnen darüber zu unterhalten und Ihnen diese Situation zu schildern.

W.: Und nachdem Sie auf dem Jungfernhof nur noch 300 Gefangene waren, was geschah dann?

Rosenrauch: Dann durften wir im Frühjahr das Gut bewirtschaften. Der Jungfernhof war ungefähr 200 Hektar groß, wir haben dann Äcker, Gärten, Straßen angelegt.

Der Lagerkommandant baute für uns eine Extrabaracke und dort waren wir relativ gut untergebracht. Wir bekamen verhältnismäßig gut zu essen. Es ging uns dann den Umständen nach ganz gut. Wir hatten auch ein eigenes Krankenrevier. Ich hatte mal eine Blutvergiftung, da lag ich dort. Man tat etwas für uns. Warum? Wir taten ja auch etwas für sie. Ich kann mich noch erinnern: Nach der ersten Ernte bekam der Kommandant eine Auszeichnung für das, was er mit uns paar Menschen geleistet hatte.

W.: Verstehe ich Sie richtig: Nachdem Tausende von Menschen dort erfroren, erschossen, vergast worden waren, ging es denen, die übriggeblieben sind, besser? Unter demselben Kommandanten?

Rosenrauch: Ja, das ist das Paradoxe. Und so unglaublich das klingen mag: Er hatte dann mal einen Mann beim Tauschen erwischt. Er hat uns alle antreten lassen und gesagt: »Ich habe schon Tausende von Juden umgelegt, es käme auf den einen bestimmt nicht mehr an. Aber der Jungfernhof bleibt sauber. Er bekommt 25 Hiebe auf den Hintern.« Das hat er dann auch ausgeführt. Aber es wurde von dieser Zeit an niemand mehr erschossen. Und wie die Russen dann näherkamen, da hieß es eines Tages, wir kämen in ein Getto. Da hat er uns antreten lassen und folgendes gesagt: »Ich verspreche Euch, daß Ihr nur in guten Kommandos untergebracht werdet. Ihr werdet nicht zu hungern brauchen. Ich sorge für Euch.« Und wie er sich verabschiedet hat, hat er geweint. Vielleicht war es ihm auch schade um seine schöne Position, die er jetzt verloren hatte.
Vor dem Abtransport ist noch etwas geschehen, was ich erzählen muß: Ich hatte seit unserer Deportation Morphiumampullen bei mir, die hatte uns vor unserer Abfahrt ein guter Freund, ein Arzt aus Reutlingen, geschenkt. Nach dem Appell auf dem

Gutshof, bevor wir von dort wegkamen, traf ich meine Frau. Für einen Augenblick waren wir beide allein.
Und da fragte ich sie: »Machen wir jetzt Schluß? Jetzt ist der Moment gekommen.« Meine Frau antwortete nur: »Gib mir das!« und hat die Ampullen weggeworfen. Sie sagte: »Wir werden das Ende dieser Verbrechen noch erleben!« Und das hat mir Kraft gegeben, auch später, als ich nicht mehr mit ihr zusammen war.

W.: Und diese Ampullen hatten Sie bis dahin immer retten können?

Rosenrauch: Ja, die habe ich immer bei mir gehabt. Ich hatte einen Mantel, da hatte ich sie im Futter versteckt.

W.: Wann war das, als Sie vom Jungfernhof weggebracht wurden?

Rosenrauch: Im Frühjahr 1944. Da näherten sich bereits die Russen. Wir kamen dann erst nach Straßdenhof bei Riga, aber nur für kurze Zeit. Von dort aus ging es dann mit dem Schiff nach Danzig, und dann in das KZ Stuthof. Meine Frau blieb dort, während ich nach Buchenwald weitertransportiert wurde.

W.: Und in Buchenwald haben Sie die Befreiung erlebt?

Rosenrauch: Ja, aber zunächst kam ich noch in ein Außenkommando, nach Bochum, in eine Fabrik. Jede Nacht fielen Bomben. Wir hatten nichts zu essen. Ich verletzte mir einen Finger und bekam eine Phlegmone im Arm.

W.: Und wann kamen Sie wieder nach Buchenwald zurück?

Rosenrauch: Im Februar 1945. Und da ich diesen schlimmen Finger und einen angeschwollenen Arm hatte, brachte man mich gleich in die Todesbaracke. Jeden Morgen mußten wir einige Tote herausschleppen. Das werde ich nie vergessen: Es war an einem Mittwoch. Ich bin jeden Tag zum Verbinden gegangen. An diesem Tag hat man mich operiert und mir den Nagel vom Finger abgerissen. Man hat mich zu dritt halten müssen, weil es wahnsinnig wehgetan hat. Da fühlte ich mich ziemlich elend und ging noch ins Krankenrevier.
Da war ein junger deutscher Häftling, der meine Temperatur maß und dann feststellte, daß ich 40° Fieber hatte. Er ist dann mit mir in das große Lager ins Lazarett gegangen. Und dort hat er mir noch einmal richtig – unter Narkose – den Arm operiert. Als ich wieder aufwachte, war der ganze Arm verbunden, und der Häftling, der mich operiert hatte, sagte zu mir: »Jetzt gehst Du zurück ins kleine Lager.« Worauf ich antwortete: »Dann kannst Du mich gleich totschlagen. Ich gehe nicht mehr zurück.« Und er erwiderte: »Du hast Glück, ich habe ein Bett frei.«

W.: Welcher Unterschied bestand denn zwischen dem kleinen und dem großen Lager?

Rosenrauch: Das große Lager war sozusagen das Stammlager, dort waren die Häftlinge, die schon lange im KZ waren. Denen ging es verhältnismäßig gut.

W.: Und im kleinen Lager?

Rosenrauch: Das kleine Lager war erst während des Krieges errichtet worden, dahin kamen die neu eingelieferten Gefangenen, wenn das große Lager überfüllt war. Wir waren da äußerst notdürftig untergebracht, schliefen praktisch unter freiem Himmel.

Als ich aber nun im Krankenbau lag, da haben die Pfleger mich nach so vielen Jahren gebadet, desinfiziert, mir ein frisches Nachthemd angezogen. Ich habe mich in ein richtiges Bett legen können. Ich kam mir vor – ich weiß nicht wie.
Aber das Schlimme war: Als es mir besser ging, bekam ich wieder Hunger. Ich hatte aber nichts zu essen. Manchmal lag ich ohnmächtig vor Hunger im Bett. Gegen Ende des Krieges hatten die politischen Häftlinge wichtige Stellungen in der Selbstverwaltung. Ich bat einen von ihnen, einen Stuttgarter, zu mir zu kommen. Und er kam auch. Ich fragte ihn: »Kannst Du es bewerkstelligen, daß ich hierbleibe und Du mir jeden Tag ein Stückchen Brot bringst?« Sagte er: »Das ist möglich.« Er hat mir auch jeden Tag ein Stück Brot gebracht, und ich konnte bis zum letzten Tag dableiben.
Am 10. April, einen Tag vor der Befreiung, kamen noch SS-Männer, Ärzte und Offiziere, herein. Sie fragten jeden, was ihm fehle. »Ihr kommt alle noch auf Transport«, hieß es. Dann kam ein SS-Mann auch zu mir und fragte, was ich habe. Ich sagte: »Eine Phlegmone im Arm.« »Dann kannst Du ja laufen.« Am nächsten Tag brachte man mir meine Kleidung, ich zog mich an und ging in einen Block, wo nur Juden gewesen waren. Die waren aber alle vor der Befreiung noch auf Marsch gesetzt worden. Nur noch ein Tscheche war da. Zu dem legte ich mich und schlief ein. Auf einmal hörte ich eine Sirene. Kein Mensch wußte, was los ist. Ich lief raus und fragte: »Was ist?« Niemand konnte mir antworten. Später hörte ich, daß diese erste Sirene »Feind nahe!« geheißen hat. Plötzlich hieß es im Lautsprecher: »Alle SS-Angehörigen verlassen das Lager.« Um halb eins ging draußen eine Schießerei los. Inzwischen hatten schon alle die weißen Tücher auf die Dächer gespannt. Und gegen 15 Uhr fuhr der erste amerikanische Panzer ins Lager. Da waren wir frei.
Etwas später kam einer von den Amerikanern zu mir und fragte mich: »Du bist Jude?« Sagte ich: »Ja.« »Dann komm mit.« Er

gab mir ein Paket. Es war Verpflegung für acht Tage für einen Soldaten. Tragen konnte ich es ja nicht, da hat er mir das in die Baracke gebracht. Und von dem Tag an habe ich nichts mehr gesprochen, sondern nur noch gegessen. Ich habe Tag und Nacht nicht viel, aber immer etwas gegessen. Und meine Freunde sagten: »Der ist übergeschnappt. Der spricht ja nichts mehr.«
Dann wurde jeder von uns gefragt, wo er Angehörige hatte. Und darüber wurde dann in einer deutschsprachigen Zeitung in USA, im »Aufbau«, berichtet. Ich habe die Adresse von meinem Schwager in Kolumbien angegeben. Und dann geschah wieder einer dieser merkwürdigen Zufälle: Ein Bekannter meines Schwagers hatte diese Zeitung abonniert und das gelesen. In dieser Nacht haben die nicht geschlafen. Die haben nur gefeiert, daß ich am Leben bin.
Wir blieben noch bis Mai in Buchenwald, und dann bin ich mit zwei anderen ehemaligen Häftlingen nach Stuttgart gefahren. Hier wurden wir erst einmal in der Jakobschule untergebracht.

W: Sie haben erzählt, daß 1050 Juden im Dezember 1941 von Stuttgart aus nach Riga deportiert worden sind. Wie viele sind zurückgekommen?

Rosenrauch: 30 sind zurückgekommen. Einige sind aber bald nach ihrer Befreiung gestorben, so daß man sagen kann: Nur 17 haben überlebt.

W.: Und wann haben Sie Ihre Frau wiedergesehen?

Rosenrauch: Etwas später. Wir Überlebenden haben uns erst mal in Stuttgart notdürftig eingerichtet. Wir haben mit Hilfe eines französischen Rabbiners das Haus in der Reinsburgstraße 26 beschlagnahmen lassen. Dort haben wir eine jüdische Gemeinde gegründet und provisorisch eine Synagoge einge-

richtet. Dann haben wir für die nach uns Kommenden gesorgt. Wir haben auch ein Sanatorium in Degerloch beschlagnahmt, dort haben wir sie untergebracht. Die waren natürlich dankbar, daß sie irgendwo bleiben konnten. Die meisten sind bald nach Amerika gegangen, einige sind auch hiergeblieben. Und nun fragten wir uns natürlich immer wieder: Wo sind die Frauen? Wie ich noch in Buchenwald war, lag einer neben mir, der aus Stuthof gekommen war. Ich fragte ihn: »Hast Du etwas von den jüdischen Frauen gehört?« Worauf er antwortete: »Ja, die wurden alle erschossen, Du darfst Dir keine Hoffnungen machen!«
Auch hier in Stuttgart wußten wir in der ersten Zeit nicht, was mit ihnen geschehen war. Eines Sonntags gingen wir, die zurückgekommen waren, spazieren, und da sprachen wir natürlich wieder über die Frauen. Einer meinte: »Die Frauen können wir abschreiben, es ist keine mehr am Leben.« Aber ich sagte: »Eine wird übriggeblieben sein, die mir sagt, wo meine Frau geblieben ist.« Und einen Tag später, am Montag klingelte es auf der Jüdischen Gemeinde, ich lief zur Tür und sah eine gute Freundin meiner Frau! Und bis ich zur Tür war, da kam meine Frau. Wie sie ausgesehen hat, das kann ich Ihnen gar nicht schildern!
Wir bekamen dann eine Wohnung, ich arbeitete auf der Gemeinde, war in einer verhältnismäßig guten Position, so daß wir beide ganz gut leben konnten.

W.: Sie hätten sich hier wahrscheinlich wieder eine Existenz aufbauen können, Sie sind aber trotzdem weggegangen. Warum?

Rosenrauch: Wir konnten die seelische Belastung nicht ertragen. Wenn ich im Zug oder in der Straßenbahn gefahren bin, mußte ich immer denken, da sitzt vielleicht auch einer, der Menschen auf dem Gewissen hat. Und so sind wir 1947 nach

Kolumbien ausgewandert. Die erste Zeit war natürlich sehr schwer für uns, ohne Sprache in einem fremden Land. Die Mentalität ist in Südamerika ja ganz anders als in Europa. Mein Schwager hatte ein Uhrengeschäft dort, und um die Sprache zu erlernen, arbeitete ich ein Jahr bei ihm. Dann war ich in einer Seidenweberei und einer Lederwarenfabrik tätig, und schließlich habe ich mich mit einem Möbelgeschäft selbständig gemacht. 1970, bei meiner Rückwanderung, habe ich dann alles wieder verkauft.

W.: Sie sagten eben, daß Sie die Belastung, hier in Deutschland zu leben, nicht ausgehalten haben. Aber ich könnte mir vorstellen, daß Sie auch in Kolumbien doch erst mit diesen Erinnerungen und Erlebnissen weiterleben mußten?

Rosenrauch: Bei sehr vielen Menschen – da haben Sie recht – war das so. Gott sei Dank, bei uns beiden nicht. Nachdem wir in eine ganz andere Welt kamen, wurden wir von der Vergangenheit abgelenkt.
Etwas Interessantes möchte ich noch sagen: Nachdem ich mein Möbelgeschäft hatte, habe ich auch für die Deutsche Botschaft gearbeitet, und so hatte ich zu denen eine gute Beziehung. Eines Tages lernte ich einen Handelsattaché kennen, einen sehr netten Mann. Der rief mich an, ich möchte doch zu ihnen kommen. Es sei ein neuer Botschafter da, der mich kennenlernen wolle. Da bin ich hingefahren und stellte mich vor. Wir setzten uns dann in eine Ecke, und seine erste Frage war: »Wie stehen Sie zu den Deutschen?« Da habe ich geantwortet: »Herr Botschafter, ich möchte Ihnen sagen: Vergessen, das kann ich nie. Aber ewig hassen kann ich nicht.«
Wir sind jetzt seit Mai 1970 wieder in Deutschland.
Wir sind zurückgekommen, weil wir uns hier einen ruhigen Lebensabend versprochen haben. Die ersten Jahre waren auch recht angenehm. Aber jetzt kommt wieder eine antisemitische

Welle auf uns zu, die mir große Sorgen bereitet. Und ich sage Ihnen ganz ehrlich: Wenn ich nicht so alt wäre, dann würde ich wieder meine Koffer packen und gehen.

W.: Ich könnte mir vorstellen, daß Sie sich beide, die das alles miterlebt, miterlitten haben, sehr einsam fühlen. Haben Sie das Gefühl, daß die Deutschen nichts aus der Vergangenheit gelernt haben?

Rosenrauch: Es ist eher ein Gefühl der Verbitterung; darüber, daß die Deutschen trotz allem, was auch über sie gekommen ist, nichts gelernt, daß sie diese Zeit nie richtig aufgearbeitet haben. Daß sie heute wieder so rückfällig werden können, verstehe ich nicht. Auch daß manche Jugendliche sich heute antisemitisch äußern, zeigt doch, daß die Eltern nichts gelernt haben, denn die Jugend ist immer ein Produkt ihrer Eltern.

W.: Haben Sie eigentlich je über Ihre Erlebnisse im KZ erzählt? Und wie haben die Menschen darauf reagiert?

Rosenrauch: Wenn mich jemand gefragt hat, habe ich erzählt, weil ich will, daß jeder weiß, was mit uns geschehen ist. Die meisten haben sich dann gewundert und die letzte Frage war dann auch immer die: »Wie konnten Sie diese furchtbare Zeit überstehen?«

W.: Herr Rosenrauch, hat das Überleben seinen Preis? Vielleicht den Preis, mit Gewissensqualen, Gewissensbissen zu leben, mit der Frage, warum habe ich selbst überlebt, während Millionen umgekommen sind?

Rosenrauch: Diese Frage stelle ich mir jeden Tag, um es ganz kraß zu sagen. Warum haben wir überlebt und die anderen nicht? Das frage ich mich jeden Tag.

W.: Aber Sie haben keine Antwort?

Rosenrauch: Ich habe keine Antwort. Ich versuche, wenn es irgendwie möglich ist, jeden Tag etwas Gutes zu tun, um darin die Erfüllung zu sehen, verstehen Sie? Wenn ich jemandem helfen kann, versuche ich es. Ich muß das tun, ich fühle mich innerlich dazu verpflichtet.
Aber wenn Sie mir diese Frage stellen, welche Aufgabe wir hier noch zu erfüllen haben, muß ich sagen: Ich weiß es nicht. Dafür, daß wir überlebt haben, gibt es in keiner Sprache ein Wort. Es gibt kein Wort dafür. Man kann nicht sagen: Es ist Zufall. Es ist Schicksal. Das ist alles viel zu wenig für das, daß wir heute noch leben.

Ich glaube, die Hölle ist ein Paradies im Vergleich zu dem, was wir mitgemacht haben

Interview mit Alfred Korn

Am 1. September 1939 überfiel die deutsche Wehrmacht Polen.
Mit dem Zweiten Weltkrieg begann wieder ein neuer Abschnitt in der Geschichte der Konzentrationslager. Überall im besetzten Ausland wurden politische Gegner und Widerstandskämpfer verhaftet. Da die vorhandenen Konzentrationslager nicht mehr ausreichten, wurden neue errichtet, in Deutschland selbst und in den besetzten Gebieten.
Aber die Nationalsozialisten sperrten nicht nur politische Gegner ein. Ab 1941, verstärkt ab 1942, ging die deutsche Regierung in groß angelegten Aktionen überall gegen jüdische Bürger vor. Aus ganz Europa wurden Juden in die großen Arbeits- und Vernichtungslager nach Polen deportiert.
In Polen selbst erließ die deutsche Besatzungsmacht für Juden zunächst Aufenthaltsbeschränkungen. Ab 1940 wurden sie zwangsweise in große Gettos umgesiedelt, später von dort aus in die Konzentrationslager gebracht.
So erging es auch Alfred Korn. Er ist 1912 geboren, lebte in Krakau und besaß dort ein Geschäft, in dem er Fahrräder, Fahrradersatzteile und Batterien verkaufte.
1942 wurde er mit seiner Familie ins Krakauer Getto gesperrt. Seine Frau und die beiden Kinder – damals acht und drei Jahre alt – durften nicht mehr hinaus, während er selbst noch mit einem Passierschein das Getto verlassen durfte.

Eines Tages, als er gerade nicht im Getto war, wurde seine Familie deportiert. Er hat sie nie wieder gesehen; wahrscheinlich wurden sie nach Auschwitz gefahren und dort umgebracht.
Alfred Korn kam etwas später in das Arbeitslager Placzow in der Nähe von Krakau, wo er zunächst in einer Metallwarenfabrik, dann im Straßenbau arbeiten mußte.

Korn: Der Lagerführer in Placzow – Göth hieß er – war ein Teufel, kein Mensch. Man hätte in Placzow – theoretisch gesehen – einigermaßen überleben können, es war ja ein Arbeits- und kein Vernichtungslager. Aber trotzdem waren wir auf Schritt und Tritt gefährdet, wirklich auf Schritt und Tritt. Es kam jeden Tag vor, daß Göth oder einer der anderen SS-Leute, denen er ja ein gutes oder – besser gesagt – ein schlechtes Beispiel gegeben hat, einen Gefangenen erschossen hat. Wenn einem SS-Mann die Nase eines Häftlings nicht gefallen hat, dann hat er gleich die Pistole aus seinem Ledermantel gezogen – Ledermäntel waren damals bei der SS Mode – und hat ihn, ohne etwas zu sagen, erschossen. Wenn einer während der Arbeit auf die Latrine gehen mußte, dann mußte er sich vorher ab- und danach wieder zurückmelden. Aber der Weg vom Arbeitsplatz zur Latrine war mit Lebensgefahr verbunden, absolut, weil man auf dem Weg erschossen werden konnte.
Eines Tages – es war im Winter 1942/43 – bin ich nach Auschwitz verschickt worden. Erst kam ich in ein Auffanglager, und dann hat man mich der Arbeitsstätte Schmiede-Landwirtschaft zugeteilt. Das war außerhalb des Lagers. Dort war ich zwei bis drei Monate. Wir sind jeden Morgen um vier Uhr wegmarschiert und so um sechs oder halb sieben an der Arbeitsstätte angekommen. Auch sonnabends und sonntags haben wir gearbeitet.
Das war ein weites Gelände, wir haben weit und breit keinen Menschen und kein Haus gesehen. Es war freies Feld; bei Regen und Kälte haben wir dann den Boden entwässert. Die Fel-

der sollten wohl für Ackerbau oder sonstige landwirtschaftliche Arbeiten nutzbar gemacht werden, aber später war ich nicht mehr dabei.
Die Arbeit war sehr schwer. Natürlich haben das viele Häftlinge nicht ausgehalten! Ich kann nicht genau sagen, wie viele am Tag gestorben sind, aber es waren wirklich viele.
Ich selbst war eines Morgens auch so erschöpft, daß ich gesagt habe, ich kann nicht mehr. Ich bin liegengeblieben und habe mich beim Stubenältesten krank gemeldet. Ich bin dann auf die Krankenstube gegangen, habe eine oder zwei Stunden gewartet, bis ich drangekommen bin. Da war so eine lange Bank an der Wand, da hat man sich hingesetzt, und dann kam ein Sanitäter, der jedem ein Thermometer unter den Arm gesteckt hat. Ich habe in dem Moment, wo ich mich nicht beobachtet fühlte, das Thermometer genommen und mit den Fingern gerieben.
Ich konnte nicht feststellen, wie weit ich gerieben habe. Ich wollte, daß das Quecksilber bei etwa 39° stehenbleibt, aber als der Arzt kam, war es schon fast bei 43°. Der Arzt hat das natürlich gesehen und sagte zu mir: »Komm, geh heim, Du bist gesund, Du gehst morgen wieder zur Arbeit.« Aber viele sind wirklich krank geworden, das ist klar. Jeder Tag dort, jede Stunde waren eigentlich schon zuviel.
Nachdem ich ungefähr sechs Wochen dort gearbeitet hatte, kam eines Morgens der Hauptkapo zu mir und sagte: »Alfred, Du sprichst so gut deutsch, kannst Du auch deutsch schreiben?« »Ja.« »Dann bleibst Du am Sonntag zu Hause.« Ich sollte also am nächsten Sonntag nicht zur Arbeit gehen, sondern mich beim Blockältesten melden. Und das habe ich getan. Ich habe mich gefreut, daß ich am Sonntag nicht rausmußte.

Wenke: In Auschwitz gab es also wie in anderen Lagern auch eine Art Selbstverwaltung der Gefangenen?

Korn: Ja, aber unter Aufsicht der SS. Der Hauptchef war ein SS-Mann, aber der Blockälteste und der Stubenälteste und die Schreiber, das waren alles Häftlinge. Ich habe mich also beim Blockältesten gemeldet, und der wußte schon Bescheid. Er ist mit mir zum Stubenältesten, das war ein Häftling aus Luxemburg. Der hat mir dann eröffnet, was ich am Sonntag machen sollte: Es hat in Auschwitz auch polnische Häftlinge gegeben, die jede Woche oder jeden Monat – ich weiß das nicht mehr genau – einen Brief nach Hause schreiben durften.
Die mußten aber auf deutsch schreiben, damit die SS das lesen konnte. Und ich sollte nun da sitzen und das, was die Häftlinge mir auf polnisch diktierten, auf deutsch aufschreiben. Die Familienangehörigen, die diesen Brief dann erhielten, mußten sich dann, wenn sie kein Deutsch konnten, wieder jemanden suchen, der ihnen das ins Polnische zurückübersetzte.
Für mich brachte diese Arbeit viele Vorteile. Denn die Leute, die da geschrieben haben, bekamen regelmäßig Pakete von zu Hause, und davon habe ich immer etwas abgekriegt.
Für jeden Brief habe ich ein Stück Brot, eine Zwiebel, ein Stück Obst oder irgendetwas anderes bekommen. Wenn sie gekommen sind, um einen Brief schreiben zu lassen, haben sie etwas mitgebracht. Das war natürlich ein großes Plus für mich; ganz abgesehen davon, daß ich sonntags in den vier Wänden sein durfte. Und das wurde ein Dauerjob.

W.: Und was war während der Woche?

Korn: Da bin ich weiterhin zur Arbeit aufs Feld gegangen. Aber bald kam es noch besser. Und zwar hatte ich während der Arbeit draußen einen Häftling kennengelernt, der hieß Fritz Eder. – Daß man Namen noch nach so langer Zeit behalten kann! – Fritz Eder war Ingenieur bei der Firma Höchst gewesen. – Ich hoffe, er lebt noch! – Und mit dem habe ich mich angefreundet. Wir sind jeden Morgen zusammen hinausmarschiert und abends um sieben wieder reinmarschiert. Aber eines Tages war er weg. Da habe ich ihn im Lager aufgesucht und gefragt, was los ist. Ich erfuhr dann, daß er jetzt Schreiber in der Schmiede-Landwirtschaft geworden war. Das war ja ein großes Kommando, wo auch landwirtschaftliche Maschinen zu warten und zu verwalten waren. Ein paar Tage später kam wieder der Kapo, der mich für das Sonntagsschreiben abkommandiert hatte und sagte zu mir: »Du, ich habe mit dem Fritz gesprochen, und der hat gesagt, ich könnte Dich für eine Arbeit nehmen, die jetzt frei geworden ist. Du brauchst morgen nicht um vier Uhr aufstehen, sondern mußt Dich erst um sechs bei mir melden.« Das habe ich getan. Und er ist dann mit mir zu einem Gebäude gegangen, das zwar im Lagergelände, aber außerhalb des Wohnlagers lag. Und dort hat er mich zum Meister geführt. Der hat Hampel geheißen, das war ein Häftling aus Schlesien, ein netter Mann. Der Kapo sagte: »Hampel, hier ist der neue Mann, ab heute bleibt er bei Dir.« Und da haben bloß vier Gefangene gearbeitet, ich war der einzige Jude.

W.: Was war das für eine Werkstatt?

Korn: Das war eine Reparaturwerkstatt für Fahrräder. Der Fritz Eder wußte, daß ich bei meiner Einlieferung in Auschwitz gesagt hatte, ich sei Fahrradmacher, und er hatte das wohl dem Kapo weitergesagt. Ich hatte aus verständlichen Gründen nicht gesagt, daß ich Kaufmann war, denn das war nicht gut. Handwerker hatten es im Lager immer besser.
Aber ich verstand schon etwas davon, weil ich auch Fahrräder verkauft hatte.

W.: Wessen Fahrräder wurden dort repariert?

Korn: Die der SS. In Auschwitz waren doch Hunderte von SS-Leuten, und die fuhren mit dem Fahrrad hin und her, mit Aus-

nahme der hohen Offiziere, die Autos zur Verfügung hatten.
Jeden Tag kamen SS-Männer und brachten ihr Fahrrad. Und das Schönste war: Die haben immer ein Pfund Butter oder einen Laib Brot mitgebracht. Das haben aber nicht wir, sondern das hat der Meister gekriegt. Der Meister hat praktisch nichts oder nur wenig getan, er hat nur unsere Arbeit eingeteilt. Unsere Werkstatt bestand aus zwei Räumen, und in dem kleineren war ich der Chef, da war meine Arbeit. Das war die Vulkanisierwerkstatt, wo die Gummilösungen gemacht, die Schläuche und auch die Gummimäntel repariert wurden.
Ich habe dort vulkanisieren können, nicht heiß-, sondern kaltvulkanisieren. Das hat mir der Meister ein-, zweimal gezeigt, und das habe ich dann selber gemacht. Und dann habe ich ein Buch angelegt und notiert, von wem die Fahrräder sind und wann sie gebracht wurden. Wenn ein SS-Mann sein Rad wieder abholte, dann mußte er den Empfang unterschreiben. Das habe ich selbständig in dem kleinen Zimmer gemacht.
Morgens zwischen halb und dreiviertel acht sind wir gekommen, haben unsere Arbeitsanzüge angezogen – das war schon ein anderes Leben als draußen auf dem Feld, ein Unterschied wie Tag und Nacht! Der Hampel hat dann, bevor wir angefangen haben, Kaffee gemacht, der war natürlich dünn, aber immerhin war es Kaffee. Und es gab Brot mit Margarine und ein Stück Wurst dazu. Dann haben wir gefrühstückt, 20 Minuten oder eine halbe Stunde. Danach haben wir wirklich gut gearbeitet, da kann man nichts sagen, denn das war wirklich angenehm. Es war immer noch Winter, es war 1943, Januar oder Februar.
So um zwölf oder halb eins haben wir Pause gemacht. Da hatte der Hampel inzwischen schon Essen gekocht. Und dann haben wir uns hingesetzt, alle fünf, und haben Mittag gegessen. Man kann sagen, für die Verhältnisse haben wir gut gegessen. Ich hatte es jetzt wirklich viel besser als bei der Schmiede-Land-

wirtschaft. Dort wurde während der Mittagspause um zwölf einfach ein Kessel mit Suppe aufs Feld gebracht. Da standen wir dann draußen im Freien, mit nassen Füßen. Ob es regnete oder schneite, das spielte keine Rolle, wir mußten draußen essen. Oft ist die Suppe aber gar nicht gekommen, weil der Kessel des hohen Schnees wegen nicht gebracht werden konnte oder aus irgendwelchen anderen Gründen. Wir haben oft mit Ungeduld umsonst gewartet und dann erst abends Essen gekriegt, wenn wir todmüde – etwa um sieben Uhr – im Lager angekommen sind. Man hatte dann nicht einmal mehr Lust zu essen. Wir waren so erschöpft, daß wir kaum noch die Suppe schafften, und dann haben wir uns gleich hingelegt und geschlafen.
Aber jetzt in der Fahrradwerkstatt war das ein anderes Leben. Wir haben da vielleicht bis um drei Uhr gearbeitet. In diesen Gebäudekomplexen war auch ein Bad mit Duschen, die waren für die SS natürlich. Aber wir hatten von unserem SS-Mann die Genehmigung, dieses Bad zu betreten.

W.: Also haben Sie als Jude, als Häftling in Auschwitz, auch SS-Männer erlebt, die doch manchmal menschliche Züge hatten?

Korn: Halbwegs, ja. Die SS-Männer auf der Schmiede-Landwirtschaft, die uns draußen auf dem Feld beaufsichtigten, das waren Verbrecher, die waren furchtbar. Die haben uns den ganzenTag geschunden, bis wir umgefallen sind. Aber der SS-Mann bei der Fahrradwerkstatt, der war nicht so schlecht.
Der ist sogar, wenn eine Kommission zu erwarten war, hereingekommen, hat gerochen und gesagt: »Hampel, aufpassen, alles ausmachen!« Er wollte nicht, daß die anderen sahen, daß er uns das Kochen erlaubte. Deshalb sagte ich, der war noch einigermaßen menschlich. Wir sind also auch nach der Arbeit mit Kübeln in das Bad gegangen, wir durften uns heißes Was-

ser holen, und dann haben wir uns gewaschen, mit Seife. Auch rasiert haben wir uns jeden Tag. Früher, bei der Arbeit draußen, war daran gar nicht zu denken, höchstens einmal in 14 Tagen. Dann haben wir die Arbeitskleidung abgelegt und den normalen Streifenanzug angezogen, sind ins Wohnlager zurückmarschiert. Das hat nicht lange gedauert, vielleicht 20 Minuten. Um halb sechs waren wir schon im Lager, aber fast satt und ausgeruht. Ich bin dann noch im Lager von einem Block zum anderen gegangen, und habe Bekannte besucht. Früher hatte ich daran gar nicht denken können, weil ich todmüde war.

W.: Was Sie jetzt über die Werkstatt erzählt haben, das klingt so ein bißchen nach Idylle in der Hölle. Sie wußten aber, daß Auschwitz die Hölle ist?

Korn: Natürlich, das habe ich doch selber miterlebt. Es fanden ja regelmäßig Selektionen statt. Jede Woche, ein- oder zweimal, wurden wir mitten im Schlaf, nachts um zwei oder drei Uhr, geweckt. Wir mußten uns anziehen und in einen Block hineingehen. Und da saßen – das habe ich auch im Auschwitz-Prozeß ausgesagt – zwei SS-Männer, einer davon war Oswald Kaduk. Die waren nur Unterscharführer, aber die haben sich aufgeführt, als ob sie der Herrgott wären. Die saßen beide da, rittlings auf einem Schemel, waren toll betrunken. Sooft ich hinging, immer waren sie betrunken. Und die Selektion ging dann so vor sich: Man ging im Gänsemarsch in zwei Reihen vor denen vorbei, und die haben so einen Stock gehabt, und mit dem haben sie dann auf jeden zweiten oder dritten Häftling gezeigt. Und dann waren da schon die Schreiber – wie in der Hölle, glaube ich – mit ihren Blocks in den Händen, und wenn die SS-Männer auf einen Häftling zeigten, dann guckten die Schreiber auf die Nummer und schrieben sie auf. Diese Häftlinge waren schon so gut wie tot.

W.: Und das wußten Sie?

Korn: Das wußten wir alle. Das wußte man genau. Die sind manchmal noch ein paar Tage auf dem Block herumgelaufen, aber zur Arbeit sind sie nicht mehr gegangen. Ich kann es nur von mir sagen, – aber ich dachte immer: Hoffentlich wissen sie es nicht. Aber es wußte jeder, daß die schon tot waren. Und dann kam ein Lastwagen oder zwei oder drei, man hat sie aufgeladen und weggefahren zu den Gaskammern.

W.: War das eigentlich eine große Ausnahme, daß Sie als Jude zu den sogenannten besseren Arbeiten eingeteilt wurden? Das war doch normalerweise für Juden ausgeschlossen.

Korn: Ja, ich habe unter den Juden in Auschwitz – wahrscheinlich ist das nicht übertrieben – den besten Arbeitsplatz gehabt. Und abgesehen davon, daß dieser Arbeitsplatz so gut war, ich hatte dadurch noch einen anderen Vorteil: Bei den Selektionen war ich anscheinend geschützt. Denn wenn man mich bei den Selektionen fragte, wo ich arbeite, und ich dann »in der Fahrradwerkstatt« antwortete, dann war ich schon tabu. Das war der große Vorteil, und dem habe ich es wahrscheinlich zu verdanken, daß ich jetzt hier mit Ihnen sitzen und reden kann.

W.: Haben Sie bis zum Schluß dort gearbeitet?

Korn: Ja; und sonntags habe ich weiterhin die Briefe für die Gefangenen übersetzt. Und dadurch, daß ich sonntags etwas mehr Zeit hatte als die anderen, die an diesem Tag auch hinausmußten, hatte ich noch einen weiteren Vorteil. Jeden Sonntag gab es nämlich Unterwäsche. Die meisten haben ja auch sonntags gearbeitet, und abends, wenn sie ins Lager zurückgekommen sind, fanden sie dann in ihrer Baracke zwei Wäschehaufen vor. Und da ist man dann im Gänsemarsch daran vorbeigelaufen, und jeder hat sich ein Hemd geholt. Da hat mal ein Großer ein kleines Hemd bekommen und ein Kleiner ein großes. Und wenn das Hemd Löcher hatte, dann war das eben Pech. Man mußte die Hemden so nehmen, wie sie dalagen. Ich hatte nun den Vorteil, daß ich schon am Vormittag, wo niemand da war, mir ein Hemd aussuchen konnte, das mir paßte. Aber damit nicht genug; durch diese bevorzugte Stellung und meine Privilegien habe ich auch zweimal Eintrittskarten für Kabarettabende bekommen, die im Lager – ich glaube ein- oder zweimal im Monat – stattfanden.

W.: Für wen war das Kabarett gedacht?

Korn: Für die oberen Zehntausend, für die SS und für einige Häftlinge, aber nur für die in Vorzugsstellungen, für die Blockältesten, die Stubenältesten und die Schreiber, nur für die. Ich habe zweimal eine Karte bekommen, ich bin aber nur einmal hingegangen. Das erste Mal habe ich irgendwie eine Ausrede gehabt, und danach fragte mich dann der Blockälteste, warum ich nicht da war. Und beim zweiten Mal wollte ich mich nicht wieder herausreden; ich wollte nicht, daß mir vielleicht ein Nachteil daraus entsteht. Ich bin also hingegangen. An die Einzelheiten kann ich mich nicht mehr erinnern, ich weiß aber noch, daß ich einen Schauspieler kaum oder sehr wenig verstanden habe, weil er schwäbisch gesprochen hat.
Später in Stuttgart habe ich manchmal daran gedacht. Heute würde ich ihn bestimmt verstehen.
In Auschwitz blieb ich bis zum 18. Januar 1945.

Als sich sowjetische Truppen näherten, ließ die Lagerführung Auschwitz evakuieren. Zwischen dem 17. und 23. Januar 1945 wurden fast 60 000 Häftlinge auf Fußmarsch in westliche Richtung gesetzt; sie sollten in ein KZ im deutschen Reich gebracht werden, um dort noch bis zum letzten als Arbeitskräfte ausgenutzt zu werden.

Über 8000 Gefangene, die zu schwach zum Gehen waren, wurden zurückgelassen. 700 wurden von der SS noch ermordet, die meisten aber wurden am 27. Januar von sowjetischen Soldaten befreit.

Korn: Wir sind in Hundertschaften nach Groß-Rosen in Schlesien marschiert, zu Fuß. Dort waren wir zwei Tage, das war die Hölle. Und von da aus bin ich nach Weimar transportiert worden, wo wir am 10. Februar ankamen. Wir erlebten gleich einen Bombenangriff. Wir sind mit der SS in eine Bahnunterführung gelaufen und haben dort abgewartet, bis der Fliegeralarm abgeblasen wurde.
Dann sind wir nach Buchenwald, das war nicht weit, acht bis zehn Kilometer. Im Lager waren schreckliche Verhältnisse, es war kein Platz, denn von überall aus dem Osten kamen die Häftlinge. Wir wurden in einem Pferdestall untergebracht, 2000 Männer, wir konnten uns nicht rühren. Nach zwei Tagen kamen wir in eine Baracke, da waren aber keine richtigen Liegen für uns, es war eher so ein Regal wie in einem Großhandelslager, vier Stock hoch. Man mußte sich mit dem Kopf hineinschieben und lag dann ganz eng neben den anderen. Ich weiß nicht mehr genau, wie lange ich in Buchenwald war, ich glaube, es waren höchstens drei Wochen. Arbeit gab es für uns nicht. Ich habe nur einmal gearbeitet, da habe ich mich freiwillig zu Aufräumungsarbeiten in Weimar gemeldet.
Wir mußten den Schutt der zerbombten Häuser wegräumen. Dabei erinnere ich mich an zwei kleine Erlebnisse. Wir mußten in Weimar durch einen Park marschieren. Da habe ich auf einmal ein Denkmal gesehen, und im Vorbeigehen habe ich schnell gelesen und festgestellt: Es war ein Goethe-Denkmal. Da sagte ich: »Goethe, wenn Du wüßtest, wie es heute in Deutschland aussieht.« Das weiß ich noch ganz genau, wie ich mit Goethe gesprochen habe.
Abends sind wir ins Lager zurückmarschiert, wir waren ein paar hundert Häftlinge. An den Fenstern standen immer Mä-

dels und Frauen und haben uns zugeguckt. Und auf einmal warf eine Frau ein Paket herunter, so klein eingepackt. Es waren belegte Brote darin, vielleicht zehn bis zwanzig. Ich habe auch eines bekommen. Die hat sie in die Masse hinuntergeworfen. Da hat der SS-Mann, der uns begleitete, mit dem Karabiner zum Fenster hinaufgedroht und geschrien: »Wenn das noch einmal passiert . . .!« Und wir sind dann weiter ins Lager marschiert.

W.: Sie konnten die Brote aber behalten?

Korn: Ja, wir haben sie dann geteilt. Ansonsten habe ich an Buchenwald keinerlei besondere Erinnerungen. Ich kam ja auch bald wieder weg. Eines Tages hat man beim Appell wieder Leute zu Transporten ausgesucht, und bei einem war ich auch dabei. Ich wurde mit anderen nach Schörzingen gefahren. Da war ich vielleicht eine knappe Woche, und dann ging es nach Bisingen.

Schörzingen und Bisingen waren Außenkommandos des KZ Natzweiler im Elsaß, das 1941 errichtet worden war.
1944 wurde es wieder aufgelöst, die Gefangenen wurden in andere Lager gebracht. Die Lagerleitung verlegte ihren Sitz zunächst nach Guttenberg in Baden; dann nach Stuttgart.
Nach Angaben des Internationalen Suchdienstes hatte Natzweiler damals 46 Außenstellen, 30 davon im jetzigen Gebiet von Baden-Württemberg. Sie sind zwischen 1943 und 1945 entstanden, einige also erst, nachdem das Hauptlager bereits evakuiert worden war. Die Häftlinge dort mußten für die Rüstungsproduktion oder in der Ölschiefergewinnung arbeiten.
Schörzingen und Bisingen gehörten zu den sieben Außenlagern, wo Ölschiefer abgebaut wurde. Die SS wollte aus dem Schiefer Öl gewinnen, um den bei Kriegsende immer bedrohlicher werdenden Mangel an Treibstoff auszugleichen. Tausende von Häftlingen – Polen, Russen,

Griechen, Franzosen, Italiener – wurden in das Gebiet bei Hechingen und Balingen gebracht, um neue Energiequellen für Deutschland nutzbar zu machen. Einige Hundert Hektar Land wurden beschlagnahmt und in Baustellen und Schutthalden verwandelt. Doch letzten Endes blieb das Unternehmen unrentabel.

Korn: Sowohl in Schörzingen wie auch in Bisingen war die Unterbringung unglaublich schlecht. Unsere Liegen waren in vier Stockwerken übereinander, ähnlich wie in Buchenwald. Man mußte sich in diese Regale hineinschieben und lag da ohne Decke, ohne Kissen, ohne Bettzeug, nur so auf einem Brett. Auch die sanitären Verhältnisse waren furchtbar!
Ich kann mich noch entsinnen, daß ich mir einmal die Blase erkältet hatte. Mehrere Nächte lang mußte ich nachts mehrmals hinausgehen. Es war eine unmögliche Qual, weil die Latrinen – als Toiletten kann man das nicht bezeichnen – nicht in der Wohnbaracke, sondern außerhalb lagen. Es waren ungefähr 50 bis 60 Meter zu gehen. Es war Ende Februar, Anfang März, es gab keine Gehwege, man ist in Kot und Regen herumgelaufen und war doch nur dürftig angezogen. Und wenn man die Blase erkältet hatte und schnell auf die Toilette mußte, so war das eine unmenschliche Qual. Und wenn man aus der Latrine wieder rauskam, mußte man wieder in den Dreck und Kot reintreten, weil ja keine Wege vorhanden waren.
Dann war da auch eine Baracke mit Waschräumen. Wir mußten in einer Reihe abwarten, bis wir uns endlich waschen konnten. Da floß nur ein bißchen kaltes Wasser. Nicht mal einem Schwein würde man heute zumuten, so zu leben.

W.: Und wo haben Sie gearbeitet?

Korn: Wir haben unter freiem Himmel gestanden und gegraben. Wir waren jeweils acht bis zehn Leute und haben Gruben ausgehoben, so tief, daß wir darin stehen konnten. Dann ha-

ben wir den Schiefer herausgeholt, und wenn nichts mehr da war, dann ging man an einen anderen Platz.
Wir hatten ständig Hunger, manchmal ist es einem von uns gelungen, zusätzlich ein bißchen Essen zu organisieren.
In meiner Gruppe war auch ein Italiener, wie der dahingekommen ist, weiß ich nicht. In Bisingen waren wir nicht nur Juden. Eines Tages, mitten bei der Arbeit, war der Italiener auf einmal weg. Ich habe gedacht, vielleicht ist er zur Latrine gegangen. Er kam nach vielleicht fünf Minuten wieder zurück und brachte ein ganzes Brot mit. Er erzählte dann, daß er gesehen hatte, wie ein Bauernwagen eine Fuhre Brot ins Lager gebracht hat und da sei er schnell hingerannt, um etwas Brot zu organisieren. Er hat es dann unter uns acht bis zehn Häftlingen geteilt, jeder hat etwas von ihm bekommen.
Ich erinnere mich auch noch an einen anderen Vorfall: Eines Morgens kam eine Delegation von 15 oder 20 Männern in Uniform, allem Anschein nach hochgestellte Persönlichkeiten. Ich habe von weitem gesehen, daß die gesamte Lagerleitung sie auf Schritt und Tritt begleitet hat, gemeinsam haben sie das sogenannte Werk besichtigt. Es war ja eigentlich ein lächerliches Werk. Es war ein Gebäude, wo aus dem Schiefer Öl gewonnen werden sollte. Im Lager hat sich herumgesprochen, daß die Delegation sehen wollte, was man mit dem Werk alles erreicht und wieviel Öl dort produziert wird. Der Zufall wollte es, daß ich ein paar Tage später in Bisingen am Bahnhof Torf abgeladen habe. Da ist Torf gekommen, für welche Zwecke, weiß ich nicht mehr. Während dieser Arbeit habe ich auf einmal gesehen, daß vom Schieferberg zum Bahnhof hin ein Rohr gelaufen ist. Das war sehr primitiv, das Rohr lag nur auf Brettern, diese Bretter wurden wieder durch senkrechte Bretter gestützt. Das Rohr lief also bis zum Bahnhof, bis zu einer Zisterne. Und als ich das sah, dachte ich: »Oh, da muß ja das Öl nun fließen, wenn man Zisternen da hinstellt.« Da waren zwei oder drei Zisternen, aber eine war nur mit einem Rohr verbunden.

Aber das Öl floß nicht, es tröpfelte spärlich. Ich will mich nicht festlegen, aber es kam mir so vor, als ob alle vier oder fünf Minuten aus dem Rohr ein Tropfen in die Zisterne floß. Das heißt »fließen« ist ja hier wohl nicht das richtige Wort.

W.: Man kann also sagen, daß Hunderte von Gefangenen geschunden wurden, damit da so ein bißchen Öl hergestellt wurde?

Korn: Ich glaube, wir waren mehr, wir waren tausend. Ja, die mußten sich schinden, damit da alle fünf Minuten ein Tropfen in die Zisterne floß. Man konnte die Uhr danach stellen.
Das war also die große Leistung des Schieferwerks Bisingen. Später habe ich mir überlegt, das kann ich aber nur vermuten, daß die Lagerleitung vielleicht irgendwo ein Faß Öl gekauft hat und das Öl dann im Werk hat fließen lassen, damit sie beweisen konnte, daß das Schieferwerk Bisingen rentabel ist. Ich kann mir nicht vorstellen, daß man aus dem trockenen Schiefer, den wir ausgegraben haben, und mit diesem primitiven Werk wirklich Öl gewonnen hat. Einige Häftlinge haben sogar vermutet, daß das ganze Lager Bisingen nur eine Art Druckposten für die Leute in der Lagerleitung war, damit sie nicht an die Front gehen mußten.
Also von Rentabilität konnte gar keine Rede sein.

W.: Sind Sie dort irgendwie mit der Bevölkerung in Kontakt gekommen?

Korn: In Kontakt gekommen, kann man nicht sagen. Die haben uns nur von weitem arbeiten sehen. Ich kann mich aber erinnern, daß eine Bauersfrau uns mal etwas zum Essen zukommen ließ. Wir waren gerade bei der Arbeit in einer Grube, da waren auf dem Nachbarfeld ein paar Bauersfrauen, die Kartoffeln hatten. In einem Augenblick, als der SS-Mann mal

nicht aufgepaßt hat, hat eine dieser Frauen mit dem Finger auf den Boden gezeigt und uns zu verstehen gegeben: »Da, hier liegt etwas für Euch.« Es waren bis dahin vielleicht zehn Meter. Ich habe dann aufgepaßt; der SS-Mann, der uns bewacht hat, ist immer so herumgegangen, und als er ein bißchen weiter weg war, habe ich mich hingeschlichen und das Päckchen aufgehoben. Es waren fünf oder sechs Kartoffeln in einer Tüte. Die habe ich schnell genommen und habe sie mir rechts und links in die Tasche gesteckt. In der Grube haben wir sie dann gegessen. Diese Episode zeigt, wie groß die Brutalität des damaligen Regimes war. Wenn eine biedere Bauersfrau uns ein paar Kartoffeln zukommen lassen wollte, dann mußte sie aufpassen, daß der SS-Mann es nicht sah und dann mit dem Finger heimlich darauf zeigen. Und ich mußte mich – wahrscheinlich unter Lebensgefahr – dahin schleichen und die Kartoffeln schnell in die Tasche stecken. In Bisingen waren wir bis Mitte April, bis es eines Tages hieß: »Wir marschieren morgen zu Fuß nach Bozen.«
Und dann sind wir angetreten, in zehn Blöcken à 100 Mann, darunter waren auch Gefangene aus Schörzingen. Und dann sind wir marschiert, tagelang. Das heißt, marschiert sind wir nur nachts, tagsüber waren wir im Wald. Eines Tages aber habe ich festgestellt, daß wir an einem Platz waren, den wir schon kannten. Wir waren also praktisch im Kreis herumgelaufen. Wahrscheinlich waren schon Amerikaner oder Franzosen in der Nähe. Das ging so bis zum 22. April.

W.: Sie sind immer unter Aufsicht der SS marschiert?

Korn: Ja, natürlich. Und im Laufe dieser paar Tage, die wir marschiert sind, sind mehrere Hunderte von Gefangenen erschossen worden.
Während wir marschiert sind, haben wir laufend Schüsse gehört. Wenn jemand nicht mehr gehen konnte, hat man den er-

schossen. Am 22. April kamen wir dann nach Ostrach, zwischen Sigmaringen und dem Bodensee liegt das. Da hat man von einem Bauern zwei oder drei Säcke Kartoffeln geholt, und jeder von uns Gefangenen hat zwei Kartoffeln bekommen. Und während wir noch standen, um die Kartoffeln in Empfang zu nehmen, hat es auf einmal geheißen: »Die SS ist fort!« Und da habe ich mich umgeguckt, und tatsächlich war kein SS-Mann mehr da. Das war morgens so vielleicht um sieben oder acht Uhr. Da sind weder Franzosen noch Amerikaner noch deutsche SS-Männer gewesen. Die Stadt war wie ausgestorben. Man hat keinen Menschen gesehen, es war wie eine Geisterstadt.

Dann haben wir Angst gehabt, daß die SS vielleicht wieder kommt. Ich habe mich mit zwei Freunden – die leben jetzt in Amerika – auf einem Platz versteckt. Da war eine Holzhandlung, wo die Bretter zum Trocknen lagen. Wir sahen, daß zwischen den Bretterstapeln ein Hohlraum war, und dort sind wir dann zu dritt hineingestiegen.

Wir sind den ganzen Tag darin gehockt, zu essen hatten wir nur die zwei Kartoffeln. Ohne Essen, ohne zu trinken, sind wir da gesessen, wir hatten Angst, hinauszugehen. Erst in der Dämmerung haben wir uns hinausgetraut. Wir sind ins erste beste Haus gegangen, haben geklopft bis man uns geöffnet hat. Die haben wahrscheinlich Angst vor uns in den Sträflingsanzügen gehabt. Wir haben nur gebeten, ob wir nicht etwas zu essen bekommen könnten. Wir haben auch Bratkartoffeln bekommen, und dann sind wir wieder in das Dorf, in diesen Hohlraum und haben da übernachtet. Dann, am nächsten Morgen, sind wir wieder hinaus, und auf einmal kamen die Franzosen in Jeeps. Sie haben uns Essen gegeben. Viele sind daran gestorben. Die Franzosen haben es mit uns gut gemeint, aber die Leute waren so hungrig, daß sie alles gegessen haben und schnell und viel, und das ist nicht allen gut bekommen. Dann sind wir Bauern zugeteilt worden, je fünf haben in einem

Zimmer gelebt. Da waren wir ein paar Tage ganz anständig und ordentlich untergebracht. Die Franzosen haben uns alles gebracht, und auch die Bauern haben uns gut behandelt. Dann sind wir auseinandergegangen, die Sache war zu Ende.

W.: Und dann sind Sie nach Stuttgart gegangen?

Korn: Ja. Erst wollten wir – eine Gruppe von zehn bis zwanzig ehemaligen Häftlingen – in die Schweiz gehen. Wir hatten gehört, das sei nicht weit, und so wollten wir dahin. Aber die Schweizer haben uns nicht hineingelassen. Wir mußten wieder zurück. Und dann sind wir überall ein paar Tage gewesen, da und dort. Und eines Tages habe ich dann gefragt, wo in der Nähe eine Großstadt sei. Man nannte mir Stuttgart. Und dann bin ich nach Stuttgart, das war am 5. Juli 1945.

W.: Viele Juden sind nach dem Krieg aus Deutschland weggegangen. Und viele, die vor dem Krieg emigriert waren, wollten nicht mehr zurückkommen. War das für Sie eine klare Entscheidung, in Deutschland zu bleiben?

Korn: Ich habe das nicht von vornherein so klar entschieden. Ich wußte nur erst nicht, wo ich hingehen sollte. Ich wollte erst einmal nur einen Platz haben, von dem aus ich versuchen konnte, meine Familie wiederzufinden. In Stuttgart, in der Reinsburgstraße 26, war der JOINT, eine jüdisch-amerikanische Hilfsorganisation.
Die haben uns die ersten Jahre nach dem Kriege geholfen, uns, den aus den Lagern zurückgekommenen Juden. Im selben Haus war ja auch die wieder gegründete Jüdische Gemeinde.
Ich bin dann von Stuttgart aus nach Bergen-Belsen gefahren. Ich war auch in München und Frankfurt. Überall habe ich nach meiner Familie geforscht, doch vergebens.

Es hat sich dann so ergeben, daß ich in Stuttgart blieb, ich konnte mir hier eine neue Existenz aufbauen und wurde Textilkaufmann.

W.: Sie waren Gefangener in Placzow, Auschwitz, Buchenwald, Schörzingen und Bisingen. Auschwitz ist wohl für jeden ein Begriff. Daß es aber auch in Schörzingen und Bisingen Konzentrationslager gab, wissen nur wenige. Und viele von denen, die es wissen, nehmen an, das seien im Vergleich zu den großen KZs Arbeitslager gewesen, in denen die Häftlinge zwar schwer arbeiten mußten, aber nicht bedroht, gequält und ermordet wurden. Wie haben Sie das erlebt?

Korn: Im Vergleich zu Auschwitz waren Schörzingen und Bisingen nur Miniaturlager. Aber auch dort lebten wir jede Minute in Todesangst. Schon der normale Tagesablauf war unmenschlich. Man kann das gar nicht alles schildern.
Wenn Eugen Kogon oder Julius Schätzle über die Konzentrationslager geschrieben haben, so ist das nur ein Minimum von dem, was wirklich war. Ich kann mir vorstellen, daß die Hölle ein Paradies ist im Vergleich zu dem, was wir mitgemacht haben.

Von den polnischen Juden, die während des Zweiten Weltkriegs von den Nationalsozialisten nach Deutschland deportiert worden waren und überlebt hatten, sind die meisten nach Kriegsende nach Palästina (Israel) und Amerika gegangen. Wenige sind hiergeblieben; fast keiner ist nach Polen zurückgekehrt. Sie wollten zum einen nicht unter einem kommunistischen Regierungssystem leben, zum anderen hatten sie Polen in schlimmer Erinnerung; denn auch dort hatten sie – schon lange vor der deutschen Besatzung – unter Antisemitismus gelitten. Diese Judenfeindlichkeit war in Polen meist religiös motiviert.

Ich dachte, die Autobahn müßte übermorgen fertig sein

Interview mit Robert Krieps

Am 10. Mai 1940 fielen deutsche Truppen in die westlichen Nachbarländer ein; Luxemburg, Belgien und Holland wurden ganz, von Frankreich wurde der größere Teil des Landes besetzt.
Auch hier waren von jetzt ab alle, die an der Hitlerregierung Kritik übten und Widerstand gegen sie leisteten, in Gefahr, ins KZ gesperrt und umgebracht zu werden.
Wer umfassend dokumentieren wollte, welche Verbrechen Deutsche unter Hitler an Ausländern begangen haben, würde eine ganze Bibliothek damit füllen. Hier kann also nur ein kleiner Ausschnitt aus dem Gesamtgeschehen dargestellt werden:
Fünf Luxemburger berichten, was sie zur Zeit der Besatzung und in deutschen Konzentrationslagern erlebt haben.
Ich habe deshalb Luxemburger interviewt, weil viele von ihnen nach Süddeutschland deportiert wurden und weil sie über ein Lager berichten können, von dem heute kaum noch jemand etwas weiß: Hinzert bei Trier.
Von den 300000 Einwohnern des kleinen Nachbarlandes wurden 4000 ins KZ gebracht, 1600 kamen nach Hinzert. Einer war Robert Krieps. Er ist 1922 geboren. Als die Deutschen in Luxemburg einfielen, war er 17 Jahre alt und ging aufs Gymnasium.

Krieps: Im Mai 1940, als Luxemburg von den Deutschen besetzt wurde, hat natürlich jeder hier den Atem angehalten und sich gefragt: »Was kommt jetzt?« Man war sich bewußt, daß die Militärverwaltung doch wahrscheinlich nur ein vorübergehender Zustand war, aber keiner wußte so recht, was danach geschehen würde. Bis dann schon im August 1940 Luxemburg dem Gau Moselland zugeschlagen wurde und der Gauleiter Gustav Simon hier eine regelrechte Zivilverwaltung einrichtete. Luxemburg wurde zwar nicht formell vom Deutschen Reich annektiert, aber de facto ihm doch angegliedert. Dann sollte das Land eingedeutscht werden. Das begann damit, daß man sagte: »Sie heißen Leclerc, also müssen Sie von jetzt an Schreiber heißen.« Die französischen Namen wurden also verboten. Die Amtssprache wurde deutsch. Es erschienen überall Plakate: »Eure Sprache sei deutsch!« Selbst das Tragen der Baskenmütze wurde nicht gern gesehen, es galt als Zeichen der »vernіggerten Rasse aus Frankreich.« Die Luxemburger sollten aber natürlich nicht nur Deutsche werden, sondern auch Nazis. Es wurde also eine »Volksdeutsche Bewegung« hervorgebracht, eine nationalsozialistische Organisation, die die Parole »Heim ins Reich« ausgab. Und dann wurde auf alle Staats- und Gemeindeangestellten, auf Ärzte und Rechtsanwälte, Druck ausgeübt, dieser Bewegung beizutreten.

Wenke: Und wie hat sich dieser Druck auf Ihre Eltern ausgewirkt?

Krieps: Bei uns war das etwas anders. Mein Vater war lange Zeit schon engagierter Politiker, Abgeordneter, Sozialist. Er wurde nicht gefragt, Mitglied der »Volksdeutschen Bewegung« zu werden, und er selbst hat sich auch zurückgehalten. Er war selbständiger Transportunternehmer, so daß es für ihn relativ einfach war. Aber für Leute, die im Beamtenverhältnis waren, wurde der Druck immer stärker.

W.: Sie waren damals 17 Jahre alt und gingen aufs Gymnasium. Wie haben sich denn die Eindeutschungsmaßnahmen in der Schule ausgewirkt?

Krieps: In der Schule wurde das natürlich gleich spürbar. Ich ging auf das luxemburgische Gymnasium. Am Anfang, in den ersten Klassen, war der Unterricht dort zum großen Teil auf der deutschen Sprache aufgebaut, und dann verschob sich das Gleichgewicht, so daß praktisch nachher alle Fächer – mit Ausnahme des Deutschen – auf französisch gelehrt wurden. Unter der deutschen Besatzung wurde das anders. Hier hieß es: Alles wird auf deutsch gelehrt, Chemie, Physik, Geographie, Geschichte, usw. Das Latein wurde jetzt ins Deutsche übersetzt, früher ins Französische.
Nur noch die französische Sprache wurde in französisch gelehrt. In der Grundschule verschwand der Französischunterricht ganz. Unsere Lehrer am Gymnasium wurden zum großen Teil zur Schulung nach Deutschland geschickt, andere wurden einfach an deutsche Gymnasien versetzt, stattdessen kamen Studienräte aus Deutschland nach Luxemburg. So wie wir sie kennengelernt haben, waren es überzeugte Nazis.
Die Atmosphäre an den Schulen veränderte sich natürlich gewaltig, wir waren einem großen Druck ausgesetzt. Jede auch noch so leise Kritik an Deutschland wurde vermerkt; es wurde einem dann vorgeworfen, den »rechtmäßigen Kampf Deutschlands in Frage zu stellen«. Bald fragten die Lehrer dann auch: »Wer ist denn jetzt noch nicht Mitglied der Hitler-Jugend?« Dann standen immer wieder dieselben auf, und die anderen blieben sitzen. Dann hieß es wieder: »Wessen Vater ist Mitglied der ›Volksdeutschen Bewegung‹?« Dann mußten wieder die einen aufstehen, die anderen blieben sitzen. Dann wurde wieder gefragt: »Wer ist Mitglied der Hitler-Jugend?« Und dann stand manchmal einer mehr auf, und die anderen wurden nun ermahnt: »Ja, wann kommt Ihr denn endlich?« Das wurde

natürlich in der Klasse und unter uns Schulkameraden diskutiert. Der Druck war also permanent, bis dann plötzlich gesagt wurde: »Wer jetzt noch nicht in der HJ ist, der muß das Gymnasium verlassen!« Im Mai 1941 wurden wir dann also von der Schule verwiesen.

W.: Wieviel Schüler waren das?

Krieps: Das ging etappenweise. Zuerst kamen die Primaner an die Reihe. Zu denen hat man gesagt: »Was, Ihr wollt das Abitur machen? Das geht aber nicht, Ihr seid ja nicht in der Hitler-Jugend.« Und die hatten nun ihre ganze Schulzeit hinter sich und fragten sich: »Was mache ich jetzt? Jetzt kann ich dieses blöde Abitur nicht machen!?« Und notgedrungen sind sie dann eben eingetreten.
Aber unter den 20 Schülern einer Klasse waren vielleicht zwei oder drei, die sich gesagt haben: »Nein, ich warte eben ab, bis der Krieg vorbei ist.« Die sind dann nach Hause zu ihren Eltern gegangen, auf den Bauernhof oder wo sie sonst herkamen – meine Schule war in einer ländlichen Gegend. Und dann setzte man auch die jüngeren Schüler unter Druck. Im Mai 1941 mußten dann 20 Schüler gehen, darunter auch ich. Später kamen noch weitere dran, so daß sich doch eine ziemlich große Zahl ergab. Als ich zu meinem Vater nach Hause kam, sagte er: »Na, nun müssen wir sehen, wie wir das über die Bühne kriegen. Dann müssen wir eben abwarten.« Ich wurde also kaufmännischer Lehrling im Transportgeschäft meines Vaters, das aber schon auf ein Minimum zusammengeschrumpft war. Es gab damals nicht mehr viel zu transportieren.

W.: Und dann wurden Sie erst einmal in Ruhe gelassen?

Krieps: Ja, kurioserweise. Man konnte meinen Vater nicht so unter Druck setzen, weil er selbständiger Unternehmer war.

Am 10. Oktober 1941 führten die Deutschen dann in Luxemburg eine sogenannte Volkszählung durch. Wir Luxemburger wurden aufgefordert, auf einem Fragebogen einige Fragen zu beantworten, unter anderem die nach der Volkszugehörigkeit, der Muttersprache und der Staatsangehörigkeit. Da erwarteten die Nazis dann von uns, daß wir jede Frage mit »deutsch« beantworten. Dagegen hat sich die Widerstandsbewegung in Luxemburg gewehrt und gewarnt: »Paßt gut auf, wenn Ihr mit ›deutsch‹ antwortet, dann habt Ihr praktisch im Sinne der Nazis dem Anschluß an Deutschland zugestimmt.« Und dann kam die große Überraschung für die Gauleitung, daß über 90 Prozent der Luxemburger diese drei Fragen mit »luxemburgisch« beantwortet haben.
Das war natürlich für den Gauleiter eine schreckliche Blamage. Und kurz darauf hat es wahrscheinlich irgendwo auf einer Konferenz geheißen: »Jetzt müssen wir aber langsam mit dem Widerstand der Luxemburger Schluß machen. Das geht zu weit, was die sich leisten!«
Und bald darauf schon, am 2. November 1941, machten die Deutschen hier ein Großaktion. Gestapobeamte aus dem Raum Trier kamen nach Luxemburg und machten hier eine Razzia. Sie gingen einfach in verschiedene Häuser und verhafteten Männer und Frauen, von denen sie wußten, daß sie in einer politischen Partei oder in einer Gewerkschaft eine führende Rolle hatten, und auch Jugendliche, die wie ich kurz vorher von der Schule verwiesen worden waren. Sie stellten das ganze Haus auf den Kopf und sagten dann: »Sie sind hochverratsverdächtig, wir müssen Sie mitnehmen!« Einige Hundert Leute wurden in dieser Nacht verhaftet und nach einem ersten kurzen Verhör in das KZ Hinzert bei Trier gebracht. Und dort wurden sie dann noch einmal von Gestapoleuten verhört.

Hinzert bei Trier war zunächst als Arbeitserziehungslager für »Arbeitsscheue« eingerichtet worden.

1940 wurde es auch Konzentrationslager, vor allem für politische Gegner aus den besetzten Nachbarländern, besonders für die Luxemburger.
Es war ein relativ kleines Lager für 600 bis 800 Gefangene.

W.: Da kamen also einfach Gestapobeamte nachts zu Ihnen ins Haus und haben Sie geholt?

Krieps: Ja, es waren zwei Männer, die sagten: »Sie sind des Hochverrats verdächtig.«

W.: Ihr Vater als sozialistischer Politiker wurde nicht festgenommen?

Krieps: Nein, noch nicht, aber schon zwei Tage später. In der Nacht vom 4. zum 5. November kam er mit mir zusammen nach Hinzert. Und dort – wie gesagt – wurden wir alle noch einmal von Gestapoleuten verhört, und die haben in ihren Untersuchungen noch einiges aufgedeckt, was im Sinne der damaligen deutschen Gesetze strafbar war, zum Beispiel »Wehrkraftzersetzung« und ähnliches, es gab ja eine Menge Sachen, die man nicht tun durfte.

W.: Waren außer Ihnen noch mehr Jugendliche, die nach Hinzert kamen?

Krieps: Ja, es waren praktisch alle, die mit mir vom Gymnasium verwiesen worden waren. Einige wurden später entlassen, weil kein belastendes Material gegen sie gefunden wurde.
Als wir im November 1941 dahin kamen, waren dort viele Saarländer, Arbeiter aus den Kohlengruben, die mal blau gemacht oder – was weiß ich – ein bißchen gegen ihren Vorarbeiter gemault hatten. Die waren zu einer Arbeitserziehung dahin gekommen. Die maximale Haftdauer war für sie acht Wochen.

Da wurde draußen geschuftet, Wurzelstöcke wurden ausgehoben, bei Saarburg die Panzergräben des Westwalls zugeschüttet, damit man dort die Grundstücke besser beackern konnte. Die Arbeit war sehr schwer und die Kost mies.

W.: Und wo haben Sie arbeiten müssen?

Krieps: Ich wurde in ein Außenlager von Hinzert, nach Wittlich, gebracht; das ist in der Eifel. Da haben wir an der Autobahn arbeiten müssen. Dabei hat man uns so zur Eile angetrieben, daß ich dachte, die Autobahn müßte für übermorgen fertig sein. Aber sie wurde – was weiß ich – erst 1972 fertiggestellt. Und ich suche heute noch vergebens nach der Stelle, wo wir damals gearbeitet haben.
Dann kamen wir zurück, haben in Rheinfeld im Sägewerk Schwellen getragen. Später waren wir in einer Flachsdrescherei, wo wir auch sehr schwer schuften mußten. Auch dort war das Essen miserabel, und es gab praktisch keine ärztliche Versorgung. Es sind sehr viele Leute dort gestorben, weil kein Arzt im Lager war.

W.: Ich habe gelesen, daß es in Hinzert einen Arzt gab, der die Gefangenen mißhandelt hat.

Krieps: Der war in einem Außenlager, in Hermeskeil. Dort gab es ein Zivilspital und auch ein Krankenrevier für die Häftlinge. Wenn einer eine sichtbare Verletzung hatte, wurde er dorthin gebracht. Und im Revier war dann dieser schreckliche Arzt, der die Leute aus purem Sadismus gepiesackt hat. Er hat Kranke barfuß im Schnee stehen lassen, unter dem Vorwand, sie dürften den Boden in der Baracke nicht beschmutzen. Solche Schikanen waren in seinen Augen vielleicht lustig, aber für denjenigen, den es getroffen hat und der mit Fieber im Schnee stand, für den war es unter Umständen ein Todesurteil.

W.: Haben auch die SS-Wachmannschaften in Hinzert die Häftlinge schikaniert, mißhandelt?

Krieps: Das waren nicht nur Schikanen. Im Lager ging alles im Laufschritt. Man durfte nie im normalen Tempo gehen, nur im Laufschritt. Und dann stand man morgens schon um halb sechs auf dem Appellplatz, im Hunsrück, in Sturm und Regen, marschierte drei viertel Stunden zum Bahnhof, bestieg dort einen Zug, fuhr zur Arbeitsstelle nach Nonnweiler im Saarland oder anderswohin. Da arbeitete man draußen in Gräben, im Regen, im Schnee. Bekam eine kleine dünne Suppe mit Steckzwiebeln darin, ohne Fleisch oder irgendetwas. Abends dann dieselbe Prozedur. Zu Fuß, per Zug ging es zurück ins Lager, immer noch im Laufschritt. Alles im Laufschritt. Da kam man um acht Uhr an. Und da war es dann fast noch schlimmer als an der Arbeitsstelle. Weil das Lager so klein war, hatte man immer einen SS-Mann an den Füßen. In den großen Lagern, wo 20 000 und mehr Gefangene waren, wurde die interne Verwaltung von Häftlingen gemacht. Hier in Hinzert waren es die SS-Leute. Und so stieß man ständig mit ihnen zusammen, und ständig setzte es Hiebe.
Der eine hieß Schaafs und war aus der Gegend von Heidelberg, der wurde von uns »Iwan der Schreckliche« genannt. Der hat einfach geschlagen, so daß man wirklich die Knochen brechen hörte, wenn er hingehauen hat. Ob das jetzt ein Pickelstiel oder etwas anderes war, was er erwischt hat, der Mensch war unberechenbar und hat offenbar mit Freude und Genuß Menschen verstümmelt. Und wenn er einen Gefangenen auf den Kopf getroffen hat, dann endete das mit Schädelbruch.

W.: Und das geschah vor den anderen?

Krieps: Ja.

W.: Und wie lange waren Sie in Hinzert?

Krieps: Bis zum Juli 1942. Ich bin dann wieder nach Luxemburg ins Gefängnis gekommen und wurde dort einem Staatsanwalt vorgeführt. Und der hat mir dann eröffnet, daß gegen mich ein Schutzhaftbefehl bestand. Das heißt, erst sieben Monate nach meiner Verhaftung hat man mir das hochoffiziell mitgeteilt. Und außerdem sagte der mir, daß in Anbetracht der Grenze Fluchtgefahr bestand und ich wieder in ein Lager eingeliefert werden sollte. Die Anklage hieß: »Vorbereitung zum Hochverrat.« Punkt, Schluß, mehr nicht. Ich blieb also eine Zeitlang im Gefängnis und wurde dann nach Natzweiler im Elsaß gebracht. Dort war 1941 ein neues Lager für diese Gegend errichtet worden, also hauptsächlich für Franzosen, Holländer, Luxemburger und auch Leute aus Baden. Wir fanden da Häftlinge vor, die aus Sachsenhausen oder Buchenwald gekommen waren, sogenannte alte Lagerhasen. Es waren vielleicht 200 bis 300; die haben da Planierungsarbeiten vorgenommen und die ersten Baracken aufgebaut. Und dann kamen wir anderen massenweise an und haben den Rest des Lagers errichtet.

Natzweiler-Struthof war eines der Konzentrationslager, das die SS in der Nähe eines Steinbruchs baute.
Es war ein Arbeits- und Vernichtungslager, in dem viele Gefangene erschossen, gehängt und vergast wurden. Aber auch die Arbeit war hier tödlich. Die Verpflegung in Natzweiler war so kümmerlich, die Arbeitsbedingungen waren so hart, daß viele Häftlinge an Hunger und Entkräftung zugrunde gingen.

Krieps: Der Steinbruch wurde von der »Deutschen Erd- und Steingesellschaft«, der DEST, ausgebeutet, das war ein SS-Unternehmen. Die SS hatte ja viele Wirtschaftsunternehmen.

W.: Und wo haben Sie gearbeitet?

Krieps: Ein bißchen im Steinbruch. Später wurden da Hallen eingerichtet, wo wir für den Flugzeugbau arbeiteten. Natürlich habe ich auch im Lagerbau, im Wasserleitungsbau gearbeitet, also meistens draußen.

W.: Und was war in der Zwischenzeit mit Ihrem Vater geschehen?

Krieps: Ja, mein Vater war mit mir zusammen nach Hinzert gekommen, wurde aber im Juni 1942 als lagerunfähig entlassen. Er war doch ein prominenter Mann in Luxemburg, man konnte ihn nicht einfach abschreiben und zugrunde gehen lassen. Im November 1942 begann dann aber in Luxemburg das sogenannte Umsiedlungsverfahren, d. h. Leute, die nicht zu jeder Zeit – so war die offizielle Formulierung – »die Gewähr dafür boten, rückhaltlos für das Deutschtum einzutreten«, wurden nach Schlesien transportiert. Einige hundert Menschen, darunter auch mein Vater, wurden dort zum Arbeitseinsatz in verschiedenen Gegenden gebracht. Aber – wie gesagt – er war wirklich krank, wurde dann wieder für haftunfähig erklärt und freigelassen. Aber nach dem 20. Juli 1944, nach dem Attentat auf Hitler, wurden ja alle zum Zentrum gehörenden, alle sozialdemokratischen und natürlich auch alle kommunistischen Politiker – sofern sie nicht schon im KZ saßen – verhaftet. So auch mein Vater. Ich habe ihn dann im Oktober 1944 in Dachau wiedergetroffen.

W.: Sie sind also, als die westlichen Alliierten der deutschen Grenze näherrückten und Natzweiler im September 1944 geräumt wurde, nach Dachau gekommen? Sind Sie dort geblieben oder in ein Außenlager gebracht worden?

Krieps: Nein, ich bin im Stammlager geblieben, so wie ich auch in Natzweiler immer im Hauptlager war.
In Dachau habe ich noch diese schreckliche Zeit des Flecktyphus miterlebt, wo jeden Tag 200 Menschen starben. Die Toten wurden dann von sogenannten Rollkommandos aufgeladen und zum Krematorium gebracht, solange noch genügend Brennmaterial vorhanden war. Später wurden die Leichen nur noch aufgehäuft. Einige Tausend lagen noch da, als die Amerikaner das Lager befreiten. Das war am 29. April 1945.

W.: Sie waren bei Ihrer Verhaftung 18 Jahre alt und 22 bei Kriegsende. Konnten Sie nach dreieinhalb Jahren KZ eigentlich noch richtig jung sein?

Krieps: Das ist schwer zu beantworten. Es ist ganz klar: Es ist keiner aus diesen Jahren herausgekommen, ohne daß er – sagen wir ruhig einmal – einen kleinen Knacks weghat. Es gibt Leute, die sind heute noch im Lager. Die sind nie da herausgekommen. Ich habe Freunde, die sind einfach gebrochen. Ihre Welt ist noch das Lager. Alles, was sie tun, erleben, sehen, beziehen sie irgendwie auf ihre Erlebnisse im Lager.

W.: Aber war das nicht bei Ihnen – zumindest in der ersten Zeit nach dem Krieg – auch so?

Krieps: Nein, ich muß Ihnen sagen, ich habe damals nur nach vorn geschaut. Ich ging also gleich wieder im Juni 1945 zur Schule und machte so schnell wie möglich das Abitur. Danach ging ich zur Universität. Während dieser Zeit hatte ich nur den einen Wunsch: weg davon. Ich hatte ja vier Jahre verloren und fragte mich: »Kann ich geistig überhaupt noch etwas leisten? Schaffe ich das noch?« Aber man stellt sich natürlich dieselbe Frage, wie Sie sie mir eben gestellt haben. Sicherlich sind diese Jahre auch an mir nicht ganz spurlos vorübergegangen. Eines ist klar: Ich habe einen ausgeprägten Sinn, ja fast eine Überempfindlichkeit für Ungerechtigkeiten bekommen, für alles, was irgendwie nach Gewalt oder Nötigung aussieht. Da war es ein Glück, daß ich Rechtsanwalt geworden bin und noch dafür bezahlt werde, mich gegen Ungerechtigkeiten aufzulehnen. Wenn ich einen anderen Beruf gewählt hätte, wäre ich wahrscheinlich sehr unglücklich geworden, weil ich mit jedermann in Streit gekommen wäre. Ich ertrage das einfach nicht. Ich habe als Student mehrere Male Schwierigkeiten mit der Polizei gehabt, wenn ich gesehen habe, wie die manchmal mit Brachialgewalt harmlose Studentendemonstrationen auflösen wollten; da brannte bei mir eine Sicherung durch.

W.: Haben Sie denn auch an gesundheitlichen Spätschäden der Lagerhaft gelitten?

Krieps: Die klarsten Folgen waren bei mir die Magenschmerzen. Ich habe 15 Jahre lang Schmerzen gehabt, die aber nervlich bedingt waren. Es war nichts Organisches. Ich hatte keine Magengeschwüre oder so etwas. Aber zum anderen muß ich sagen: Ich war sehr sportlich; ich habe vor meiner Verhaftung Sport getrieben, und ich habe es auch nach meiner Befreiung wieder getan. So glaube ich, daß ich das KZ einigermaßen überstanden habe.

Aber wissen Sie: Das Schlimme ist, wir waren sechs gleichaltrige Jugendliche, die zur selben Zeit ins Konzentrationslager eingeliefert worden sind, nach Kriegsende waren wir nur noch drei. Von uns sechs haben nur drei überlebt. Der letzte wurde noch im April 1945, als sein Lager geräumt wurde, in eine Sandgrube geführt und erschossen. Einfach so! Er hatte das Glück, dreieinhalb Jahre KZ überlebt zu haben; alles hatte er überstanden: Flecktyphus, Hunger, Hungerödem, aber dann – praktisch am letzten Tag – wird er in eine Sandgrube geführt und von SS-Leuten ermordet. Die waren so in ihrem System gefangen, daß sie sich gar nicht vorstellen konnten, daß man die Leute auch hätte laufen lassen können, wo doch sowieso alles verloren war – im April 1945.

W.: Ich habe noch eine Frage zu Ihrem Verhältnis zu Deutschland. Sie können sich natürlich rational sagen, daß nicht alle Deutschen Nazis waren. Aber glauben Sie nicht doch, daß Ihre Erlebnisse im KZ Ihre Einstellung zu Deutschland mitgeprägt haben?

Krieps: Ich möchte ganz offen sein. Bestimmt trifft zu, daß in den ersten Jahren nach Kriegsende das Verhältnis zu Deutschland getrübt war. Nicht so sehr, weil es Deutschland war, aber weil man gesehen hat, wie die deutschen Politiker einfach nicht mit Leuten wie Globke fertiggeworden sind. Ein Mann, der Kommentare zur Judengesetzgebung verfaßt hat, der kam unter Adenauer zu höchsten Ehren. Und auch andere ehemalige Nazis gelangten ja in hohe Ämter, z. B. Richter. Und da hat man sich natürlich gefragt: »Wieso haben wir das alles durchgemacht, wenn die Deutschen nichts aus ihrer Vergangenheit gelernt haben?« Aber jetzt möchte ich es umdrehen. Später hat sich diese Ablehnung doch gegeben. Als man sich wirklich dafür interessierte, was in Deutschland geschieht, da hat man doch gesehen, da baut sich ein vernünftiger Staat auf, der in mancher Hinsicht doch modellhaft sein kann.

Seit 1949 ist Robert Krieps Rechtsanwalt. Von 1974 bis 79 war er Ministre de la Justice und Ministre de l'Education et de la Culture (Justiz- und Kulturminister) von Luxemburg.
Er ist Vorsitzender der Amicale Natzweiler, einer Gemeinschaft ehemaliger KZ-Häftlinge.

Wir haben Propaganda gegen die Nazis gemacht

Interview mit Marcel Berckes, Joseph Schmitz, M. P. und C. S.

Marcel Berckes, Joseph Schmitz, M.P. und C.S. (beide wollen nicht mit ihrem Namen genannt werden) waren zwischen 26 und 29 Jahre alt, als deutsche Truppen in Luxemburg einmarschierten.

M.P.: Ich war bis zu meiner Verhaftung Beamter bei der Staatsanwaltschaft. Ich war zwar am Widerstand beteiligt und mit Widerstandskämpfern befreundet, aber ich war in keiner Gruppe organisiert. Ich habe auf eigene Faust Propaganda gegen die Nazis gemacht.

Wenke: Wie? Mit Flugblättern?

M.P.: Nein, das nur selten. Es war mehr mündliche Propaganda, d.h. wo wir konnten, haben wir die Deutschen geärgert. Zum Beispiel haben wir in Gesprächen mit Bekannten und Kollegen geäußert, daß wir ganz fest an den Sieg der Westmächte und an die Niederlage der Deutschen glaubten. Wir haben jede Möglichkeit benutzt, um gerade das Gegenteil von dem zu verbreiten, was die Deutschen behaupteten.

W.: Und wann wurden Sie verhaftet?

M.P.: Am 5. September 1942. Das war kurz nachdem für uns Luxemburger die allgemeine Wehrpflicht eingeführt worden war und viele Luxemburger deshalb streikten. Ich selbst hatte für den Streik Propaganda gemacht und mich auch daran beteiligt. Einige Luxemburger, die von den Nazis als »Rädelsführer« angesehen wurden, kamen deshalb vor ein Standgericht. Einer der Verurteilten hat wohl gesagt, daß ich mit für den Streik geworben habe. Ich wurde also verhaftet und nach Hinzert gebracht.

C.S.: Auch ich war in keiner organisierten Widerstandsbewegung. Ich habe mir damals gedacht, bleib lieber ein anonymer Resistenzler, dann hast Du mehr Chancen durchzukommen. Und Du brauchst auch niemandem einen Vorwurf zu machen, daß er bei einem Gestapoverhör Deinen Namen genannt und somit zu Deiner Verhaftung beigetragen hat. Denn wir hatten ja eine Ahnung, wie diese Verhöre geführt wurden. Ich hatte wohl Freunde in dieser und jener Gruppe, ich habe mich auch an vielen Aktionen beteiligt, aber offiziell war ich nirgendwo eingeschrieben.
Ich war damals auf dem Lohnbüro der ARBED (der luxemburgischen Eisenhüttengesellschaft – d. Verf.) beschäftigt und habe auch – wie mein Freund eben schon von sich erzählte – jede Gelegenheit genutzt, um mündliche Gegenpropaganda zu betreiben.

W.: Und deswegen hat man Sie verhaftet?

C.S.: Ich stand von Anfang an auf der Abschußliste unseres Ortsgruppenleiters. Der wußte genau, woran er mit mir war, aber er konnte mir lange nichts beweisen.
Aber bei der Streikaktion, an der ich auch beteiligt war, hat man mich dann beim Schopf genommen und aus dem Verkehr gezogen. Bei den Verhören durch die Gestapo kam ich noch rela-

tiv glimpflich weg. Ich plädierte immer auf Einzelgänger, was ja auch stimmte.
Ich wurde aber doch ins Gefängnis gesperrt und kam nach zwei Wochen ins KZ Hinzert. Das war im Januar 1943.

W.: Und was hat man Ihnen konkret vorgeworfen?

C.S.: Auf meinem Schutzhaftbefehl stand »Streik« und dann noch als Zusatzbemerkung »deutschfeindlich, grenzpolitisch unzuverlässig«. Das hat damals gereicht.

Schmitz: Ich war damals Mitglied und Gruppenchef bei der LVL, der »Luxemburger Volkslegion«. Wir haben in Not geratene Luxemburger unterstützt, das heißt junge Männer versteckt, die zum Kriegsdienst einberufen worden waren, die aber nicht für die Deutschen kämpfen wollten und deshalb untertauchten. Und eines Tages wurde so ein Junge geschnappt, und er hat dann beim Verhör verraten, daß wir ihm zu dem Versteck verholfen hatten. Am 31. November 1943 wurde ich dann verhaftet. Ich kam erst ins Gefängnis und nach vier Wochen nach Hinzert.

Berckes: Ich war auch bei der LVL aktiv. Meine Gruppe hat hauptsächlich Familien unterstützt, deren Männer weg waren, im Krieg oder im KZ. Wir haben auch französischen Kriegsgefangenen, die aus Deutschland abgehauen waren, geholfen, nach Frankreich zurückzukommen.

Im Dezember 1943 wurde Marcel Berckes verhaftet und ebenfalls nach Hinzert gebracht. Dort nahm er zeitweise unter den Gefangenen eine Sonderstellung ein.

Berckes: Ich war Schreiner und nebenbei Bildhauer. Als sie mich verhafteten, arbeitete ich gerade als Bildhauer. Als ich dann aber in Hinzert meine Personalien angeben mußte, sagte ich, daß ich von Beruf Schreiner sei. Da meinte der Gestapomann, der mich verhaftet hatte: »Der lügt!« Und sofort wurde ich geschlagen. Dann mußte ich aber mein Werkzeug kommen lassen, und ich bekam den Auftrag, eine Statue zu bildhauern. Als ich drei Wochen daran arbeitete, kam der Lagerkommandant zu mir und forderte: »In drei Tagen muß sie fertig sein.« Als ich sagte, daß das kaum möglich sei, antwortete er: »Entweder Sie schaffen das, oder Sie wandern ins Gefängnis!« Ich habe dann Tag und Nacht gearbeitet. Der Kommandant kam nachts kontrollieren, ob ich auch wirklich arbeitete. Und als diese Statue dann fertig war, mußte ich noch andere machen.

W.: Und die haben sich die SS-Kommandanten dann in den Garten gestellt?

Berckes: Eine war für den Gauleiter von Luxemburg bestimmt. Für wen die anderen gedacht waren, weiß ich nicht. Bei mir hat sie immer der Lagerkommandant in Auftrag gegeben. Andere SS-Leute hatten keinen Zutritt wo ich arbeitete.

W.: Und was für Statuen waren das?

Berckes: Das war mal ein Bauer, der gerade säte, mal ein Winzer. Was dem Kommandanten gerade in den Sinn kam, mußte ich dann ausführen.

Schmitz: Die Gefangenen in Hinzert mußten in verschiedenen Kommandos arbeiten. Eines ist täglich hinausgefahren und hat Baumstücke, die ein Baumkommando ausgehoben hat, zum Lager gebracht, um die Baracken zu heizen. Im Lager angekommen, wurden die Stücke auf einem Holzplatz zerkleinert. Dorthin wurde ich abkommandiert.
Aber weil es oft mehr Leute waren als Handwerkszeug vor-

handen war, mußten wir selbst mit einer kleinen Gartenhacke das Holz kleinmachen. Die Arbeit war nicht besonders hart, aber wir waren ständig bewacht, ständig unter Kontrolle.
Ich kann eine Episode erzählen, die mir einmal passierte: Bei einem Spindappell hat man eine Zahnbürste gefunden, die mir gehörte. An der Bürste war noch ein wenig Seife. Man fragte mich, ob das meine Zahnbürste sei, und als ich »ja« sagte, nahm der SS-Mann die Bürste und schlug sie mir so oft und so fest auf das linke Auge, daß ich zusammenbrach. So etwas geschah immer wieder. Einmal hat man ins Lager Stroh gebracht, um die Strohsäcke zu erneuern. Es war so viel Ungeziefer aufgetaucht. Ich mußte nun mit einem Kameraden im Hof das Stroh einsammeln. Auf einmal hörte ich Schreie, die aus einer Baracke kamen. Ich schaute auf. Ein SS-Mann sah das. Er rief sofort den Lagerkapo Wipf und befahl ihm: »Sie geben diesem Mann 20 Schläge auf den Hintern, mit der Peitsche!«

W.: Der Kapo war auch ein Gefangener?

Schmitz: Ja, der war wegen Schmuggel im KZ. Er ging brutal gegen die anderen Häftlinge vor. Und als er mit seinen Schlägen fertig war, hat er mir noch einen Fußtritt gegeben, so daß ich hinfiel. Und dann mußte ich sofort wieder an die Arbeit.

Von Hinzert aus wurde Joseph Schmitz im Juni 1944 mit 100 weiteren Gefangenen in das Außenlager Langendiebach gebracht, wo er bis zur Evakuierung des Lagers blieb. Am 24. März 1945 wurden die Gefangenen auf Marsch in östliche Richtung gesetzt. In Birstein, südlich vom Vogelsberg, wurden sie von Amerikanern befreit.
Marcel Berckes blieb in Hinzert. Auch hier wurden die Häftlinge Mitte März evakuiert und mußten in Richtung Buchenwald marschieren. In der Nähe von Gießen erlebten sie das Ende ihrer Gefangenschaft.
C.S. und M.P. kamen im Winter 1942/43 nach Natzweiler.

M.P.: Ich habe auf der Straße gearbeitet, die später den Namen »Todesstraße« erhielt. Sie führte vom Struthof ins Lager und war damals noch nicht fertig. Wir mußten sehr hart arbeiten, weil die SS ständig dabei war und uns immer bewachte. Die Selbstverwaltung war unter Leitung von Berufsverbrechern, die selbst gute Miene bei der SS machten und sehr brutal mit den anderen Gefangenen umgingen. Sie schreckten nicht davor zurück, einen Schippenstiel auf dem Rücken eines Häftlings zu brechen.
Wir machten Planierungsarbeiten mit Spitzhacke, Schaufel und Schubkarren, meistens im Laufschritt. Weil wir unterernährt und sehr schwach und viele von uns diese Arbeit auch gar nicht gewöhnt waren, konnten wir nicht recht damit umgehen. Häufig fielen wir mitsamt Schippe und Hacke um. Wenn man den Schubkarren umkippen sollte, fiel man oft selbst mit um.
Und dann kam es oft vor, daß die SS einen Gefangenen erschoß, unter dem Vorwand, er habe fliehen wollen. Das machte die SS so: Sie nahm einem Gefangenen die Mütze vom Kopf und warf sie außerhalb der Postenkette. Das war der fiktive Kreis, den die Posten um die Häftlinge gezogen hatten. Und dann gaben sie dem Häftling Order, die Mütze wieder zu holen. Und sobald er diese Linie überschritten hatte, war da ein Posten, der auf ihn schoß.

W.: Und wenn er sich geweigert hätte, wäre dasselbe passiert?

M.P.: Ja, viele sind auch so rausgestoßen worden und mußten so ihr Leben lassen.

Vor allem die »Nacht-und-Nebel«-Gefangenen wurden in Natzweiler grausam schikaniert und gequält. Die Bezeichnung »Nacht und Nebel« geht auf einen Erlaß Hitlers zurück. Nachdem Franzosen im besetzten Teil Frankreichs mehrere Attentate auf Angehörige der deutschen

Wehrmacht verübt hatten, erteilte Hitler 1941 den Befehl, die der Widerstandstätigkeit Verdächtigen festzunehmen, sie aber nicht im Land selbst vor Gericht zu stellen und abzuurteilen. Hitler wollte keine Märtyrer schaffen. Die Gefangenen sollten statt dessen bei »Nacht und Nebel« nach Deutschland deportiert und im KZ völlig isoliert werden. Sie durften keine Nachricht an ihre Angehörigen zu Hause vermitteln; jede Verbindung zur Heimat sollte abgeschnitten werden. Die Bevölkerung in den besetzten Gebieten sollte über das Schicksal der Deportierten ganz im unklaren gelassen und auf diese Weise besonders eingeschüchtert werden.

C.S.: Ich erinnere mich noch, wie N.N.-Franzosen im Juli 1943 eingeliefert wurden. Die kamen aus Paris, aus dem Gefängnis. Die waren alle zum Tode verurteilt worden. Sie wurden aber nicht hingerichtet, sondern zum Schein begnadigt. Sie wurden aber nach Natzweiler gebracht, um dort auf Umwegen ins Jenseits befördert zu werden. Und da haben wir die schaurigsten Sachen miterlebt. Schon allein die Ankunft der Franzosen, wo sie mit Hunden gehetzt wurden. Sie mußten im Laufschritt schwere Steine von oben nach unten ins Lager schleppen. Sie wurden geschlagen – ich weiß nicht wie? Wie Hunde! Da starben schon am Anfang viele. Sie waren sozusagen zweimal im KZ. Sie wurden von den anderen Gefangenen getrennt in einer Baracke untergebracht, die noch einmal extra umzäunt war. Alles war ihnen verboten. Wenn sie krank wurden, durften sie nicht im Krankenrevier gepflegt werden.

W.: Ich habe gelesen, daß in Natzweiler so viele Gefangene starben, daß es sogar Himmler zu viele wurden und er im Dezember 1942 den Befehl herausgab, die Häftlinge nicht mehr so brutal zu behandeln. Schließlich sollten sie noch als Arbeitskräfte eingesetzt werden. Anscheinend wurde dieser Erlaß in Natzweiler nicht ernst genommen?

C.S.: Ja, zu Anfang war Natzweiler berüchtigt als Vernichtungslager, und es kam diesem Ruf auch nach. Aber zu der Zeit, als alle Konzentrationslager in die Rüstungsproduktion eingeschaltet wurden, gab es einen offiziellen Befehl vom Wirtschaftsverwaltungshauptamt der SS, der es den SS-Wachmannschaften verbot, die Häftlinge mutwillig zu schlagen und zu drangsalieren. Im großen und ganzen brachte das eine gewisse Veränderung, aber es gab natürlich viele SS-Leute, die sich nicht daran hielten.

W.: Wurde das Essen mit diesem Befehl auch besser?

C.S.: Nein, das Essen schmeckte gar nicht nach diesem Erlaß. Im Gegenteil, die Suppe wurde immer dünner. Zum Schluß bekamen wir nur noch Kartoffelschalen in einer Wassersuppe serviert. Und das Tag für Tag.

W.: In Natzweiler haben Ärzte medizinische Versuche mit Gefangenen unternommen. Wußten Sie das?

C.S.: Das wurde im allgemeinen geheimgehalten. Wir haben es aber trotzdem mitbekommen, weil es im Lager herumerzählt wurde. Wir wußten, daß Medizinprofessoren von der Straßburger Universität mit Gefangenen herumexperimentierten. Sie infizierten sie mit Typhus und ließen sie giftige Gase einatmen.

W.: Im Lager wurden Gefangene auch durch Vergasung ermordet. Woher kamen diese Häftlinge?

C.S.: Als erstes kam ein Transport von Zigeunern; der kam an und tags darauf war er wieder verschwunden, das heißt, sie waren alle vergast worden.

W.: Und Sie, die anderen Gefangenen, wußten das?

C.S.: Ja, die Gaskammern befanden sich auf dem Struthof, da war auch der Verwaltungssitz der SS. Viele Luxemburger arbeiteten dort, sei es in den Werkstätten oder in der SS-Küche oder im Baubüro. Und die bekamen das ja alle mit, daß da Vergasungen stattfanden.

W.: Wurden auch Juden vergast?

C.S.: Auch Juden. Einmal kam ein Transport aus Belgien, es waren alles junge Frauen aus Brüssel. Wir hatten belgische Kameraden dabei, die sogar einige kannten. Diese Frauen kamen nachmittags an und wurden am anderen Tag alle vergast.

W.: Und Sie wußten: Die sind jetzt weg, und das ist mit ihnen geschehen?

C.S.: Ja, da waren tatsächlich Zeugen. Nachher mußten alle diese Kammern gesäubert werden, und da hat man gehört, daß das schrecklich aussah.

W.: Sie haben das alles miterlebt. Wenn ich solche Berichte höre, dann frage ich mich immer: Wie kann man mit solchen Erfahrungen und Erinnerungen weiterleben? Lebt das in einem weiter und quält es einen immer weiter? oder hört das irgendwann auf?

C.S.: Nein, auf hört es nie.

Von Natzweiler wurden C.S. und M.P. am 1. Mai 1944 in das Außenkommando Oberehnheim im Elsaß (heute Obernai) gebracht. Dort befand sich eine SS-Nachrichtenhelferinnenschule, die in einem beschlagnahmten Schloß untergebracht war. C.S., M.P. und andere Gefangene mußten dort die Räume instandsetzen und andere Handwerksarbeiten ausführen. Als die westlichen Alliierten näherrückten, räumten die Deutschen die Schule und verlegten sie nach Heidenheim in Württemberg. Die luxemburgischen Häftlinge mußten mitziehen. M.P. erlebte schließlich das Kriegsende in der Nähe von Heidenheim; C.S. wurde aber vorher noch einmal in ein anderes Lager geschickt. Am 31. Dezember 1944 brachte ihn ein SS-Mann nach Leonberg bei Stuttgart. Dort hatte die SS Ende 1943 ein Außenkommando von Natzweiler errichtet. Die beiden Tunnelröhren der Reichsautobahn waren gesperrt und zu einer bombensicheren Produktionsstätte umgebaut worden. Die KZ-Gefangenen – zwischen 2000 und 3000 – mußten hier für die Messerschmitt AG Flugzeuge zusammenmontieren.

C.S.: Nach meiner Ankunft in Leonberg meldete ich mich bei dem damaligen Lagerkommandanten. Anfangs wußte der gar nicht, warum ich kam. Ich war schon glücklich und dachte, ich könnte zurückfahren. »Aber nein«, sagte er dann, »wenn Sie schon hier sind, dann müssen Sie auch bleiben.« Und dann erinnerte er sich, daß er vor Monaten einmal einen Häftling in Natzweiler angefordert hatte als Blockältesten für den Jugendblock. Und dann kam ich dorthin.

W.: Warum hatte man gerade Sie für diesen Posten ausgewählt?

C.S.: Ich habe mir auch darüber Gedanken gemacht, aber ich weiß es nicht.

W.: Und was mußten Sie machen?

C.S.: Ich war nicht in der Fabrik beschäftigt, als Blockältester gehörte ich zum Lagerpersonal. Ich hatte dafür zu sorgen, daß die Insassen in »meinem Block« rechtzeitig zur Arbeit erschienen, daß sie alle zu essen bekamen und so weiter. Für Ruhe und Ordnung mußte ich sorgen und für Sauberkeit. Das war damals sehr schwer, denn das Lager war schon mit Läusen verseucht, und wir hatten viele Flecktyphuskranke. Da das Krankenrevier bald überfüllt war, konnten viele dort nicht mehr aufgenommen und mußten von mir im Block betreut werden. Ich mußte mich auch um den Abtransport der Toten kümmern.

W.: War das nicht eine schwierige Aufgabe? Auch so eine Art Zwischenstellung?

C.S.: Das war eine Aufgabe, wie es viele gibt: Wie man es macht, ist es falsch. Das ist so ein Posten, wo man sich zwischen zwei Puffern bewegen muß.

W.: Und das haben Sie geschafft?

C.S.: Ja, zur Zufriedenheit von beiden Seiten. Ich hatte aber Glück, weil das Aufsichtspersonal keine SS mehr war, sondern Angehörige der Luftwaffe. Die standen damals für solche Aufgaben zur Verfügung.
Und unser Blockführer – das muß ich sagen – war ein ganz humaner Typ. Aber das Arbeiten in der Fabrik war sehr schwer.

W.: Wie sah das genau aus?

C.S.: Die Gefangenen bauten die ersten Düsenjäger, die »neue Wunderwaffe«. Da wurden schon die Prototypen in Fürstenfeldbruck ausprobiert, und in Leonberg lief dann die Produktion. Die Häftlinge haben – unter Aufsicht von Zivilmeistern – die Flugzeuge, die in Teilen angeliefert wurden, zusammengenietet und geschweißt. Auch Apparate haben sie eingebaut.
Die Schicht betrug zwölf Stunden, es waren also bloß zwei

Schichten; die eine hat die andere abgelöst. Und nachts kamen noch die Fliegeralarme hinzu. Alles mußte dann aus den Betten springen, bei Verdunkelung antreten und in die Fabrik laufen.

W.: Also in die Fabrik in der Tunnelröhre. Und wo war das Lager?

C.S.: Das befand sich außerhalb vom Ort Leonberg. Ich war im neuen Lager, das waren Steinbauten, also vorfabrizierte Baracken aus Zement, die befanden sich längs der Straße. Die Insassen waren polnische und ungarische Juden. Diese »Wunderwaffe« wurde also mit den Überlebenden aus den Judenlagern zusammengebastelt.

W.: Sie sagten vorhin, daß viele Gefangene Flecktyphus hatten. Sind viele daran gestorben?

C.S.: Ja, viele. Ich kann ungefähr die Todesquote beziffern: Die lag so bei 10 Prozent. Das heißt, jeden Morgen beim Wekken war etwa jeder zehnte tot.
Gegenüber von unseren Baracken, da wohnten auch noch Leute. Es kam so weit, daß die Toten während des Tages erst einmal liegen blieben und nicht gleich ins Hauptlager transportiert wurden, um dann im Massengrab verscharrt zu werden. Erst wenn es dunkel war, wurden diese Totentransporte vorgenommen. Denn wir hörten, daß es sich im Ort herumgesprochen hatte, daß es bei uns im Lager so viele Tote gebe. Das war schlimm. Jeder hatte Kleiderläuse. Ich hatte sie genauso wie ein anderer, der morgens tot im Bett lag. Warum, so fragte man sich, waren deine Läuse nicht infiziert, während die deines Nachbarn Bazillenträger waren? War das Glück, oder wie soll man es nennen?

W.: Und wo und wie haben Sie das Kriegsende erlebt?

C.S.: Als die Front bei Leonberg näherrückte, wurde das Lager aufgelöst. Wir mußten zu Fuß nach Esslingen marschieren, wo wir in Kohlenwaggons verladen wurden. Nachts ging die Fahrt nach Bayern, nach Kaufering; dort befanden sich im Umkreis in den Wäldern zwölf verschiedene Lager, da wurden wir untergebracht. Aber es ging bald schon drunter und drüber. Ein paar Tage später wurden wir wieder auf Marsch gesetzt, das war ein sogenannter Todesmarsch, von Kaufering nach Allach, das war ein anderes Außenlager von Dachau. Alles, was unterwegs nicht mitkam, wurde erschossen.

W.: Und wo haben Sie die Befreiung erlebt?

C.S.: In Allach. Dort fand ich viele Luxemburger Kameraden wieder. Und zwei Tage später erschienen dann die Amerikaner. Dann war der Krieg aus.

Ich wußte, daß ich das Kreuz mittrage

Interview mit Änne Meier

Der Zweite Weltkrieg brachte für die Deutschen nicht nur in der Außen-, sondern auch in der Innenpolitik eine neue Entwicklung. Die Hitlerregierung benutzte die Ausnahmesituation des Krieges dazu, eine neue Etappe nationalsozialistischer Revolution einzuleiten. Das deutsche Volk sollte nur noch aus überzeugten Nationalsozialisten, aus starken und gesunden »Herrenmenschen« bestehen.
Die Regierung befahl, rücksichtslos gegen alle politischen Gegner vorzugehen. In einem Runderlaß an SS und Gestapo hieß es: »Jeder Versuch, die Geschlossenheit und den Kampfeswillen des deutschen Volkes zu zersetzen, ist rücksichtslos zu unterdrücken. Insbesondere ist gegen jede Person sofort durch Festnahme einzuschreiten, die in ihren Äußerungen am Sieg des deutschen Volkes zweifelt oder das Recht des Krieges in Frage stellt.« SS und Gestapo wurden aber nicht nur angewiesen, politische Gegner einzusperren, sondern sie gegebenenfalls auch ohne richterliches Urteil zu »liquidieren«.
Die Regierung sprach aber nicht nur Kritikern und Zweiflern jedes Lebensrecht ab, sondern allen Menschen, die ihrer Ideologie nach »lebensunwert« und »rassisch minderwertig« waren. »Lebensunwert« waren für Hitler unheilbar Kranke. Bald nach Kriegsbeginn befahl er, »lebensunwertes Leben« zu töten. In den folgenden Monaten wurden Tausende von Kranken aus den Heilanstalten geholt und vergast.
»Rassisch minderwertig« waren für die Nationalsozialisten neben den

Juden auch die Zigeuner. Im Oktober 1939 erließ der Reichsführer der SS, Himmler, die Anordnung, Zigeunerfamilien in den Osten umzusiedeln. Im Mai 1940 begannen die Massendeportationen deutscher Zigeuner in die Konzentrationslager.
Zu den Staatsfeinden, gegen die man jetzt im Kriege rücksichtslos vorging, gehörten auch die Kirchen. 1940 und 1941 erreichte die Zahl der Verhaftungen von katholischen und protestantischen Geistlichen einen neuen Höhepunkt.
In den ersten Jahren nach Hitlers Machtergreifung hatten wohl einzelne Pfarrer gegen die Verbrechen der Hitlerregierung protestiert, die Verantwortlichen beider Kirchen hatten aber lange geschwiegen. Doch als der Druck auf die Kirche immer stärker und auch der Terror immer offensichtlicher wurde, wuchs der Widerstand in ihren Reihen.
Als Hitler mit der Aktion »Gnadentod« begann, war der Zeitpunkt gekommen, wo auch die Duldsamkeit offizieller Kirchenvertreter ihr Ende fand. Bischöfe protestierten jetzt öffentlich, so unter anderen Graf von Galen, der Bischof von Münster. Die Proteste und die allgemeine Empörung in der Bevölkerung führten dann dazu, daß diese Mordaktionen eingestellt wurden.
Doch die Verhaftungen kritischer Christen gingen weiter. Im Januar 1942 wurde auch Änne Meier eingesperrt.
Sie ist 1896 geboren und lebt im Saarland. Von 1921 bis 1925 war sie Fürsorgerin beim Kreiswohlfahrtsamt in Homburg, danach bis zu ihrer Verhaftung im Kreis St. Ingbert. Sie kümmerte sich um bedürftige Familien, half Kranken, Behinderten, Menschen in finanziellen Notlagen, vermittelte Kuren und Beihilfen und machte Hausbesuche. Ehrenamtlich war sie noch beim »Bund Katholischer Pfadfinderinnen« aktiv und bekleidete dort die Position einer Gaufeldmeisterin.

Meier: Bei den Pfadfinderinnen haben wir soziale Hilfsaktionen durchgeführt, religiöse Feierstunden gehalten, haben den Volkstanz gepflegt und sind viel gewandert.

Wenke: Im Konkordat mit dem Vatikan hat Hitler im Juli 1933 erst einmal zugesichert, daß er die katholischen Verbände, soweit sie sich nicht politisch äußerten oder betätigten, anerkannte. Aber das stand nur auf dem Papier. In Wirklichkeit wurden die kirchlichen Gruppen bald unter Druck gesetzt, ihre Arbeit erschwert. Wie war das bei Ihnen nach 1935, nachdem das Saargebiet wieder dem Deutschen Reich eingegliedert worden war?

Meier: Die Verbände sollten aufgelöst und die Mädchen zum »Bund Deutscher Mädel« – BDM – hinübergeleitet werden. Aber wir haben das nicht getan. Wir haben weitergearbeitet wie bisher, nur gingen wir nicht mehr geschlossen in Kluft auf Wanderschaft. Wir haben auch nicht mehr im Freien oder öffentlich die Volkstanzübungen gemacht, sondern uns auf den Kirchenraum beschränkt. Wir haben dann von der Kirche eigene kleine Zimmer, Keller oder Turmzimmer zur Verfügung gestellt bekommen.

W.: Ich könnte mir aber vorstellen, daß manche Jugendliche diesem Druck nachgegeben haben und nicht mehr zu Ihnen gekommen sind?

Meier: Nein, die Gruppen wurden erst einmal mehr gefestigt. Selten ist aus meinen Gruppen ein Mädchen ausgetreten.
Aber insgesamt wurde unsere Arbeit natürlich immer schwieriger. Einmal – das war im Sommer 1936 – haben wir noch in der Pfadfinderkluft eine Wanderung unternommen, da wir noch nicht wußten, daß das verboten war. Das haben HJ-Mitglieder aus Biesingen beobachtet und den Antrag gestellt, mich als Fürsorgerin fristlos zu entlassen. Unter Druck gesetzt wurden wir ständig. Ich erinnere mich auch noch an einen späteren Vorfall: Da traf ich mich mit Mädchen aus Rubenheim. Es waren ungefähr 30, auch einige aus Ballweiler und Blick-

weiler waren darunter. Wir waren in dem Haus, in dem wir sonst unsere Heimabende abhielten, zusammengekommen. Da kam ein Trupp SA-Leute und hat uns stundenlang bewacht, bis der Truppführer aus Breitfurt kam und uns verhörte. Er durchsuchte alles und hat uns danach erst wieder freigelassen.

W.: Durchsucht – wonach?

Meier: Nach verbotenen Schriften.

W.: Wurden Sie auch in Ihrer Stellung als Fürsorgerin unter Druck gesetzt? Mußten Sie der Partei beitreten oder irgendeiner anderen nationalsozialistischen Organisation?

Meier: Man hat gewünscht, daß ich Mitglied der »NS-Frauenschaft« und der NSV, der »Nationalsozialistischen Volkswohlfahrt« werde. Im »Beamtenbund« hat man auch gedrängt, aber ich habe das alles negiert.

W.: Und konnten Sie das durchhalten, oder mußten Sie irgendwann doch beitreten?

Meier: Nein, ich bin nicht beigetreten. Aber all das hat natürlich dazu geführt, daß ich in dieser Sonderstellung war und jederzeit »abgeschossen« werden konnte.

W.: St. Ingbert ist ja nicht allzu groß. Haben Sie gemerkt, daß sich Leute aus Ihrem näheren Umkreis von Ihnen distanzierten?

Meier: Vor allen Dingen beim Amt. Ich habe immer noch mit »Grüß Gott« gegrüßt. Das hat man mir sehr verübelt. Ich sollte »Heil Hitler« sagen. Einzelne Beamte haben sich mehr und mehr von mir distanziert.

W.: Ende der dreißiger Jahre wurde der Druck auf die Kirche immer stärker, und dann wuchs auch der Widerstand innerhalb der Kirche gegen Hitler. Wie hat sich das in den Jugendgruppen ausgewirkt?

Meier: Wir haben weiterhin ganz gewissenhaft unsere katholische Erziehungsarbeit in den Gruppen geleistet. Wir hatten einen geistlichen Führer, das war Pater Manfred Hörhammer, Kapuzinerpater, der später in den Kriegsdienst kam und als Sanitäter an der Ostfront wirkte. Er hat uns jeden Monat, so wie er es auch schon früher getan hatte, einen Rundbrief geschickt. Der war religiösen Inhalts, aber die Zeitgeschichte war mit hineinverwoben. Diese Briefe habe ich vervielfältigt und an unsere Gruppen weitergegeben. Wir haben diese Schriften auch an die Front zu unseren Kameraden aus den Jugendverbänden geschickt. Wir wiederum bekamen auch solche Briefe von anderen Gruppen zugeschickt, die sie als bischöfliche Hinweise zu den Zeichen der Zeit erhalten hatten. Es war ein reger Austausch zwischen uns. Die Vervielfältigung dieser Briefe deutete man später aber als Aktivität für die »Katholische Aktion«. Man betrachtete sie als politische Angelegenheit, was sie aber nicht war.

W.: Darin waren also keine besonders kritischen Worte gegenüber dem Nationalsozialismus enthalten?

Meier: Nein, sie gaben lediglich Hinweise, wie wir uns in dieser Zeit zu verhalten hätten, und zwar vom Religiösen her. Aber Weiterverbreiten religiöser Schriften sah man nicht gern. Jede Eigenständigkeit der Kirche sollte unterbunden werden.

W.: Ich glaube, die Predigten, in denen Graf von Galen gegen den Mord an unheilbar Kranken protestierte, wurden auch gedruckt und vervielfältigt?

Meier: Oh ja, wir waren sehr darauf bedacht, in den Besitz dieser Briefe zu kommen. Ich glaube, daß da kaum eine Gruppe war, die nicht diese Briefe von mir erhalten hat.

W.: Aber eines Tages wurde doch bekannt, daß Sie diese Predigten weitergaben?

Meier: Ja, man hat versucht, dem Absender dieser Briefe auf die Spur zu kommen. Da hat man in einer Nacht 21 Mädchen verhaftet und sie verhört. Wahrscheinlich hat eine von ihnen bekanntgegeben, woher sie diese Briefe bekommen hat. Dann hat man die Mädchen wieder freigelassen.

W.: Und wann hat man Sie verhaftet?

Meier: Am 21. Januar 1942, abends. Ich wollte gerade ins Kapuzinerkloster zur Chorstunde gehen. Zwei Gestapoleute und ein Schutzmann haben eine Hausdurchsuchung bei mir vorgenommen. Gefunden haben sie natürlich nichts, aber sie haben mich trotzdem mitgenommen. Man hat mich nach Saarbrükken zur Lerchesflur ins Gefängnis gebracht. In dieser Nacht ist nichts passiert, aber am nächsten Tag kam ich zum Verhör, zum Schloßplatz.

W.: Was wollte man von Ihnen wissen?

Meier: Der verhörende Gestapobeamte hatte einen Stoß dieser Briefe auf seinem Schreibtisch liegen und wollte wissen, wem ich diese Briefe weitergegeben habe. Ich habe aber niemanden verraten. Er hat natürlich allerlei dumme Fragen gestellt, wie ich zum Nationalsozialismus stehe, ob ich zuerst katholisch und dann erst deutsch sei. Ich habe darauf geantwortet, daß ich das nicht verstehe, daß ich ja nicht zweigeteilt sei, oben katholisch und unten deutsch oder umgekehrt.

Er fragte mich auch: Wenn ich mich einsetzen würde, dann doch sicherlich erst für die Kirche und dann erst für den Staat oder gar nicht für den Staat? Das war wieder solch eine dumme Frage. Ich antwortete: »Ich bin so katholisch wie ich deutsch und so deutsch wie ich katholisch bin. Und beides bin ich von Geburt an, von der Haarspalte bis zu den Zehenspitzen. Und Kirche bin ich ja selbst. Jeder einzelne Katholik ist Baustein zur Kirche.« Da sagte er: »Sie mit Ihrer jesuitischen Schläue!« Ich bin immer so an den Antworten vorbeigegangen. Der Gestapobeamte hat immer nur dagesessen und die Daumen gedreht, während er meine Antworten abwartete. Dann wollte er wieder wissen, wem ich die Briefe gegeben habe. Ich antwortete: »Das werden Sie von mir nicht erfahren. Sie haben mich. Wen suchen Sie sonst noch? Stellen Sie mich an die Wand, knallen Sie mich nieder, oder sperren Sie mich lebenslänglich ein – hier bin ich! Sie haben Zeit und Geld und Leute genug, um das herauszufinden.«

W.: Wie lange waren Sie im Gefängnis auf der Lerchesflur?

Meier: Ich bin am 21. Januar 1942 verhaftet worden, war zehn Wochen in Einzelhaft auf der Lerchesflur. Mittwoch in der Karwoche bin ich dann auf Transport gekommen.

Änne Meier wurde in das Konzentrationslager Ravensbrück bei Fürstenberg in Mecklenburg gebracht. 1938 wurde es gebaut, 1939 kamen die ersten Gefangenen dorthin.
Lichtenburg, das bis dahin zentrales KZ für Frauen war, wurde aufgelöst, die Frauen wurden von dort aus nach Ravensbrück gebracht.

W.: Hat man Ihnen gesagt, daß Sie nach Ravensbrück, in ein KZ kommen?

Meier: Nein, das wußte ich nicht. Ich hatte überhaupt keine Ahnung, wohin es geht und war sehr erstaunt, als ich im KZ landete.

W.: Haben Sie in Ravensbrück gearbeitet?

Meier: Die ersten vier Wochen war ich in Quarantäne. Dann wurden wir auf die einzelnen Blocks verlegt und je nach Möglichkeit zur Arbeit verwertet. Zuerst war ich verfügbar zu jeder Arbeit. Ich habe mitgeholfen beim Planieren vor den SS-Bauten; dann mußte ich Kübel tragen, das Essen zum Block bringen, Brot holen, Wäsche zur Wäschekammer bringen oder holen und damit die Strohsäcke überziehen. Über längere Zeit war ich dann bei den Strickerinnen – das war in Tag- und Nachtschicht – da mußten wir Strümpfe für Häftlinge stricken, jeweils ein bestimmtes Pensum pro Tag. Danach kam ich in die Pelzbaracke. Dort haben wir Pelzjacken und Mäntel aufgetrennt und zu Fliegerjacken für die Soldaten umgearbeitet. Ich habe in der Zuschneiderei am Einlegetisch die Teile, die zu einer Uniform gehörten, zusammengelegt und dann wurden die zu den Näherinnen an die Maschinen weitergegeben. Nach einiger Zeit kam ich auf Betreiben einer protestantischen Theologin zur Geldverwaltung.

W.: Dort haben Sie das Geld der Häftlinge verwaltet?

Meier: Die Frauen, die neu eingeliefert wurden, mußten ihre persönliche Habe und ihr Geld abgeben. Das wurde von uns gebucht, auf Karten vermerkt. Ich ging zu den einzelnen Baracken, gab den Frauen Bescheid und ließ sie unterschreiben.
Wir haben in der Häftlingsgeldverwaltung auch die Listen für die Gefangenen geführt, die in andere Lager überstellt wurden oder gestorben waren. Da mußten wir den Angehörigen mitteilen, daß diese Frauen an dieser oder jener Krankheit gestor-

ben seien und daß sie dieses oder jenes an ihren eigenen Sachen, die sie ins Lager mitgebracht, hinterlassen hätten.

W.: Sind viele Frauen in Ravensbrück gestorben?

Meier: 92 000 Frauen sind in diesem Sammellager umgekommen. Sie sind verhungert, an Schwäche oder ansteckenden Krankheiten gestorben, totgeschlagen oder erschossen worden. Viele kamen schon mit einem Todesurteil ins Lager.

W.: Wer hat sie totgeschlagen? Männer oder auch Frauen?

Meier: In der Hauptsache Frauen, Aufseherinnen. Wenn eine Gefangene zum Beispiel nicht mehr recht mitgearbeitet hat, konnte ein Hund auf sie gehetzt werden. Es ist auch passiert, daß eine Aufseherin eine Frau in den Morast hineingedrückt hat.

W.: Haben Sie das selbst gesehen?

Meier: Ich habe das nicht gesehen, aber ich weiß es von Mithäftlingen.

W.: Haben Sie je solche Mißhandlungen miterlebt?

Meier: Ich habe nur gesehen, wenn wir nach dem Appell sonntags Rundgänge machen mußten und manche Häftlinge nicht mitgekommen sind, weil sie mit ihren Holzpantinen nicht zurecht kamen oder krank waren, daß Aufseherinnen Wasser über sie geschüttet haben, eimerweise, in kalter Jahreszeit.

W.: In Ravensbrück haben Ärzte mit Frauen auch medizinische Versuche gemacht. Wußten Sie das?

Meier: Ja, das habe ich miterlebt, wie sich die polnischen Frauen gewehrt haben, als sie zu den Versuchen abgeführt wurden. Da hat man Fenster und Türen des Blocks zugenagelt. Sie waren mindestens eine Woche lang von der Außenwelt abgeschlossen, ohne Wasser, ohne Essen, ohne Licht, ohne frische Luft. Viele sind gestorben.

W.: Gab es eigentlich unter dem Wachpersonal auch Frauen, die relativ menschlich waren, oder waren alle unmenschlich?

Meier: Die meisten waren unmenschlich.

W.: Was haben Sie selbst eigentlich am KZ als am schlimmsten empfunden?

Meier: Dieses nicht mehr Mensch sein dürfen.

W.: Haben Sie, wenn Sie jetzt zurückblicken, sich während dieser Zeit auch manchmal anders verhalten als es Ihren Grundsätzen eigentlich entsprach?

Meier: Nein, wir haben nach unseren religiösen Grundsätzen weitergelebt. Und wir haben einander auch aufgespürt und uns gegenseitig gestützt. Beim Appell haben wir immer versucht, Nachbarschaft zu halten, eine Ordensfrau, eine Generaloberin aus dem Sudetengau, noch eine Ordensfrau und auch katholische Lehrerinnen. Wir beteten gemeinsam und versuchten, uns gegenseitig zu ermutigen.

W.: Kann man sagen, daß sich religiöse Frauen wie auch politische, zum Beispiel kommunistische, jeweils zusammengefunden haben?

Meier: Ja, sonntagmorgens, wenn wir wußten, daß die SS nicht immer im Lager herumschnüffelte, haben wir Christinnen uns an einer Barackenecke getroffen und unsere Messe in Worten und Gedanken gefeiert, so als wenn wir zur Kirche gegangen wären. Wir haben zum Beispiel auch bei den Appellen, die sehr lange dauerten, uns so gruppiert, daß wir morgens unsere Messetexte beteten und noch ein paar Rosenkränze dazu. So lange hat der Appell gedauert. Während die anderen sich unterhielten, oft auch Zoten und Witze rissen, haben wir gebetet, leise, um keinen Anstoß zu erregen.

W.: Was hat Sie aufrecht gehalten? Der Glaube?

Meier: Nur das Religiöse. So wie ich mit dem Herrgott in die Gefängniszelle gegangen bin, so habe ich Ihn auch mit ins Lager genommen. Ich habe die Gefangenschaft als eine Fügung Gottes betrachtet. Er war immer bei mir.

W.: Und Sie haben nie gezweifelt?

Meier: Nie, auch wenn ich dort geblieben wäre. Ich wußte, daß ich das Kreuz mittrage. Ich war sehr oft krank. Ich hatte mal Ruhr, Typhus nicht, aber ähnliche Symptome und große Mangelerscheinungen – Ödeme, auch eine Nieren- und Nierenbeckenentzündung. Ich hatte 14 Tage lang Fieber, und als es nicht zurückging, wurde ich auf den berüchtigten Block 10, den Vernichtungsblock, eingeliefert. Ich war zum Sterben ausgeliefert. Ich lag im Koma, neben mir auf dem Strohsack lag eine Tote. Die Blockälteste – eine Holländerin – rettete mich dann durch Vigantol. Ich mußte nach zehn Wochen wieder gehen lernen; die Holländerin und die Generaloberin haben mir dabei geholfen.

W.: Hat Ihnen und auch anderen Frauen eine Idee geholfen? Und sind Menschen ohne solch einen festen Glauben, sei er nun religiös oder politisch, nicht so gut über die Runden gekommen?

Meier: So wie im Leben, wie im zivilen Leben, war es auch im KZ. Wer irgendeine Idee hatte und für sie lebte, der hat manches Unheil ertragen, ohne daß er am Boden lag.

Am 30. April 1945 wurde Ravensbrück von sowjetischen Truppen befreit. Auch hier hatte die Lagerleitung kurz zuvor noch Tausende von Häftlingen evakuiert und auf Marsch gesetzt. Es blieben nur etwa 3000 Frauen im Lager, die zu schwach zum Gehen waren.
Änne Meier mußte am 28. April mit anderen Frauen das Lager verlassen, begleitet wurden sie von SS-Wachpersonal.

Meier: Eine Zeitlang begleitete uns der Kommandant, in Zivil gekleidet, dann war er auf einmal verschwunden. Unser Abteilungsleiter von der Geldverwaltung ging noch eine große Strecke mit uns, bis wir gegen Abend das Bombardement von Neustrelitz miterlebten. Wir mußten den Kurs ändern. Es war Abend, und man empfahl uns, in den Wald zu verschwinden. Dort haben wir uns dann, weil wir fürchteten, von diesem Bombardement etwas abzubekommen, ein wenig in einen Hügel eingegraben und die Eßschüssel als Kopfschutz aufgesetzt. Als wir uns morgens sammelten, da war nur noch ein einziger Aufseher da; der ist dann später, als wir auf unserem Marsch in die große Front der aus dem Osten kommenden Trecks hineingerieten, auch verschwunden. Wir waren uns nun selbst überlassen. Wir sind in kleineren Gruppen weitergewandert auf dieser Straße in Richtung CrivitzSchwerin zu. Die Soldaten haben ihre Uniform gewechselt, haben Zivil angezogen und ihre Soldbücher zerrissen. Unterwegs sahen wir unendlich viele tote Häftlinge am Straßenrand liegen, dazwischen Leute,

die durch Tieffeindflieger getroffen waren. Wir sahen auch Pferdetrecks, die ganz zerrissen waren. Die Pferde waren aufgeschlitzt, und mancher Treckbesitzer kniete verzweifelt am Straßenrand und wußte nicht, wie weiterkommen. Es waren ja Wagen an Wagen, dazwischen die Häftlinge oder Ostflüchtlinge mit ihren kleinen Wägelchen laufend. Es war ein Bild des Grauens.
Als wir in Schwerin ankamen, ging ich in die Kirche und weinte und weinte. Ich war dankbar für die wiedererlangte Freiheit, erschrocken und verstört über all die Zerstörung ringsum.
Dann ging es über viele Stationen nach Hause. Ich fuhr mit Lastwagen und dem Kartoffelzug, große Strecken ging ich auch zu Fuß. Mitte Juli kam ich in Baltersweiler, meinem Geburtsort, an. Ich war versengt bis an die Wurzeln. Ich konnte nicht mehr mitleiden, mich nicht mehr freuen und wunderte mich, daß sich die Menschen so zivil und gastlich benehmen konnten. Man hat mir auch einen Empfang bereiten wollen, ich habe abgelehnt. Es waren wohl die Bekannten beim Kaffeetisch, und ich sollte erzählen. Das konnte ich zuerst nicht. Ich habe Menschen gemieden, weil ich die gesunden Menschen nicht ertragen konnte. Mein Bruder hatte in seinem Kolonialwarenladen Zucker bekommen. Da sollte ich die entsprechenden Abschnittchen von den Lebensmittelkarten abschneiden und sortieren. Ich habe gesagt: »Erlaß mir das. Ich kann diese Menschen nicht ertragen. Ich habe nichts gegen sie, aber ich schaffe es physisch nicht, die Menschen anzuschauen.«

W.: Wie lange hat das gedauert?

Meier: Gut ein Vierteljahr oder sogar noch etwas länger. Bis ich dann im Amt von den Schicksalen der anderen hörte. Dann mußte ich mit den anderen Menschen Leiden mitempfinden, um ihnen helfen zu können. Und allmählich ist das Leid der anderen wieder zur Aufgabe meiner Hilfe geworden.

W.: Sie sind also wieder Fürsorgerin geworden? Wieder in St. Ingbert?

Meier: Ja, ab Oktober 1945 bis zu meiner Pensionierung 1958 war ich wieder beim Landratsamt auf meiner alten Stelle. Es war nur ein anderer Chef da.

W.: Wie haben Sie in der Nachkriegszeit die Entnazifizierung erlebt?

Meier: Einige, die an meiner Verhaftung mitschuldig waren, haben sehr gebangt, wenn sie mir begegneten. Besonders einer befürchtete wohl, daß ich ihn anzeige. Ich habe zu ihm gesagt: »Von mir braucht keiner etwas zu befürchten. Ich überlasse das alles dem Herrgott.« Und dann merkte ich, daß derjenige ruhiger wurde, weil er jetzt wußte, daß ihm von meiner Seite aus nichts geschieht.

W.: Kamen auch Leute zu Ihnen, die einen sogenannten Persilschein haben wollten?

Meier: Ja, es mußte ja jeder wieder versuchen, in Amt und Würden zu kommen. Viele liefen Gefahr, abgebaut zu werden. Nicht für alle konnte ich ein Zeugnis ausstellen. Bei vielen hatte ich während der Nazizeit miterlebt, wie sie mit den Nazis konform gingen und sich durch besondere Linientreue hervortaten, wie sie nach unten traten und alles taten, um selbst höher zu kommen. Für diese habe ich natürlich kein Zeugnis ausgestellt.
Ich war dann aber sehr enttäuscht, wie man sehr bald wieder zur Tagesordnung überging und die, die sich schuldig gemacht hatten, unbehelligt ihr Leben weiterleben konnten. Und dann drehte man den Spieß um. Diejenigen, die während des Nationalsozialismus mitgemacht hatten und belastet waren,

die hatten nun ihre Mittelsmänner, um wieder in Amt und Würden zu kommen. Da mußten wir ehemals Verfolgten sehr darunter leiden. Im Beruf wurden wir oft benachteiligt, ich zum Beispiel wurde nicht befördert.

W.: Haben Sie eine Entschädigungsrente beantragt?

Meier: Ich habe den Antrag über die »Vereinigung der Verfolgten des Naziregimes« gestellt. Da gab es erst allerhand Schwierigkeiten, weil ich den Termin der Anmeldung verpaßt hatte. Aber durch einen Vergleich hat man sich dann geeinigt.

W.: Sie mußten sich ja sicherlich auch untersuchen lassen?

Meier: Ja, fünf Tage war ich zu einer intensiven Untersuchung im Krankenhaus in Ottweiler. Man hat mich auf den Kopf gestellt. Alles, alles wurde untersucht. Es wurde festgestellt, daß ich eine Darmgeschichte hatte. Zudem war die Leber schwer angegriffen, überhaupt der ganze innere Trakt von Zwölffingerdarm, Magen, Leber, Galle. Man stellte auch fest, daß ich eine Wirbelsäulenverbiegung habe. Und das alles wurde als Folge der Haftzeit anerkannt.

W.: Wie haben Sie in späteren Jahren mit Ihren Erfahrungen im KZ, mit Ihren Erinnerungen weitergelebt?

Meier: Gewiß, das geht einem lange nach. Aber wenn ich vor anderen darüber reden soll, kommt immer eine gewisse Scham über mich. Es ist auch jetzt der Fall, wo ich über das, was im KZ an Grausamkeiten geschehen ist, reden soll. Ich schäme mich für mein Volk, das fähig war, solche Untaten zu begehen.

W.: Aber ich sehe einen gewissen Widerspruch. Sie sagen, Sie erzählen nicht so gern darüber, Sie schämen sich. Auf der anderen Seite sind Sie noch sehr aktiv. Sie arbeiten bei der »Vereinigung der Verfolgten des Naziregimes« mit, und die macht es sich ja zur Aufgabe, über diese Zeit aufzuklären.

Meier: Das ist alles schriftlich aufgezeichnet. Das kann die Nachwelt später erfahren. Aber soll ich darüber reden? Ich bringe es nicht gut fertig, offen gesagt. Aber ich habe sehr enge und rege Kontakte zu Ausländern, zu Polinnen, Französinnen. Ich unterstütze sie mit Geld, mit Paketen, ich lade sie zu mir ein.

W.: Das sind auch Naziopfer?

Meier: Ja, alle. Ich will – so gut es geht – versuchen, den deutschen Namen zu retten. Vielleicht verdammen diese Frauen nicht das ganze deutsche Volk, weil ihnen im Lager doch einige Kameradinnen als gute Menschen begegnet sind.

W.: Also Sie reden nicht gern über die NS-Zeit, aber Sie halten die Geschehnisse während dieser Zeit fest?

Meier: Ja, schriftlich festhalten tue ich sie, ich sammle und übergebe sie denen, die darüber reden können. Ich gehe zu den Kameradinnen, nehme deren Erinnerungen, Erlebnisse und KZ-Berichte schriftlich auf und gebe das dann ans Archiv der VVN weiter. Da können dann zum Beispiel Studenten ihre wissenschaftlichen Arbeiten vornehmen. Es soll nichts vergessen und verdrängt werden. Es kann ja wieder so kommen, wir sind auf dem besten Wege.

W.: Meinen Sie?

Meier: Oh ja! Ich habe Angst, daß es noch einmal geschieht. Nicht an uns, sondern an anderen. Nicht in derselben Form.

W.: Woran denken Sie jetzt?

Meier: Ich verfolge die Berichte in Zeitungen und Zeitschriften, sehe fern und höre Radio. Ich weiß ganz genau, wie sich überall die Formen des Nationalsozialismus regen. Und dann überall diese Kundgebungen! Sie nennen das »Kameradschaftstreffen« oder »Traditionspflege«!
Dann verbrennen sie »Juden-Symbole«. Sie marschieren auf, machen ihre Übungen, die »Wikinger-Jugend« und wie sie alle heißen mögen! Sie schlagen andere nieder und marschieren unter dem Schutz der Polizei auf. Unsere Leute, die dagegen auftreten, werden niedergeknüppelt. Das macht mir große Sorgen. Wir müssen ein wachsames Auge haben für das, was in der Zukunft geschieht. Und die Berufsverbote. Es gibt so wenig Toleranz. Die Achtung vor den Menschen, vor der einzelnen Person, ist im Schwinden begriffen.

W.: Haben Sie manchmal das Gefühl, daß Ihr eigenes Schicksal vergebens war?

Meier: Daß das Opfer umsonst war? Oh ja, dieses Empfinden habe ich! Aber das wertet ja ein anderer auf, das wird vom Menschen nicht beachtet. Wir sind in die Ecke gedrückt, aber das macht mir nichts aus.

W.: Es ist jetzt über 30 Jahre her, daß Sie im KZ waren, aber es läßt Sie nicht los, nicht wahr?

Meier: Ganz los kann es einen nicht lassen. Es kommen die Erinnerungen wieder. Es vergeht kaum ein Monat, daß einem nicht in einer Zeitung oder Zeitschrift, egal ob sie nun religiöser oder politischer Art ist, irgendein Schicksal begegnet.
Und dann heißt es immer wieder von Bekannten, wenn ich eingeladen bin: »Bitte erzähle doch mal, wie war es da?«

Jetzt ist eine Kameradin gestorben, da will das ganze Dorf wissen: »Was hat die erlebt? Sie selbst hat nie etwas erzählt. Bitte kommen Sie und erzählen Sie uns, geben Sie uns Lektüre« usw.

W.: Sie sind Mitglied der Lagergemeinschaft Ravensbrück. Was tut die heute noch?

Meier: Wir halten Kameradschaft über das Lager hinaus. Wir kommen jedes Jahr einmal zu einem internationalen Treffen zusammen, Frauen aus vielen Ländern. In Ravensbrück waren 23 Nationen vertreten. Wir sprechen über die Ereignisse, die sich in der Zwischenzeit zugetragen haben und beschließen, welche Maßnahmen man gegen den aufwachenden Nationalsozialismus ergreifen kann.

W.: Was können Sie machen?

Meier: Vor allen Dingen die Bevölkerung aufklären, in der Hauptsache unsere Kinder und Enkel, damit sie nicht das erleben müssen, was wir erlebt haben. Wir möchten es ihnen ersparen, denn es war gräßlich.

W.: Hat die Lagergemeinschaft Kontakt zu anderen Verfolgtenorganisationen?

Meier: Ja, in einzelnen Aktionen arbeiten wir mit dem Präsidium der VVN, der »Vereinigung der Verfolgten des Naziregimes« zusammen. Und für Organisationen wie die VVN ist die FIR in Österreich Dachorganisation, die Internationale Föderation der Widerstandskämpfer.

W.: Sie sind auch noch Mitglied der internationalen Friedensbewegung Pax Christi?

Meier: Ja, Pax Christi hat es sich zur Aufgabe gemacht, sich für den Frieden zu engagieren. Wir treffen uns zu religiösen Feiern und Friedensmessen, wir unterstützen Notleidende über das von Pax Christi ins Leben gerufene Maximilian-Kolbe-Werk, und wir bringen unsere Zeitschrift »Pax Christi« unter die Leute. Wir versuchen auch Kontakte zwischen Angehörigen verschiedener Völker herzustellen.

W.: Können Sie auch hier in Ihrer kleinen Gemeinde irgendetwas von diesen Gedanken weitergeben?

Meier: Ich sammle Unterschriften gegen die Neutronenbombe und für die Abrüstung. Und vor einiger Zeit habe ich für den Frieden geworben und auch dafür Unterschriften gesammelt.

W.: Und wie ist das Echo?

Meier: Es ist sehr unterschiedlich. Freunde und Bekannte unterstützen die Sache mit Geldspenden. Und Leute, die mich gut kennen und in derselben Richtung leben, unterschreiben bedenkenlos. Andere aber lehnen ab, weil sie meines Erachtens gebrannte Kinder sind, die das Feuer scheuen. »Einmal unterschrieben, nie mehr unterschreiben«, heißt es dann.

Nach dem 20. Juli haben sie uns alle ins KZ eingeliefert

Interview mit Max Weber

Am 20. Juli 1944 verübte der Oberst Claus Schenk Graf von Stauffenberg im Führerhauptquartier »Wolfsschanze« in Ostpreußen ein Sprengstoffattentat auf Hitler. Das Attentat mißlang, Hitler kam mit ganz leichten Verletzungen davon. Der Staatsstreich – von verschiedenen Gruppen aus dem Bürgertum geplant – scheiterte. Die an dem Umsturzversuch Beteiligten – Generäle, Offiziere, Gewerkschaftler, führende Persönlichkeiten der früheren Parteien – wurden auf Weisung Hitlers erschossen, gehenkt oder zum Selbstmord gezwungen. Auch gegen ihre Familien ging die Regierung vor, viele Ehefrauen kamen in Sippenhaft.
Nach dem 20. Juli wurden aber nicht nur die Mitwisser des Attentats verhaftet, vielmehr nahm die Regierung den Umsturzversuch zum Anlaß, Tausende von politischen Gegnern einzusperren, darunter viele, die sie früher bereits einmal für kürzere oder längere Zeit inhaftiert hatte.
Auch Max Weber wurde von der Gestapo geholt.
Er wurde 1898 geboren, lebt in Saarbrücken; er war Bergarbeiter, Mitglied der KPD und aktiver Gewerkschaftler, bis das Saargebiet 1935 wieder dem deutschen Reich eingegliedert wurde. Mit Flugblättern und in Reden hatte er gegen den Anschluß an Deutschland gekämpft; danach wurden er und seine Frau deshalb verhaftet, nach wenigen Monaten aber wieder freigelassen.
1944 wurde er ein zweites Mal eingesperrt.

Weber: Nach dem Attentat haben sie uns hier, also die leitenden Funktionäre der früheren KPD, der SPD, des Zentrums und auch der kleineren Parteien, verhaftet und ins KZ Neue Bremm gebracht.

Wenke: Sind Sie gleich ins KZ gekommen, oder waren Sie zuerst im Gefängnis?

Weber: Nein, wir waren nicht im Gefängnis, sondern im Gestapoquartier. Das war im Saarbrücker Schloß, dort wurden wir im unteren Keller eingesperrt.
Die Gestapo verhaftete uns nachts. Ich wurde um vier Uhr früh geholt und als erster in den Keller eingeliefert. Ungefähr um fünf Uhr ging die Tür auf, und der zweite kam herein, ein Gewerkschaftssekretär des früheren Bergarbeiterverbands; Schwarz hieß er. Als er eingeliefert wurde, habe ich ihn sofort erkannt, aber er konnte mich nicht gleich in der dunklen Zelle sehen. Ich sagte zu ihm: »Schwarz, komm her, hier hast Du Gesellschaft!« Er fragte: »Wer ist denn da?« Ich: »Der Weber-Max.« Er wollte wissen: »Wer ist denn noch da?« Ich antwortete: »Vorläufig sind wir nur zu zweit!«
Aber bis acht Uhr war der Keller voll; es kamen noch viele Gewerkschaftssekretäre; soweit ich sie kannte, waren sie alle da.

W.: Wurden Sie verhört?

Weber: Nein, wir haben nur gewartet. Natürlich hatten die den Schutzhaftbefehl für uns schon längst ausgestellt.
Wir waren zwei Tage im Schloß, dann hat man uns nach Neue Bremm gebracht.

Das Lager in der Nähe von Saarbrücken entstand 1941 als Militärlager; 1942 wurde es in ein KZ umgewandelt. Gegner des Hitlerregimes – Deutsche sowie Ausländer – wurden hier eingesperrt, außerdem russi-

sche Fremdarbeiter, die nach Deutschland verschleppt worden waren, um hier – meistens in der Rüstungsproduktion – zu arbeiten.
Für viele Widerstandskämpfer und Juden aus Frankreich war Neue Bremm Zwischenstation auf dem Weg nach Dachau oder Auschwitz.
Das Lager bestand aus sechs Baracken; es unterstand der Gestapo, bewacht wurden die Häftlinge von SS-Angehörigen.

Weber: Nach meiner Schätzung waren wir ungefähr 600 Gefangene: Politische, russische Arbeiter, Eisenbahner aus Frankreich und Bauern aus Lothringen. Deren Söhne waren geflohen und untergetaucht, weil sie nicht beim deutschen Militär dienen wollten. Die Väter haben sie dann verhaftet und nach Neue Bremm gebracht. Gegenüber von uns war eine Baracke mit Frauen. Aber wir konnten nicht richtig rübersehen, und so haben wir auch gar nichts Genaues über sie erfahren können. Später habe ich nur von einer Genossin gehört, daß dort eine Wärterin war, die mit den Frauen unverschämt umgegangen ist. Die hat gar keine Rücksicht auf sie genommen; sie konnten sich da auch nicht richtig waschen. Aber auch bei uns Männern war das eigentlich nicht möglich. Es gab zu wenig Wasser, und so konnte es natürlich passieren, daß man Ungeziefer angezogen hat.

W.: In Neue Bremm waren auch Juden?

Weber: Ja, einmal haben sie 80 Juden gebracht. Die durften nicht gleich in die Baracke, sondern mußten erst einmal draußen bleiben. Auf dem Gelände war ein Löschteich. Da haben sie sich erst einmal hinknien müssen, und dann mußten sie stundenlang auf den Knien um den Teich herumrutschen. Und wenn einer zusammengebrochen ist, haben die Wärter draufgehauen. Das habe ich selber gesehen. Die anderen mußten ihn dann aufheben.

Auch die russischen Arbeiter wurden besonders schikaniert. Die haben sie einmal mittags herausgeholt und in den Hof gestellt. Bis zum nächsten Mittag mußten sie dort stehen. Und dann kam einer von den SS-Leuten und brachte eine große Schüssel mit Essen. Er holte einen von den Russen, gab ihm die Schüssel und sagte: »So, da!« Der Russe hat natürlich gegessen und die Schüssel leer gemacht. Und dann sagte der SS-Mann zu den anderen: »Ihr kriegt jetzt nichts mehr, der hat ja alles leer gemacht.« Und dann sagte er noch: »Schmeißt ihn ins Wasser, damit er noch saufen kann.« Was sollten die machen? Die haben ihn reingeschmissen. Man kann das ja verstehen. Der hatte eine Menge Essen gehabt, und die anderen haben nichts bekommen. Das hat die natürlich schockiert. Und wie der eine Russe im Wasser war, schlug der SS die anderen mit der Peitsche und schrie: »Ihr Lumpen! Macht, daß der Kerl herauskommt!« Und sie mußten ihn wieder herausholen.

W.: Das haben Sie auch selbst gesehen?

Weber: Ja, es kam immer wieder vor, daß die SS-Leute versucht haben, die Gefangenen zu provozieren. Zu uns ist morgens mal der Lagerleiter hereingekommen und hat auf eine Tischekke ein Brotmesser gelegt, mit der Bemerkung: »Damit könnt Ihr Euer Brot schneiden.« Jetzt hat das Messer da gelegen. Ich habe zu den anderen gesagt: »Ich bin der Meinung, wir lassen das Messer liegen, und keiner faßt es an.« »Ja, warum?« fragten die. Ich antwortete: »Das ist doch nur eine Provokation. Für unsere Scheibe Brot brauchen wir doch kein Messer.« Da sagten die: »Ja, da hast Du eigentlich Recht.« Das Messer ist den ganzen Tag da gelegen. Abends kam der Lagerleiter herein. Das erste, was er gemacht hat: er guckte nach dem Messer. Dann sagte er: »Ihr Lumpen, da habt Ihr aber Glück gehabt, daß Ihr das Messer nicht angerührt habt.« Der wollte nämlich nur, daß wir es nehmen und an eine andere Stelle legen; dann hätte er uns vorwerfen können, wir hätten eine Waffe gehabt, und wenn es auch nur ein Brotmesser gewesen wäre.

W.: Also das war ein ziemlich schlimmer Lagerleiter?

Weber: Ja, der war nicht so ganz ohne. Er war ziemlich grob zu den Lagerinsassen. Die einen haben sich eher, die anderen weniger auf die Lagerverhältnisse einstellen können.
Zum Beispiel war, als wir eingeliefert wurden, unter uns ein Amtsgerichtsrat. Am nächsten Morgen, als wir unseren Kaffee abholten, da hielt er seine Schüssel hin, und der SS-Mann füllte ihm den Kaffee rein, aber dann haute er gleich auf die Schüssel, so daß sie auf den Boden fiel, mitsamt dem Kaffee. Der Amtsgerichtsrat war ganz fertig und konnte gar nichts sagen. Der SS-Mann befahl ihm, die Schüssel wieder aufzuheben. Als er sich bücken wollte, hat ihm der SS in den Hintern getreten und ist dann fort.
Der Amtsgerichtsrat hat bei uns in der Baracke geschlafen, im Bett über mir. Ich habe zu ihm gesagt: »Kommen Sie, ich gebe Ihnen etwas Kaffee.« Er antwortete: »Nein, ich kann nichts essen und nichts trinken.« »Ja«, sagte ich dann zu ihm, »dann sind Sie aber bald fix und fertig.«
Na, er hat dann etwas Kaffee getrunken, Brot wollte er aber keines haben.
Was ich damit sagen wollte: Wenn ein solcher Mann aus seinem früheren Milieu so ganz herausgerissen wird und in eine solche Umgebung hereinkommt, zu der er früher gar keinen Kontakt hatte, dann kann er sich gar nicht zurechtfinden. Er hatte auch große Angst, das hat er selbst zugegeben.

W.: Waren die politischen Gefangenen von den anderen getrennt?

Weber: Ja, alle waren jeweils in einer Baracke für sich, die Russen, die Lothringer, die Juden und wir. Die Verpflegung war übrigens miserabel. 14 Tage lang haben wir mal eine Suppe bekommen, in der nur Karottenschalen waren. Die sind einfach so ins Wasser geschmissen worden, und das Ganze hat man uns zum Essen gegeben. Zu dieser Zeit ist einmal meine Frau ins Lager gekommen. Eines Mittags wurde ich herausgerufen, da war meine Frau und hat mir etwas zu essen gebracht.

W.: Das durfte sie?

Weber: Ja, die haben das genehmigt. Sie mußte aber draußen warten. Ich durfte ihr nur die Schüssel abnehmen und mußte wieder ins Lager. Jetzt decke ich die Schüssel auf und gucke rein, und sehe – Karotten. Und die anderen haben gelacht: »Menschenskind, jetzt hast Du 14 Tage lang die Schalen gegessen, und jetzt bekommst Du die Karotten dazu!« Ich sagte: »Ich weiß, Ihr habt alle Hunger. Aber an die vielen Männer kann ich das nicht verteilen.« Sie haben dann abgewehrt: »Laß man sein. Iß mal allein.« Ich habe das gegessen, der SS-Mann ist wieder hereingekommen, hat die Schüssel geholt und sie meiner Frau wiedergebracht. Und sie ist dann wieder heimgegangen.

W.: Was haben Sie während Ihrer Haftzeit in Neue Bremm gemacht? Haben Sie gearbeitet?

Weber: Nein, Arbeit haben wir keine bekommen, nur die Russen. Die haben außerhalb des Lagers gearbeitet, in verschiedenen Betrieben und auf dem Bau, wie ich später erfahren habe. Die wurden von Extra-Wachleuten bewacht, viele waren Wächter aus dem Bergbau. Die haben die Russen morgens geholt und abends dann wieder ins Lager gebracht.

W.: Sie selbst waren nicht lange in Neue Bremm?

Weber: Ungefähr sechs Wochen. Einige haben sie schon vor mir entlassen, besonders die Zentrumsleute, und einige sind noch länger im Lager geblieben. Was aus denen geworden ist, weiß ich nicht. Ich weiß nur, daß einer noch nach Dachau gebracht wurde, das war ein Genosse von uns.

W.: Sind in Neue Bremm auch Gefangene gestorben?

Weber: Das konnten wir nie genau erfahren, nie sehen. Nur haben wir nachts manchmal Schreie gehört. Es sind ja heute noch Gräber auf dem Saarbrücker Friedhof von denjenigen, die seinerzeit dort umgekommen sind, vor allem von russischen Arbeitern.

Zeittafel

1933

30.1.	Hitler wird Reichskanzler
4.2.	Notverordnung: ermöglichte Versammlungs- und Zeitungsverbote
27.2.	Reichstagsbrand, Zerschlagung der KPD
28.2.	Notverordnung: Aufhebung der Grundrechte
5.3.	Reichstagswahl: NSDAP 44%
Mitte März	Konzentrationslager Osthofen errichtet
20.3.	Konzentrationslager Dachau
23.3.	Konzentrationslager Heuberg
23.3.	Ermächtigungsgesetz
1.4.	Konzentrationslager Kislau
1.4.	Boykottaktion gegen Juden
2.5.	Zerschlagung der Gewerkschaften
10.5.	Bücherverbrennung
22.6.	Verbot der SPD
27.6.–5.7.	Selbstauflösung der übrigen Parteien
14.7.	Neubildung von Parteien verboten
20.7.	Konkordat zwischen dem Reich und dem Vatikan unterzeichnet

21.9.	Evangelischer Pfarrer-Notbund gegründet (Martin Niemöller)
1.11.	Konzentrationslager Oberer Kuhberg
31.12.	Konzentrationslager Heuberg aufgelöst

1934

Ende 34/ Anfang 35	Konzentrationslager Osthofen aufgelöst

1935

Mitte 1935	Konzentrationslager Welzheim errichtet
31.7.	Konzentrationslager Oberer Kuhberg aufgelöst
15.9.	Nürnberger Gesetze: »Reichsbürgergesetz« und »Gesetz zum Schutze des deutschen Blutes und der deutschen Ehre«. Sie sind die Grundlage für die Ausschaltung der Juden aus allen öffentlichen Arbeitsverhältnissen und für die Deklassierung der jüdischen Bürger in ihren politischen Rechten.

1937

14.3.	Papst-Enzyklika »Mit brennender Sorge« gegen NS-Kirchenfeindschaft
16.7.	Konzentrationslager Buchenwald errichtet
Herbst	Beginn systematischer »Arisierung« der Wirtschaft

1938

17.8.	Zwangsvornamen für Juden (Israel, Sarah)
Sommer	Konzentrationslager Mauthausen errichtet
9./10.11.	»Reichskristallnacht«: Staatlich organisierter Pogrom gegen die Juden in Deutschland. Zerstörung von Synagogen, Geschäften, Wohnhäusern. Verhaftung von über 26 000 männlichen Juden und Einweisung in Konzentrationslager

1939

24.1.	Zentrale für jüdische Auswanderung
1.9.	Überfall der Deutschen auf Polen. Beginn des Zweiten Weltkrieges
12.10.	Erste Judendeportation aus Österreich und Tschechoslowakei. Errichtung des Generalgouvernements in Polen
Oktober	Hitler-Befehl zur Tötung »lebensunwerten Lebens«
23.11.	Judenstern im Generalgouvernement

1940

30.4.	Lodz: erstes Judengetto
10.5.	Beginn des deutschen Angriffs im Westen
20.5.	KZ Auschwitz errichtet
9.7.	Ev. Denkschrift gegen Tötung »lebensunwerten Lebens«
7.8.	Elsaß-Lothringen, Luxemburg unter Zivilverwaltung
16.10.	Errichtung des Warschauer Gettos
22.10.	Judendeportationen aus Baden, Saarland, Pfalz, Elsaß-Lothringen nach Südfrankreich (Gurs)

1941

25.–26. 2.	Streiks in Holland gegen Judenverfolgung
1. 5.	Konzentrationslager Natzweiler errichtet
ab Juni	Massenmorde der SS-Einsatzgruppen in der UdSSR
13. 9.	Erste Vergasungen in Auschwitz
19. 9.	Judenstern im Reich
29.–30. 9.	Kiewer Judenmassaker (Babi Yar)
24. 11.	Getto Theresienstadt errichtet (später KZ)
1. 12.	Deportation württembergischer Juden nach Riga
7. 12.	Nacht- und Nebel-Erlaß zur Vorgehensweise gegen Widerstandskämpfer in den besetzten westlichen Nachbarländern
Dezember	Vernichtungslager Chelmno

1942

20. 1.	»Wannsee-Konferenz« über die Deportation und Ausrottung des europäischen Judentums (»Endlösung«)
16. 3.	KZ dem SS-Wirtschaft-Verwaltungshauptamt unterstellt
17. 3.	Vernichtungslager Belzec
ab Ende März	Eintreffen der ersten europäischen Judentransporte in Auschwitz
April	Deportation württembergischer Juden nach Izbica bei Lublin
18. 5.	Vernichtungslager Sobibor
23. 7.	Vernichtungslager Treblinka

1943

18.2.	Goebbels Rede im Berliner Sportpalast: Wollt Ihr den totalen Krieg?
19.4.–16.5.	Aufstand und Vernichtung des Warschauer Gettos
30.4.	KZ Bergen-Belsen (bei Celle) errichtet
11.6.	Himmler befiehlt Liquidierung aller polnischer Gettos
2.8.	Aufstand in Treblinka
Oktober	Dänen retten ihre Juden

1944

20.7.	KZ Maidanek von sowjetischen Truppen befreit
20.7.	Attentat Stauffenbergs auf Hitler, Staatsstreichversuch scheitert
30.9.	Konzentrationslager Natzweiler aufgelöst
Oktober	Himmler befiehlt Einstellung der Judenvergasung

1945

26.1.	KZ Auschwitz wird durch sowjetische Truppen befreit
11.4.	Befreiung des KZ Buchenwald durch Amerikaner
15.4.	Engländer befreien KZ Bergen-Belsen
19.4.	Dachau wird von amerikanischen Truppen befreit
30.4.	Ravensbrück wird von sowjetischen Truppen befreit
8.5.	Bedingungslose Kapitulation

Literatur

Aleff, Eberhard (Hrsg.): Das Dritte Reich, Hannover 1979[9]

Amery, Jean: Jenseits von Schuld und Sühne, Stuttgart 1977

Broszat, Martin: Anatomie des SS-Staates, München 1972[2]

Haag, Lina: Eine Handvoll Staub, Frankfurt 1977

Kogon, Eugen: Der SS-Staat. Das System der deutschen Konzentrationslager, München 1977

Sauer, Paul: Die Schicksale der jüdischen Bürger Baden-Württembergs während der nationalsozialistischen Verfolgungszeit 1933–1945, Stuttgart 1969

Schätzle, Julius: Stationen zur Hölle. Konzentrationslager in Baden und Württemberg 1933–1945, Frankfurt 1980[2]

Verfolgung und Widerstand unter dem Nationalsozialismus in Baden. Die Lageberichte der Gestapo und des Generalstaatsanwalts Karlsruhe 1933–1944. Hrsg. Stadtarchiv Mannheim, Stuttgart 1976